中国企业家列传

（第一卷）

张彦宁　主编

企业管理出版社

图书在版编目(CIP)数据

中国企业家列传(第一卷)/张彦宁主编. —北京:企业管理出版
社,2007.7

ISBN 978-7-80197-795-3

Ⅰ.中… Ⅱ.张… Ⅲ.企业家—列传—中国 Ⅳ.K825.38

中国版本图书馆 CIP 数据核字(2007)第 102166 号

书　　名:中国企业家列传(第一卷)

作　　者:张彦宁

责任编辑:徐东安　杜　敏

书　　号:ISBN 978-7-80197-795-3

出版发行:企业管理出版社

地　　址:北京市海淀区紫竹院南路 17 号　　邮编:100044

网　　址:http:www.emph.cn

电　　话:出版部 68414643　发行部 68414644　编辑部 68428387

电子信箱:80147@ sina.com　　zbs@ emph.cn

印　　刷:北京智力达印刷有限公司

经　　销:新华书店

规　　格:185 毫米×260 毫米　　16 开本　18.5 印张　260 千字

版　　次:2008 年 4 月第 1 版　　2008 年 4 月第 1 次印刷

定　　价:66.00 元

认识企业家，尊重企业家，
让历史记住这些时代英雄。

为《中国企业家列传》题

二〇〇七年四月 袁宝华

时代呼唤世界级中国企业家(代序)

中国企业联合会　中国企业家协会常务副会长、

中国企业管理科学基金会会长　张彦宁

企业家是微观经济发展的推动者和组织者。改革开放以来,我国企业家从中国走向世界,为我国国民经济和社会的发展做出了卓越贡献。胡锦涛同志在党的十七大报告中提出,要加快培育我国的跨国公司和国际知名品牌,鼓励发展具有国际竞争力的大企业集团,形成经济全球化条件下参与国际经济合作和竞争新优势。面对新形势新任务,回顾我国企业家的成长历程,总结我国企业家的精神特质和历史作用,探讨我国企业家面临的新使命和新要求,对于贯彻落实十七大精神,促进我国企业家队伍不断壮大、培育国家级和世界级企业家、推动我国经济社会又好又快发展、夺取全面建设小康社会的新胜利具有重要的意义。

一、中国企业家的诞生

企业家是西方经济学和企业管理理论中的一个重要概念,改革开放后进入我们的经济生活。但企业家现象我国自古有之。春秋战国时代的范蠡就是我国较早的成功企业家。明清以后随着我国资本主义萌芽的滋生,出现了一批著名的企业家,如经元善、陈启源,郑观应、张謇、穆藕初、荣宗敬、荣德生、刘鸿生、范旭东、卢作孚、陈光甫等等。然而,建国后我国实行高度的计划经济体制,企业家现象消踪匿迹。改革开放后,随着我国计划经济体制逐步转向市场经济体制,企业的竞争形势不断演进,企业家快速成长,如今已发展壮大为一支宏大的队伍,并开始登上世界经济舞台。

我国企业家,从经历上和来源上看大致可以分为几类:乡镇企业家、私营企业家、国有企业家、"下海官员"企业家和"海归"企业家等;从行业上看遍布了经济生活的各个领域。他们的诞生和发展是与我国改革开放的历史进程紧密联系在一起的。

乡镇企业家，又称"农民企业家"。改革开放前我国广大农村也有企业，叫"社队"企业，是农村计划经济的组成部分。改革开放后，社队企业开始进入市场，一些农民或承包社队企业，或挂靠社队自己出资兴办企业。随着人民公社的解体、家庭联产承包责任制的确立和农村城镇化的推进，社队企业更名为乡镇企业，并如雨后春笋般地迅速成长起来。与此相应，一大批来自农村的企业家应运而生。广东珠海白藤湖的钟华生、河北无极县的邱满囤、浙江宁围公社的鲁冠球、天津大丘庄的禹作敏、江苏华西村的吴仁宝、河南刘庄村的史来贺、北京窦店村的仇振亮、山东沂蒙山的王恩学、威海虎山镇的唐厚运、烟台东陌堂村的唐与山等等都是我国改革开放初期成长起来的著名的企业家人物。

私营企业家，又称"个体、私营企业家"。在计划经济时代，个体、私人经济被当成"资本主义的尾巴"宰割。改革开放后，个体、私营经济逐步发展为"公有制经济必要的和有益的补充"和"社会主义市场经济的重要组成部分"。随着我国对个体、私人经济思想观念的变革和国家政策的不断调整，个体、私营企业在快速增长。国家工商总局的统计显示，截止2007年6月底，全国累计个体工商户达2621.4万户，全国实有私营企业520.5万户。其中，"傻子瓜子"年广久、巨人集团总裁史玉柱、均瑶集团董事长王均瑶、希望集团刘氏兄弟、德力西集团董事局主席胡成中、正泰集团董事长南存辉、沙钢集团董事局主席沈文荣、国喜集团总裁张国喜等等都是个体、私营企业的领军人物。

国有企业是我国国民经济的支柱。在计划经济时代，国有企业生产资料属国家所有，生产实行指令性计划，生产原料统一调拨，产品统一定价，销售统一渠道；分配上实行平均主义；企业领导由上级任命，这些特点决定了国有企业体制很难适应市场经济的需要。为此，国家从放权让利、利改税、债转股，抓大放小，减人增效、兼并重组到实行厂长（经理）负责制、承包制、股份制，政企分开，建立公司治理结构等等，对国有企业推行了一系列改革措施。被邓小平同志誉为"改革型企业家"的周冠五，被舆论界称为"南步北马"的步鑫生、马胜利，以"敢为天下先"为座右铭的汪海，创造中国第一品牌"红塔山"的诸时健，创造"模拟市场核算、实行成本否决"经营机制的刘汉章，点燃中原商战之火的王遂舟等等都是当时站在国企改革潮头推波助澜的弄潮儿。

官员"下海"是我国企业家队伍形成过程中的一种重要现象。上世纪80年代中期,一批党政干部开始了体制内流动,到部门下属的企业当厂长、经理。90年代初,浙江、江苏、广东一些沿海发达地区开始出现党政干部辞去领导职务到私营企业担任要职的现象。到2000年以后,全国各地"下海"官员增多,有乡镇干部,有地方政府的成员,也有部委的一般干部、处长、司局长;有的接近退休年龄,也有的是少壮派。如深圳华侨城董事长任克雷、招商银行董事长马蔚华、海航集团董事长陈峰、SOHO中国董事长兼联席总裁潘石屹、中国泰地·新世纪集团董事局主席张跃、中国诚信信用管理公司董事长毛振华、万家乐股份公司董事长蔡德山、慧聪集团董事长郭凡生、北京康得集团董事长钟玉、吉利集团首席执行官徐刚、曾任红蜻蜓集团总裁的吴敏一等等,都曾有"当官"的经历。这种现象曾经引起社会的广泛关注和讨论,甚至遭到一些人的批评。其实,总体上看这是我国社会进步的一种表现,是我国政府机构改革、人的价值观多元化、市场经济体制逐步形成的必然结果,是对千百年来封建社会形成的"官本位"观念的冲击,对我国企业家队伍的形成和壮大具有积极的推动作用。

海外留学归国创办企业的领军人物或出任企业的职业经理人,可以称之为"海归"企业家。改革开放以来,青年学生到国外留学是我国的一项重要战略决策。据教育部公布的数据,从1978年到2006年底,留学回国人员总数达27.5万人。其中,一些"海归"进入企业的领导岗位,一些自己创办企业。他们不仅了解国外先进的经济理论和管理知识,而且拥有在海外企业工作的经历和管理经验,有些还拥有自主知识产权和专有技术。搜狐公司董事局主席张朝阳、百度公司总裁李彦宏、新浪CEO汪延、中粮集团董事长宁高宁、中国网通总经理田溯宁、SOHO中国有限公司CEO张欣、当当网联合总裁俞渝、俏江南餐饮有限公司董事局主席张蓝等等都是"海归"企业家中的佼佼者。当然,与本土企业家相比,"海归"企业家的数量还不是很多,一些人成就还不是很显著,但他们是我国企业家队伍中的"潜力股"。应当相信,随着时间的推移,不仅会有越来越多的海外留学人员回国创业,而且我国世界级企业家中将有一部分来自于"海归"企业家。

二、中国企业家的精神

企业家精神是企业家本质的体现。企业家不是一般意义上的生产经营者,是能够有效整合生产要素、提高生产效益的优秀企业经营管理人才。企业家的本质是创新和创业,国外学者也有类似的看法。美国经济学家熊彼特提出,"企业家是不断在经济结构内部进行'革命突变'、对旧的生产方式进行'创造性破坏',实行生产要素重新组合的,是推动国民经济向前发展的主体"。中国企业家精神与西方企业家相比,既有相同的一面,也有不同之处,体现了中国特色和改革开放的时代特征。主要表现在六个方面:

第一,科学发展的精神。科学发展精神是科学发展观的表现形式。胡锦涛同志在党的十七大报告中指出:"科学发展观,是立足社会主义初级阶段基本国情,总结我国发展实践,借鉴国外发展经验,适应新的发展要求提出来的。"科学发展观的矛头直指那种高投入、高消耗,高排放、高污染,经济与社会不协调,不可持续、难以为继的粗放型经济增长方式。科学发展观,第一要义是发展,核心是以人为本,基本要求是全面协调可持续,根本方法是统筹兼顾。科学发展观是我国企业持续快速发展的战略思想,也是我国企业家精神的精髓。袁宝华企业管理金奖获得者、鞍山钢铁集团公司党委书记、总经理刘玠,就是以科学发展观为指导,带领一个有着90年历史的老企业坚持依靠自主创新,用高新技术改造传统产业,走出了一条科技含量高、经济效益好、资源消耗低、环境污染少、人力资源优势得到充分发挥的新型工业化道路。

第二,改革创新的精神。我国企业家产生于改革开放时代,其本身就是改革家。正如冰山集团董事长张和所说:"我们这一代人正赶上改革开放,国有企业从百分之百的计划经济向高度竞争的市场经济转型的过程,担当了改革开放初期执行者和开拓者的角色。"改革是一种创新,创新需要改革。我国企业家顺应市场经济的发展趋势,对原有的国有企业从原料供应、生产流程、销售渠道,到人事制度、劳动制度、分配制度以及员工思想、行为方式、企业文化等等进行了全方位而大刀阔斧的改革创新,十分鲜明地表现了企业家的共同特征。张瑞敏、谢企华、常德传、鲁冠球、刘玠、宗庆后、周厚健、季克良、孙文杰、曾玉康、师春生、谭旭光、汪海、宋志平、冯根生、沈文荣、张和、邹节明等等一大批企业家大都是通过改革创新，或将濒临破产的企业起死回生，或将企业由弱小做到强大、强者更强，或将企业从国内走向国际。但与西方企业家不同，由于我国的历史背景和时代特点，在改革创新过程中，遇到许多体制上和认识上的障碍，初始阶段没有法理、规章可循，有的甚至要先行探索、试行，因此我国企业家除了要承担经济风险外，还要承担社会政治风险。这方面正表现出我国企业家精神的独特性和可贵之处。

第三，民主法制的精神。市场经济是法制经济。没有法律的保障、没有健全的法制就没有现代企业的发展和生存；民主是法制的灵魂，是社会主义政治的本质和核心，没有健全的民主制度，就没有现代企业制度。健全法制，发扬民主，是完善社会主义市场经济体制的重要内容，也是企业生存和发展的政治保障。胡锦涛同志在党的十七大报告中指出："要健全民主制度，丰富民主形式，拓宽民主渠道，依法实行民主选举、民主决策、民主管理、民主监督，保障人民的知情权、参与权、表达权、监督权。"我国优秀企业家非常重视民主法制建设。袁宝华企业管理金奖获得者、青岛港董事局主席、总裁常德传主持青岛港工作以来，凡遇到大事需要决策，总是先与党委一班人交换意见，召开座谈会听取职工代表意见，最后由党、政、工领导联席会议决定。他主持制定了定期召开职代会、民主评议领导干部、四级民主管理、聘任职工代表为廉政行风监督员等等一系列民主管理制度，体现了我国企业家的民主法制精神。

第四，艰苦奋斗的精神。艰苦奋斗是中华民族的传统美德，也应成为我国企业家的优良品质。胡锦涛同志指出："以艰苦奋斗为荣、以骄奢淫逸为耻。"他强调，一个没有艰苦奋斗精神作支撑的民族，是难以自立自强的；一个没有艰苦奋斗精神作支撑的国家，是难以发展进步的；一个没有艰苦奋斗精神作支撑的政党，是难以兴旺发达的。同样，一个没有艰苦奋斗精神作支撑的企业，是难以成长壮大的。常德传说："艰苦奋斗，用自己的心血和汗水、智慧和力量书写下青岛港历史上辉煌灿烂的篇章"；沈文荣说："什么是我们需要的精神状态？还是那句老话：特别能吃苦，特别能耐劳，艰苦奋斗才能创大业"；娃哈哈集团董事长宗庆后认为："节俭不仅能积累财富，还能培养人的艰苦创业的精神、奋发向上的品质。"近30年来，我国许多企业，由一个小厂发展成集团公司,产品由当地生产发展到全国各地乃至在世界建厂,产业由单一品种发展到多元化经营,"中国制造"走向世界各地;有些企业不仅收购国内企业,而且兼并国外公司,正在成为全球性公司;中国企业进入世界500强行列逐年增多。正是我国企业家甘于奉献、艰苦奋斗的创业精神,为我国企业的快速发展注入了不竭的动力。

第五,创造民族品牌的精神。品牌不仅是企业的立身之本,也是一个国家和民族经济实力的重要标志。但是,在长期的计划经济时代,我国缺少品牌意识,也缺少真正意义上的品牌产品。随着我国市场对外开放,人们逐渐发现品牌对企业的意义和国家民族形象的价值。品牌,不仅是企业参与市场竞争的重要武器,而且是一个民族立于世界之林综合力量的象征。海尔集团首席执行官张瑞敏说:"我们一直在奋斗的目标,就是要创造让中国人自豪的民族品牌,这是海尔不变的方向,也是海尔应肩负起的责任。"青岛双星集团公司总裁汪海也讲:"在市场经济的新时代,创出中国人自己的民族品牌就是民族精神的体现。""我们应该奋发图强,创造自己的民族品牌,做大做强自己的民族品牌。"经过近30年的不懈奋斗,我国企业家不仅创造出一大批中国品牌,而且创造出畅销全球的世界品牌。由世界品牌实验室发布的《世界品牌500强》,我国内地企业2005年度入选4个,2006年度入选6个,2007年度入选12个。我国世界品牌逐年增多,世界排位年年向前攀升。

第六,不断学习的精神。读书是进步的阶梯,学习是成长的源泉。企业家文化素质的高低直接决定着企业进步的程度和成长的高度。随着我国从计划经济体制转向市场经济体制,建立现代企业制度,参与国际竞争,和平崛起世界,企业家遇到许多新名词、新概念、新理论、新知识、新问题、新任务、新机遇、新挑战。企业家只有终身学习,与时俱进,不断提高自己的文化素质,才能适应环境的变化,从而引领企业持续发展;否则,知识陈旧,思想僵化,经验过时,导致企业发展停滞,甚至陷入困境。因此,改革开放以来我国成功的企业家无不喜爱读书,重视学习。在张瑞敏的办公室,新近上排行榜的书大多能在书架上找到;海信集团董事长周厚健也是一直将读书看作是提高自身管理能力的手段;潍柴动力公司董事长谭旭光说:"学习始终是我的一种追求、一种向往。"中国建材集团董事长宋志平提出要"像办学校一样办企业",

着力将企业构筑成一个学习型组织,他自己在繁忙的工作之余获得了武汉工业大学工商管理硕士和华中理工大学管理博士学位,还从企业选送了70余名管理干部到清华、北大、华中科技大学、武工大等高校学习 MBA,在原国家经贸委指导下在企业开办了"企业高级管理人员 MBA 培训班",并与华中科技大学共同开办了"机电一体化"硕士班,为企业培养了大量的管理和专业人才。正是这种永不满足、与时俱进、努力学习的企业家精神,为我国企业持续快速的发展提供了智力保障。

三、中国企业家的贡献

企业家不仅是我国企业发展的核心因素,而且是我国经济增长和社会进步的一支骨干力量。改革开放以来,我国企业家,改革创新,艰苦奋斗,勤奋学习,不断开拓,创造中国品牌,为我国政治、经济、文化、社会的发展和综合国力的提高做出了重大贡献。

——企业家是中国改革开放的主动实践者。1978 年12 月党的十一届三中全会的召开拉开了我国经济体制改革的序幕,而企业改革特别是国有企业改革始终是我国经济体制改革的中心环节,企业家则是这个中心环节的中心人物。从这个意义上说,一部中国当代改革史也含有中国企业家的奋斗史。首届全国优秀企业家、双星集团总裁汪海曾说:"在中国计划经济向市场经济的过渡中,作为企业光靠红头文件,靠首长讲话是不够的。真正推动企业改革前进的是市场。如果没有市场这个动力,再多的红头文件也只能是纸上谈兵。"因此,汪海以市场为导向对陷入困境的企业进行了大刀阔斧的改革。他将原有的27 个科室精简到7 个,管理行政人员也由占全厂职工的11.8%缩减为7.8%。与此同时,原来仅有4 个人的销售科扩大为生产经营信息公司。他把竞争机制引入新的管理机构中,宣布:干部职工没有界限,谁能耐大谁来坐交椅,而且这个交椅不再是铁的。干得好则干,干不好将由群众评议,厂里重新聘任。经过一系列改革,如今的双星,从一个濒临倒闭的鞋厂发展成为鞋业、轮胎、服装、机械、热电五大支柱产业和包括印刷、绣品及三产配套在内的八大行业的综合性特大型企业集团,产品远销世界100 多个国家和地区,员工由两千多人发展为五万人,固定资产由不到1000 万增长到55 个亿,年销售收入由3000万元增至68亿元,出口创汇由175万美元增至1.5亿美元,上缴利税总额达30多亿元人民币。

——企业家是中国经济增长的操盘手。这里有必要对一些数据作一对比。从1978年到2006年,我国GDP从3624.1亿元增长到209407亿元,增加56.78倍,已位居全球经济总量排名第四位;全国财政收入从1132.26亿元增长到37636亿元,增加32.24倍;城镇居民家庭人均可支配收入从343.40元增加到11759元,增加33.24倍;农村居民家庭人均可支配收入从133.57元增加到3587元,增长25.85倍;就业人口总数从40152万人增加到76400万人,增加0.9倍;社会商品零售总额从1558.6亿元增加到76410亿元,增加48.02倍;全年进出口贸易总额从355.0亿元(其中出口总额167.6亿元,进口总额187.4亿元,逆差19.8亿元)增加到17607亿美元(其中出口9691亿美元,进口7916亿美元,顺差1775亿美元),增加48.02倍;外汇储备从8.4亿美元增加到10663亿美元,增加1268.41倍,成为全球外汇储备第一大国。这些数据表明,改革开放以来,我国经济快速增长,人民生活水平和综合国力极大提高。如此辉煌成就的取得,主要在于党中央和国务院的正确领导和各项重大政策的实施,在于人民群众的努力奋斗,但其中,企业家作为GDP、国家税收、就业岗位、社会商品、外汇储备的直接创造者,其地位和作用也是十分显著的。特别是进入世界500强的企业,主要是国有企业,它们所取得的企业成就及其企业家的开拓精神,已成为中国企业家队伍中的一个耀眼亮点,作用不可低估。

——企业家是中国企业进入国际市场的开拓者。中华民族在历史上曾经创造了灿烂的物质文明与精神文明,为人类社会的发展做出过巨大贡献,但是鸦片战争以后中国落伍了,为此遭受了深重的屈辱和苦难。一百多年来,中国的仁人志士一直为民族复兴和强国富民而奋斗。新中国的成立,在社会主义基础上开始了伟大的中国文明的复兴。以党的十一届三中全会为标志我国进入了新的历史发展时期,更赋予民族复兴以新的强大生机。如果说60年前世界大国多以军事力量作为崛起的主要杠杆,那么今天则是以经济强盛作为崛起的基础。近30年来,我国企业家不仅推动了国内经济的繁荣,商品和服务快速涌入国际市场,而且积极"走出去",开拓国际投资市场。中国商务部发布的《2006 年度中国对外直接投资统计公报》显示,截至 2006 年底,中国对外直接投资累计净额已达 906.3 亿美元,对外直接投资流量位于全球国家(地区)排名的第 13 位,境外中国企业已有近万家,分布在全球 172 个国家和地区,实现销售收入 2746 亿美元,境外纳税总额 28.2 亿美元,境外企业就业人数达 63 万人;美国《财富》杂志公布的世界 500 强排行榜中我国企业(未含港、台企业)2002 年至 2006 年由 11 家上升到 19 家,2007 年达 22 家,保持逐步增加的趋势。从这些数字中不难看出企业家在中国和平崛起中的基础地位。

——企业家是中国市场经济体制建设的探索者。要探索,首先要解放思想,勇于摆脱一切陈旧的落后的思维。因此,党的十四大明确提出了建立社会主义市场经济体制的历史任务。十四届三中全会通过的《中共中央关于建立社会主义市场经济体制若干问题的决定》提出了社会主义市场经济体制的基本框架,即:进一步转换国有企业经营机制,建立适应市场经济要求,产权清晰、权责明确、政企分开、管理科学的现代企业制度;建立全国统一开放的市场体系,实现城乡市场紧密结合,国内市场与国际市场相互衔接,促进资源的优化配置;转变政府管理经济的职能,建立以间接手段为主的完善的宏观调控体系,保证国民经济的健康运行;建立以按劳分配为主体,效率优先、兼顾公平的收入分配制度,鼓励一部分地区一部分人先富起来,走共同富裕的道路;建立多层次的社会保障制度,为城乡居民提供同我国国情相适应的社会保障,促进经济发展和社会稳定。这些主要环节是相互联系和相互制约的有机整体,其中,以公有制为主体的现代企业制度是社会主义市场经济体制的基础,也是我国国有企业改革的方向。十分明显,能否建立现代企业制度,不仅关系到国有企业和所有企业改革的成败,也关系到整个经济体制改革的成败。改革开放以来,我国企业家朝着这个方向努力进取,不断深化国有企业改革。目前不仅我国国有企业已初步建立了现代企业制度,发挥着国有经济的主导作用,而且形成了以公有制为主体、多种所有制经济共同发展的新格局,为我国社会主义市场经济体制的建立奠定了基础。

——企业家是中国企业文化的创建者。文化是国家和民族的灵魂。光辉灿烂的中华民族文化是中华民族赖以生存和发展的精神纽带,也是人类文明的重要组成部分。但是,由于我国历史上封建社会漫长,重农抑商,像金钱、财富、竞争、市场、市场经济、私有财产、私有经济、资本、股票、股份公司、商人、富人、中产阶级、雇主、资本家,包括"企业家"等等我国当今社会流行的一系列普通概念,在我国实行计划经济时期遭到排斥和压抑。我国要从计划经济体制转向社会主义市场经济体制,如果没有民族文化的变革和与时俱进,就不可能有国家经济体制的成功转型。在这个过程中,我国企业家不仅对国有企业进行了全方位的改革,而且建立了全新的企业文化,成为我国改革开放30年民族文化变革的重要成果。如宝钢集团:严格苛求的精神,学习创新的道路,争创一流的目标,诚实守信的价值观;海尔集团:"敬业报国,追求卓越","真诚到永远";大庆石油公司:帮助客户实现愿望、帮助员工实现价值、帮助企业创造效益;青春宝集团:诚信、和谐、进取、务实;中国建材集团:"诚信务实、团结向上","以人为本,和谐发展";双星集团:行善积德,实事求是,等等,这些企业文化理念,已成为新时代我国民族文化的组成部分,为我国市场经济体制的建立和社会的进步提供了重要的精神支撑。

但是,当我们检视我国企业家改革开放以来所取得的辉煌成就时,也不能不看到企业家队伍中存在的一些消极现象。企业家不可能都是"常胜将军",也有失策者和失败者。一些曾经创造业绩的企业家,有的夭折,有的被免职,有的锒铛入狱……与此相联系,一些企业存在着虚假广告、价格误导、恶意违约、拖欠货款、偷税漏税、盗版侵权、走私骗汇、贪污腐败、污染环境以及其他违法违规行为。究其原因,情况相当复杂,需做专题研究。但必须强调,上述现象是少数的、极个别的,是一种经营者的短视的、低级的行为,是一种无能的表现,是我国经济转型过程中难以完全避免的,也不是真正企业家的行为。整体上看,我国企业家队伍是优秀的,为我国经济社会乃至世界经济发展的贡献是不可磨灭的。

四、中国企业家的新使命

新世纪新阶段,我国发展站在了新的历史起点上。随着经济全球化深入发展和我国社会主义市场经济体制不断完善,我国经济面临的内外条件正在发生深刻变化。据商务部提供的数据,截至2007年6月底,我国累计批准设立外商投资企业 61 万家,全球 500 强企业已有 480 多家在中国投资设立企业和机构。这表明,即使在我国本土市场上国际国内企业之间的竞争日益加剧。我国企业家已经进入全球市场竞争时代。

国家"十一五"规划纲要提出"积极开展国际经济合作",要求通过跨国并购、参股、上市、重组联合等形式,培育和发展我国的跨国公司。胡锦涛同志在党的十七大报告中指出,在新的发展阶段继续全面建设小康社会、发展中国特色社会主义,必须坚持以邓小平理论和"三个代表"重要思想为指导,深入贯彻落实科学发展观。他强调:"实现未来经济发展目标,关键要在加快转变经济发展方式、完善社会主义市场经济体制方面取得重大进展。要大力推进经济结构战略性调整,更加注重提高自主创新能力、提高节能环保水平、提高经济整体素质和国际竞争力。"我国企业家要认真学习十七大报告精神,把科学发展观作为企业发展的战略选择,加快提升自身修养,打造中国的一流企业和具有国际竞争力的跨国公司。这是新形势下我国企业家的新使命。

中国企业联合会、中国企业家协会名誉会长袁宝华曾在 1995 年全国"企业家活动日"会议上作了《论企业家的修养》的报告,提出了我国企业家应该具备的基本修养,即:天下兴亡,匹夫有责;胸怀全局,脚踏实地;艰苦创业,无私奉献;解放思想,开动脑筋;清正廉明,依靠群众;疾恶如仇,从善如流;谦虚谨慎,戒骄戒躁;学而不厌,诲人不倦;丢掉幻想,搏击市场;锲而不舍,刻意创新。这些修养至今仍然是我国企业家应该具备的基本素质。当前和今后一个时期,我国企业家应进一步提高自身修养,增强七大意识,努力成为国内一流的和世界级的中国企业家。

（一）增强科学发展意识。科学发展观,是以胡锦涛同志为总书记的党中央对党的三代中央领导集体关于发展的重要思想的继承和发展,是马克思主义关于发展的世界观和方法论的集中体现,是同马克思列宁主义、毛泽东思想、邓小平理论和"三个代表"重要思想既一脉相承又与时俱进的科学理论,是我国经济社会发展的重要指导方针,是发展中国特色社会主义必须坚持和贯彻的重大战略思想。因此,我国企业家要进一步增强科学发展意识,全面深入贯彻落实科学发展观。当前,要以以人为本为核心,以高效益为前提,以发展高科技为主要手段,加快改变高投入、高消耗、低效率、低产出的状况,尊重自然和增强环保观念,努力从主要依靠数量扩张转变为更加注重质量提高,从主要依靠粗放型增长转变为更加注重可持续发展,从主要依靠单打独斗转变为更加注重协作配合,从单纯追求经济效益转变为更加注重提高经济效益与履行社会责任相结合,通过发展循环经济和清洁生产实现企业的可持续发展。

(二)增强全球竞争意识。随着经济全球化的深入发展,现在中国很多企业或被跨国公司作为竞争对手而倍加关注,或作为合作伙伴而密切接触,或作为并购对象而虎视眈眈。因此中国大企业的发展,必须高度重视全球化因素。其中,跨国公司向"全球公司"转型的新趋势值得关注和研究。它们从过去以母国为中心的跨国经营转向全球经营,迅速进入和占领正在形成的全球市场。它们吸纳整合全球各种最优资源打造全球产业链,以全球资源参与全球市场的竞争。面对全球公司的竞争,我国企业家必须从被动的防御型思维转变到主动吸纳整合全球资源参与全球竞争的思维,通过向全球公司学习,创建我国的全球公司。同时,应重视跨文化差异。跨国经营中,严重的文化差异容易导致文化冲突;文化冲突势必造成沟通失效、合作失败。通过有效文化沟通,文化差异一旦得到认识、尊重和认同,就会形成异质文化互补,从而成为一种新的跨国企业文化,大大提高跨国公司的国际竞争力。因此,认识文化差异,努力提高跨文化沟通能力,是我国企业家跨国经营、参与全球竞争的紧要任务。

(三)增强自主创新意识。科技创新是跨国公司全球竞争的核心战略。据美国学者 E·曼斯菲尔德研究,世界科技创新成果的 70% 以上由世界 500 强所垄断。近年来,随着《国家中长期科学和技术发展规划纲要(2006~2020)》及各级政府鼓励企业自主创新的相关政策措施的出台和实施,我国企业家的自主创新意识大大提高,企业创新能力明显增强,科技创新成果不断出现。但是,与发达国家相比,我国仍然存在巨大差距。中国企业联合会《中国企业发展报告(2007)》指出,我国 2 万多家大中型企业中有研发机构的仅占 25%,有研发活动的仅占 30%,研究开发经费只占销售额的 0.39%,即使高新技术企业也只占 0.6%,不到发达国家的 1/10;目前我国企业收入的 70% 来源于现有传统产品及服务,20% 来源于对现有产品及服务的延伸,只有

10%来源于创新。应该看到,随着经济全球化进程的加快和我国保护知识产权制度的完善,那些缺乏核心技术,缺乏自主知识产权,缺乏自主创新能力的企业,很难有发展潜力,更没有优势参与全球竞争。所以,我国企业家应进一步增强自主创新意识。要针对国际市场的潜在需求,加大科技创新投入,壮大科技创新研发队伍;要抓住跨国公司转型的机遇,加快走上"引进——学习——创新"的道路;要拥有自主知识产权,掌握核心技术,努力改变有"制造"无"创造"、有"产权"无"知识"的状态;要积极营造宽容失败、支持探险、鼓励创新的企业文化氛围,建立创新型企业。

(四)增强市场应变意识。市场经济社会是充满变化的社会。变化来自技术进步,来自国际经济政治形势,来自国家宏观经济政策,来自上下游合作企业,来自竞争对手,来自企业内部,来自客户需求,来自新闻媒体等等。随着经济全球化的加快、互联网的普及和新闻传播的个人化,各种市场变化更是层出不穷,对企业的生存和发展产生直接影响。世界级企业家无不具有强烈的应变意识,并在变化中取胜。张瑞敏2002年在东京"亚洲的未来"国际研讨会上将"以变制变,在变化中的市场上取胜"作为海尔成功的一条主要秘诀。他说,"市场永远不变的法则,就是永远在变";"领导者的重要工作之一就是预测变化,规划未来"。他提出,企业家要有三只眼睛:一只眼睛盯住内部管理,最大限度地调动员工的积极性;另一只眼睛盯住市场变化,策划创新行为;第三只眼睛用来盯住国家调控政策,以便抓住机遇,超前发展。张瑞敏的三只眼睛实际上都是在盯住外界的变化,在变化中创新,在创新中发展。杰克·韦尔奇更是视变化为机遇,对企业环境中的变化抱欢迎态度。他说,在商业领域,变化通常是点燃一个好构想、一项新业务或是一次新产品革命的星星之火。彼得·德鲁克将"变化"作为一条重要的管理理论加以总结,认为:"企业家精神是以经济和社会理论为依据的,该理论视变化为常规";变化是"创新"的机遇。他强调:"为了继续生存和成功,每个组织都必须成为变革的领导者。"德鲁克的这些观点是美国现代企业成功经验的理论总结,值得我国企业家认真借鉴。

(五)增强社会责任意识。"社会责任"是一个新的概念,产生于20世纪中后期欧美国家,要求企业在创造利润、对股东利益负责的同时,还要承担对员工、消费者、供应商、社区和环境的社会责任,包括遵守商业道德、生产安全、职业健康、保护劳动者的合法权益、保护环境、支持慈善事业、捐助社会公益、保护弱势群体等等。联合国全球契约办公室执行主任乔戈·凯尔曾说:"我们的调查研究显示,越重视社会责任的企业,未来发展的空间也就越大,速度也就越快。"因此,我国企业家要进一步增强社会责任意识。这里特别需要强调两点:一要增强诚信意识,这是履行社会责任的基础。诚实守信是中华民族的传统美德,也是企业的"立业之道,兴业之本",是企业持续发展和增强市场竞争力的力量源泉。我国企业家必须树立诚实守信的良好经营风范,依法经营,抵制各种不正当竞争行为,切实加强内部信用管理,自觉营造公平、有序的市场经济秩序,在全球化大舞台上塑造良好的企业形象。二要增强环境保护意识。节约资源和保护环境是我国的一项基本国策,关系人民群众切身利益和中华民族生存发展。胡锦涛同志在党的十七大报告中强调:"必须把建设资源节约型、环境友好型社会放在工业化、现代化发展战略的突出位置,落实到每个单位、每个家庭。"企业既是能源生产的主体,也是资源和能源消费的大户。节约资源、保护环境是当前我国经济社会发展的一项紧迫任务,也是我国企业家的一项重大责任。我国企业家要增强责任感和紧迫感,切实贯彻落实科学发展观,坚持节约发展、清洁发展、安全发展,走科技含量高、经济效益好、资源消耗低、环境污染少、人力资源优势得到充分发挥的新型工业化道路,引领企业又好又快发展。

(六)增强现代管理意识。现代管理包含丰富的内容,而且不同的学者有不同的诠释。这里提出"现代管理意识"是专门针对我国企业家现状而言。我国改革开放时代成长起来的企业家,无论是乡镇企业家,私营企业家,还是国有企业家,"下海官员"企业家,由于我国封建传统文化的历史影响,在相当一部分企业家的思想深处,"家长制"意识、"一个人说了算"思想相当严重。谭旭光说得很对:中国一些企业家骨子里都有一种"帝王将相思想",人人都希望自己是企业里说一不二的皇帝。这种思想意识与世界级企业家的素质格格不入。当今时代,"家长制"管理已经成为现代企业发展的思想桎梏和制度障碍。三九集团董事长赵新先从辉煌走向衰落的过程就是一个典型的案例。中国企业联合会、中国企业家协会会长陈锦华在 2006 中国企业 500 强发布暨高层论坛上的讲话对"赵新先现象"作了专门而深刻的分析。他指出,三九集团衰落的根本原因是制度问题,是领导体制和决策机制的问题,是长期一个人说了算的企业的必然结局。要学习赵新先早期的创业精神,也要防止他后来那种迷信个人说了算,一步步把企业拖入泥潭的失误。经营战略、策略方面有问题可以调整,经营者不行还可以更换,但是基本制度上的缺陷则容易把企业带入无法摆脱的困境。"认识和吸取三九集团及赵新先的教训,通过改革和创新,不断加强和完善企业的制度建设,形成科学、民主、有效率的企业领导体制和决策机制,是摆在中国广大企业面前的一项重要任务"。陈锦华同志的分析和观点具有很强的现实针对性,对我国企业家管理意识的更新具有重要的指导意义。

(七)增强身心健康意识。如前所述,企业家是社会宝贵的人力资源,对我国改革开放、经济增长发挥着重要作用。另一方面应该看到,企业家又是一种特殊的群体。他们当中有很多人在为国家和社会创造财富的同时,付出的往往是健康的代价。"中国企业家健康工程"对500多位企业家的调查证明,企业家的健康问题令人担忧。首先是超负荷工作和心理压力,给企业家造成严重的身心损伤。调查显示,55%左右的企业家经常处于创业竞争的心理压力之下,45%左右的企业家阶段性感受到心理压力,这种创业竞争的压力,不光给企业家造成情绪和精神上的强大影响,而且直接导致了抑郁症的产生。改革开放以来,有据可考的就有1200多名企业家因抑郁症而自杀身亡。其次是对体检重要性的忽视,造成我国企业家多数处于亚健康状态。企业家往往因为精力过度集中在企业上,很难抽时间去医院体检,很多人小病拖成大病,加上生活习惯普遍存在问题,最终影响了身心健康,以至于导致猝死悲剧时有发生。所以,企业家要增强健康意识,要像经营企业一样经营健康。

企业家是一种社会财富,全社会都应该尊重企业家,关心企业家,爱护企业家。只有这样,企业家才能更好地参与全球市场竞争,推动我国企业和社会经济快速持续发展。

出 版 说 明

伟大的时代,造就伟大的人物群体。改革开放30年间,我国国民经济发展取得了举世公认的奇迹,将以其辉煌的一页载入史册。企业家是经济社会发展的重要力量,任何一个国家在经济腾飞的过程中,都必然会涌现出一大批杰出的企业家。在中国也是千千万万企业家,以他们杰出的领导才能,鞠躬尽瘁,锐意进取,敬业奉献,率领广大员工艰苦创业、奋力拼搏,为国民经济和社会发展建立了不可磨灭的功勋,书写了中国这段波澜壮阔、绚丽多彩的经济发展史。编撰一大批优秀企业家的传记,既是集中记述他们的奋斗历程、光辉业绩和精神面貌,也是为伟大的时代立传。

当代中国企业家是改革开放以来成长起来的。企业家的智慧和实践、他们坚忍不拔的奋斗精神是一个国家和民族的宝贵财富。搜集、整理、研究我国优秀企业家的创业历程及其经营思想,是一项十分重要和有意义的工作。《中国企业家列传》是中国企业联合会、中国企业家协会和中国企业管理科学基金会确定编撰的,具体工作由中国企业管理科学基金会负责,计划每年出版一卷。这将是我国企业发展史上第一部记述优秀企业家业绩的大型传记丛书。它不仅要总结企业管理经验,宣传企业家管理业绩,更重要的是要弘扬企业家的创业精神和开拓创新精神,记录企业家有价值的经营思想和理念,力求建立一个中国优秀企业家的智库和中国企业家的《资治通鉴》。司马迁《史记·货殖列传》中记述了我国春秋末至汉初社会经济和一些商人的情况,他们的许多真知灼见至今仍令人称颂。记录企业家的成功之道,研究企业家的经营思想,有助于推动我国企业管理科学研究工作向注重实践、讲求实效、自成一家方向发展,构建中国企业现代管理体系。

编撰《中国企业家列传》,是一项卷帙浩繁的巨大工程,也是一项政治性、专业性很强的重大任务。为使这套列传成为经得起历史检验的信史,编撰的基本指导思想是:以马列主义、毛泽东思想、邓小平理论和"三个代表"重要思想为指导,全面贯彻落实科学发展观,坚持解放思想、实事求是、与时俱进的思想路线,注重思想性、科学性和可读性相统一,力求多侧面、多角度、客观生动地记录入传企业家的创业史和发展史。

第一,列传要深刻体现企业家的时代精神,具有鲜明的时代感。从中国改革开放中成长起来的企业家身上,我们可以深切地感受到一种震撼心灵的精神力量,这就是:毫不动摇地坚持改革开放的精神;百折不挠、不懈追求,坚定的理想信念和历史责任感;解放思想、与时俱进,求实创新、开拓进取的精神;励精图治、艰苦创业、科学发展的精神;尊重知识、尊重人才,崇尚学习的精神;诚信关爱,承担社会责任,共创和谐的精神。这种精神力量,已经深深地熔铸在建设中国特色社会主义的实践中,成为强大的精神支柱。

第二,列传要充分展示企业家的历史性作用。企业家不但是社会主义市场经济的主体,而且他们的创新是推动经济发展和社会进步的重要力量。企业家的历史性作用主要表现为企业家的带动作用、实践作用和承担社会责任作用。企业家的带动作用在于,没有企业健康、快速发展,也就没有国民经济和社会的健康、快速发展。国与国之间的竞争,归根结底是经济实力的竞争,最终就表现为企业力量的竞争,而企业的竞争力主要决定于引领企业的企业家。企业家的实践作用在于,企业家是企业的领军人物,是中国改革开放的实践者,是他们把党和国家的方针、政策贯彻落实到企业。在市场经济中,企业家是市场机会的发现者和利用者,是市场经济的建设者和创新者,是市场经济中的企业风险的承担者,是市场经济运作的核心和主要推动力量。无数的事实证明,企业家的作用决定了企业的兴衰成败,决定了企业能否在激烈的市场竞争中生存、发展和壮大。企业家的承担社会责任作用在于企业要遵守国家各项法律法规,依法经营,诚实守信,坚持节约发展、清洁发展、安全发展,关爱职工,构建和谐等。中国改革开放的伟大实践培养和造就的一大批企业家,在企业创业及改革发展中,在中国经济发展和推进社会主义市场经济体制建设中,作出了巨大历史性贡献,在一定意义上说,一部中国当代改革史正是中国企业家的奋斗史,他们不愧为新时代的英雄。

第三,列传要正确处理共性和个性关系,展现一代优秀企业家的个性特点。列传中的每个人物,既有一代优秀企业家的共性,又有各自鲜明的个性。只有深入挖掘和准确反映每一个人物的鲜明个性,才能把每一个人物活生生地推介给读者。我国企业具体情况千差万别,所面临的困难和问题各不相同,企业家的才华、知识、经验各有特色。对于反映他们精神面貌、高超的领导艺术和领导才能的内容,要浓墨重彩。

第四,列传要坚持实事求是、尊重历史,不溢美,不掩过。入传的优秀企业家都有非凡的经历,在建设中国特色社会主义的伟大事业中,他们为国民经济发展和社会进步作出了卓越的贡献。但是由于种种原因,企业家队伍中也存在一些消极现象,他们中有的也出现过失误或问题。我们要实事求是,尊重历史,不人为拔高,夸大其功;既充分记述个人的业绩和成功经验,又要体现党和国家的领导和企业广大员工的集体智慧。在改革开放中,有一些企业家对企业发展起了开创性作用,作出了一定的贡献,但由于企业家自身素质的原因,使原本势头很好的企业从其顶峰上滑落下来,甚至衰败,这对企业、社会、国家都是很大的损失,这样的教训要认真吸取。

收入本列传的企业家都具有以下共同特点:①具有坚定的创业理想和信念,有强烈的事业心、责任感和使命感;②具备突出的管理能力,包括开拓创新能力、战略决策能力、挑战和风险应对能力、资源整合能力、学习和自省能力;③艰苦创业,锲而不舍,率先垂范,在市场竞争的惊涛骇浪中磨练自己、提高自己;④以人为本,依靠群体,知人善任,充分发挥员工的积极性、创造性,构建企业和谐;⑤在他们任职期间,所在企业的发展一直处于上升态势,主要经济技术指标在全国同行业居于前列,有的已经达到国际先进水平,企业具有核心竞争力和可持续发展能力。

面对经济全球化的挑战,企业家在激烈的市场竞争中,承受着企业生存与发展、成功与失败的巨大压力,长期的过度劳累和不规律的生活,引发了心理上、生理上的疾病,有的甚至英年早逝,使企业蒙受极大损失。企业家的身心健康已成为一个不可忽视的问题。没有企业家的健康,就没有企业的事业,这不仅仅是个人和家庭的幸福问题,而且也是关系到企业的发展和对社会的贡献的问题。企业家素质和健康问题应该引起全社会的关注。企业家要增强健康意识,要像经营企业一样经营健康。中国企业联合会、中国企业家协会和中国医学基金会在 2002 年共同发起的中国企业家健康工程的各项措施都要能起到促进、推动作用。

　　企业家当前最重要的任务是结合本企业的实际,全面贯彻落实科学发展观,促进企业又好又快发展。在新形势下,要按照科学发展观和构建社会主义和谐社会的要求,着力转变企业发展方式,着力提高企业自主创新能力,着力完善企业发展的内外环境,全面提高企业整体素质和市场竞争力。要更加注重质量提高,企业要依靠质量求生存,依靠管理求效益,依靠创新求发展;更加注重可持续发展,彻底摒弃高消耗、高污染的生产方式,努力提高资源利用率,加强环境治理,改善安全生产条件,走节约发展、清洁发展、安全发展和可持续发展道路,做到生产发展、生活富裕、生态良好;更加注重优化结构、协作配合,竞合双赢。企业要更多地体现行业特色和地域特色,发展专业化分工,发挥优势形成发展合力,提升我国企业综合竞争力;更加注重提高经济效益与履行社会责任相结合,企业在追求高效益、追求利润的同时,要遵纪守法、讲求诚信、履行社会责任。企业要对产品负责、对员工负责、对市场负责、对社会负责;严格执行劳动保护、社会保障等国家法律法规和制度,发展和谐稳定的企业劳动关系;加强企业文化建设,努力塑造和谐向上、积极进取的企业精神,调动和发挥员工的主动性和创造性。

　　在新形势下,在新的历史起点上,我国企业家面临着新的使命。企业家应进一步提高自身素质,增强全球竞争意识、自主创新意识、市场应变意识、社会责任意识和现代管理意识,善于用世界眼光观察现实,用全球意识思考问题,用战略思维谋划未来。决不能陶醉于现在事业上的成就,要怀有更高的精神信念,建立更加持续、稳定的价值源泉,修身自律,砥砺品行,登上人生和事业的新的更高境界。

　　我们要认真学习、全面贯彻落实党的十七大精神,高举中国特色社会主义伟大旗帜,坚持中国特色社会主义道路和中国特色社会主义理论体系,深刻领会科学发展观的科学内涵和精神实质,进一步增强贯彻落实科学发展观的自觉性和坚定性,不断推进企业技术创新、管理创新和体制创新,建立创新型企业文化,全面增强企业核心竞争力,促进企业又好又快发展。拥有这种认识的企业家,才能拥有未来,才能担负起引领企业创新和科学发展的历史重任,才能为建设中国特色的社会主义做出更大贡献!

中国企业管理科学基金会

目　录

（按姓氏笔划排序）

冯 根 生

中国青春宝集团有限公司董事长、党委书记冯根生

　　冯根生，祖籍浙江慈城，出身中药世家，祖孙三代皆从业"江南药王"胡庆余堂，祖父冯云生是胡庆余堂第一代药工，父亲冯芝芳在胡庆余堂做验方核药工作，冯根生14岁因家贫，进胡庆余堂当学徒工，时为1949年1月19日，胡庆余堂每年只招收一名学徒，故他成为胡庆余堂最后的关门弟子。

　　进入胡庆余堂那天的一幕幕，冯根生至今难忘，79岁的祖母含泪叮嘱他："记住，生意是学出来的，本领是做出来的，要诚实，有志气，当学徒是很苦的，千万不要当'回汤豆腐干'。"祖母还叮嘱冯根生："不管今后长多大，干什么，都要认认真真做事，规规矩矩做人。"这些话成为冯根生一生的座右铭。

　　2006年6月22日，冯根生接受记者采访忆及这段经历时说："当学徒工时每天5点前起床，要一直干到晚上9时才能睡觉，每天要认2种药，要将色、香、味背下来，3年下来，2000多种药的品相、药性、配伍、存放位置已烂熟于心。学徒时晚上扫地都有学问，要从外朝里扫，不能把财扫走；第一次扫地，捡到了钱，放在抽屉里，次日晨交给师傅，后来又多次捡到，都交给了师傅。1960年，师傅病重，我去看他，师傅把我拉到病榻前说，你还记得扫地捡到钱吗？告诉你，那些钱都是老板要我丢的，一共丢了15次，你都交了，老板说，

1

这个小孩捡来的钱都不要,能偷钱吗?如果捡了不交,人品不好,就会叫你走,这就是老祖宗的职业道德,现在这么做叫侵犯人权。"

冯根生在胡庆余堂

冯根生还说,我学徒从最苦的活"小炒"干起,到学制胶,学炮制,学丸、散、膏、丹的制作,两年下来煎药数目粗算下来有 12 万帖,所以,我中药的全套本领是苦出来的,学徒工一天干 16 个小时,365 天天天如此,什么苦累都不怕了,童工不吃苦,能懂得企业是怎么回事吗?成功的人都是苦出来的。

冯根生和他的事业从 1972 年开始,他是毛泽东时代的厂长至今唯一的幸存者。

1972 年"文革"内乱年代,从胡庆余堂一个制阿胶的车间基础上,分门立户出杭州市中药二厂,由冯根生任厂长。该厂在杭州郊区桃源岭下,原是个破旧作坊,有几十名老药工在那煎熬驴皮胶,生产酊水糖浆,全厂没有一台电动机,仅有一部电话,一辆旧三轮汽车。检查团来检查,说这哪像生产药的地方,倒像电影里的破庙。这话如冷箭插心,在冯根生脑海中闪出两个字"耻辱"。国宝被人看不起,搞中药的被人看不起,这个滋味冯根生受不了,他对全厂职工放出"大话",十年内,要把二厂建成一流中药企业。冯根生的誓言没有赢来掌声,大概是面对乱石满岗、荒草连地的环境,面对土灶、木桶、淘箩、铁锅等陈旧原始的生产工具,职工们觉得这话太迷茫了,他们实在无法将眼前的烂摊子与冯根生的"第一流"联系起来。

1972 年 10 月,冯根生改造工厂的行动开始了,那时,中药二厂穷得连一袋水泥都要向邻居啤酒厂借,其他材料也全靠化缘艰苦得来,他们修了路,翻建了厂房。在"文革"那个年代,抓生产是要冒政治风险的,在冯根生改变工厂面貌的过程中,就有人将大字报贴在了他的办公室门口。冯根生为什么要冒个人政治风险去做,是基于强烈的紧迫感,他想尽快改变工厂的面貌,他更担忧有人的断言:"中医中药,发展在中国,开花在日本,结果在南朝鲜,收获在美国"。他是一个立志献身中药事业的人,对此当然绝不会等闲视之。冯根生那时认为,与发达国家争,主要是争时间,时间是企业的生命,而出路则是中药必须走向现代化。

中药是地地道道的国粹,有 3000 年历史,冯根生搞中药的伟大之处,是厚古厚今,即他置身于传统,但能突破传统,从传统中找出路,将传统与现代紧密结合。

为达此目标,冯根生作出了三条决策:

——造就研究中药的队伍;

——首创中药制药机械专业制造单位;

——首创一个不逊于西药厂的"中药城"。这是具体化了的或冯根生认为的"一流中药企业"。

从 1973 年开始,冯根生首先广揽人才,被说成是"臭老九"的知识分子那时没人敢要,看到"臭老九"都怕,他要了。第一个要来,被批斗得要死,冯根生想,要第二个也挨批斗,索性 5 个、10 个全要了,他说这叫"死不改悔"。从 1972 年到 1976 年这段时间,冯根生从全国要了别人不要的高级工程师、工程师 36 个,并自认为是发了一笔横财。

1976 年 10 月,"文革"十年内乱结束,正所谓机遇偏爱有准备的人,冯根生得以放开手脚进行中药改革,此时,他已配备齐了包括经济管理、植物化学、药理、化学分析、机械、自动化等方面的专业人才,有条件一展拳脚了。冯根生在一篇文章中写道:"没有现代科技知识与中医药理论相结合,没有广大真才实学的知识分子与老药工结合,中药行业要走向现代化是不可能的。"

冯根生的三条决策及随后的实施,使中药行业发生了一场革命。

冯根生看问题总是一针见血,他认为,中药的问题在制剂。他指挥的中药生产技术的改造,包括原液提取的自动化,分封包装的机械化,药液输送的管道化,现场管理的科学化。中药生产由此实现了划时代的大工业生产,可以说,冯根生既是中国传统中药业的最后传人,他也是中国现代中药的奠基人。冯根生的好友、作家黄宗英说得好:"中医药是我国科学与经济走向世界的种子选手,冯根生则是郎平。"

在中药的禁区——静脉注射液方面,冯根生持之以恒地组织攻关,经上千次实验,终获成功。1976 年 10 月,中草药针剂车间竣工投产。

中国第一个以安瓿瓶装的口服中药浓缩液——生脉饮,在中药二厂诞生,这带动了中药新剂型向方便化发展。

以人参和蜂王浆为主料的双宝素口服液,一经推出,即深受市场欢迎,并成为"文革"后不久在国际上打开销路的中国中药保健品。

同时,参麦针、丹参针、养胃冲剂等几十个治疗药纷纷投产,冯根生的中药二厂的生产逐步走向现代化轨道。厂房也以建设国内一流厂房为目标,进行了大规模建设和改造,并初步实现了工厂园林化。1982 年 6 月,美联社记者威廉·塞克斯顿撰文在美国报纸上介绍中药二厂,他写道"除了一个特点(传统中药)之外,这家药厂的情景同纽约或波士顿的先进化学生物研究所没有两样。"

到 1982 年建厂十周年的时候,这个原作坊式的工厂,固定资产已达建厂时的近 10 倍,工业总产值从建厂时在全国排名第 300 位,跃升至第 7 位,职工人数增加了 5 倍,当初冯根生向全厂职工夸下的十年建成国内一流中药企业的海口得以实现。碰巧,在中药二厂建厂十周年之际,国家医药管理总局将其列为"全国中药行业样板厂"。

建厂头十年,党支部书记祁兴玉是冯根生的好搭档,正是由于祁兴玉的全力支持,才使冯根生振兴中药事业的雄心壮志得以顺利实现,才使中药二厂摆脱困境,获得发展。

建厂十年后,冯根生放出第二句"大话",要向世界第一流的目标迈进。使冯根生得以实现第二次飞跃的决定性因素,是青春宝的发明及其在商业方面取得的巨大成功。

在全国中药厂都挤在一些类似的品种抢市场,发展空间愈来愈小的情况下,冯根生考虑,必须另辟蹊径。1978 年,冯根生决定从发掘和开拓我国的中药宝库入手,向"抗衰老"的领地进军。他四处采撷古方、验方,在搜集到的

120 个配方中,冯根生认定明朝永乐皇帝用的"益寿永贞"为最有前途的处方。

1979 年,根据"益寿永贞"方试制的青春恢复片(后改名为青春宝抗衰老片)成功了,经严格动物实验,证明其在抗衰老方面有神奇疗效,在 120 个配方对比实验中亦表现最优。生产后,立即畅销国内外,且好评如潮。

冯根生回忆道:"1978 年底、1979 年初我们推出青春宝,效果确实明显。但是浙江省卫生厅的一个处长他就是不批,我们内部也有人告状,那个时候真是很难很难。卫生厅那位处长说,我们现在的贫下中农吃得起青春宝吗?饭都吃不起,还吃你的青春宝?你这个方向就错了,你应该搞感冒药。我说感冒药搞100 种、200 种都是感冒药,难道我们中国人民永远生感冒?我说你现在吃不起青春宝,10 年以后、20 年以后你肯定要吃青春宝,不然我们的国家永远不会发展了。但道理是我对,权是他大,他就是不批,没办法。后来这个事情越闹越大,惊动了卫生部,告状的人说我们是假处方,结果国家派了最有名的专家来审查,实验出来,证明是永乐皇帝的宫廷秘方,而且它的结构完全没动,效果非常明显,于是给了我们一个书面批示。后来没办法,省卫生厅只有批给我。"

青春宝的配方被国家有关部门批准为"绝密级",此为中国历史上第一个具有此类保护措施的中药配方。

青春宝片用的主要药材人参、地黄、天冬,均选自最佳产地和上佳季节。人参选自吉林长白山,地黄来自河南,天冬来自贵州,这三个产地是人参、地黄、天冬最好的生产地,药材的形状、大小、表面、颜色、质地、断面气和味等要经多方面精心选材,不放过任何毛病,才能保证青春宝片的质量。自青春宝问世以来,青春宝的消费者遍布大江南北、国内国外。美国前驻华大使伍得科克的夫人、日本著名古筝演奏家佐藤美美子、著名导演谢晋以及许多消费者都在服用"青春宝"后给予很高评价。

冯根生透露,1999 年 11 月 28 日,中国赠送给美国的大熊猫"兴兴"去世,"兴兴"去世的年龄是 27 岁,那时,"兴兴"已显十分衰老,而当时生活在杭州动物园的浙江省唯一的大熊猫"培培",已超过 28 岁,相当于人的寿命 100 多岁,却依旧活泼,能玩能吃,而"培培"饮食中有一个"秘密",就是早晚服用青春宝片。"培培"2004 年 8 月 13 日在杭州动物园去世,时年 33 岁,是世界上园龄最长的大熊猫。

2000年，"青春宝"商标被认定为"中国驰名商标"。

企业一把手最重要的职责是战略至上，只要他的战略定位准确，不犯方向性的错误，即不会伤筋动骨，企业的经营就会成功。冯根生研制青春宝，使中药二厂具备了核心竞争力，并为日后的大发展奠定了坚实的基础。

1984年9月，已经70多岁的老古建木工王成嘉应冯根生多次相邀，到中药二厂为其造两座仿古亭，该亭用3万个木制部件组装而成，不用一颗钉，全是卯榫结构，此亭被命名为"丹亭"和"宝亭"，建成后轰动杭州城。王成嘉建成此亭后不久过世，冯根生将老人绝技长留人间，然由于此举风传要被撤职。幸彭真委员长在参观此仿古建筑瑰宝时夸赞冯根生："你不但继承了祖国的中药遗产，还抢救了祖国的艺术遗产，这个亭子造得了不起。"此事才不了了之。

改革之初的1984年，在全国还没有实施厂长负责制之前，冯根生率先试行干部聘任制，全厂的员工全部实行合同制，他成为中国第一个打破"铁饭碗"、"大锅饭"的人。与此同时，他还对销售机制实行了改革，冲破了计划供应体制，在报上登广告欢迎客户直接到厂里来买。

1985年前后，对冯根生领导的中药二厂的改革，新华社发了通稿，中央人民广播电台分7篇进行了连续报道，成为千千万万国企仿效的榜样。

20世纪80年代初，冯根生到美国访问，第一次看到电脑联网管理，1984年2月，全国中药行业首家电脑控制中心在中药二厂开机运行，当时电脑是由美国和日本购进的。

冯根生的管理很严格，迟到重罚，电脑考勤，中药二厂的迟到率为1/25000，而且，上班时间不允许开会，重要会议安排在节假日或星期天；当然，上班时间更不允许看报，他算了笔帐，一人算看20分钟报纸，全厂1000人就是45个工作日，相当于将近5%的人是专门看报的，最后为解决职工看报学习问题，他免费给所有职工家庭订报，全部送到家中。

20世纪80年代初，冯根生与步鑫生、鲁冠球一起被称为浙江企业改革的"三剑客"。

1985年，冯根生被评为全国首届"五一"劳动奖章获得者，晋京受表彰时受到邓小平同志的亲切接见。

1987年，中国共产党十三次代表大会时，冯根生当选为十三大代表。

1988 年,冯根生当选为由国家经委、中国企业管理协会和中国企业家协会评选的全国首届优秀企业家。

1989 年国庆节,冯根生被评为"文革"后的第一届全国劳动模范,并登上天安门城楼参加国庆典礼,当有人向邓小平同志介绍这是来自浙江的劳动模范冯根生时,小平同志说:"冯根生,我知道,做药的,外国人都相信他返老还童的'青春宝'。"

冯根生 1991 年的罢考在全国引起轰动,他说:"企业的效益是干出来的,不是考出来的。学习不是读书背课本,实践也是学习的课堂,有一个问题我至今不解:为什么形式主义这一套东西喜欢到国企中去摆弄?"1991 年 10 月 30 日,《钱江晚报》在头版刊出题为《著名企业家冯根生率先罢考》的新闻,紧接着《人民日报》等推波助澜,全国范围内掀起了一场"为企业领导人松绑"的大讨论。由此可看出冯根生坚守道义,不阿附时俗曲己的性格。

1989 年下半年开始,国有企业的经营普遍陷入低谷。对以保健药品为拳头产品、出口占产品很大比例的中药二厂来说,更是雪上加霜,被取消了进出口权,到手的外销生意做不成。到 1990 年时,全厂利税总额只有 500 万元,不足 1988 年的 1/5!导致困局的原因是什么?为什么合资、民营、乡镇、校办企业就能够经住风浪,甚至如鱼得水?冯根生喻为,国企和民企比起

青春宝集团核心企业——正大青春宝药业有限公司

来,就像运动员赛跑,国企穿着棉衣棉裤,而民企穿的是短裤背心,前者当然跑不过后者。冯根生认为,关键在机制。只有改变机制,才能促进生产力发展。于是,冯根生决定与外商合资,解决机制弊端。消息传开,上门者络绎不绝,其中不乏大跨国公司,合资的条件也如出一辙:按帐面净资产入股、原有品牌一起加盟。冯根生坚决拒绝"那样"的合资。他认为,合资的目的是为了解放生产力,解决机制问题,不能造成国有资产流失,还要通过合资使其升

值,否则,所谓"合资"的最终结果必然是中国人沦落为外方的小伙计。几经思索,他决定:在中药二厂之上,成立青春宝集团公司。参与合资的是中药二厂,而非集团公司,这样合资后,作为国有企业的母公司,仍然具有品牌、秘方的所有权,同时确保了中方资产所带来的利润仍可以归拢到国家手中。

经多次谈判,杭州市中药二厂最终和泰国正大集团合资成功,在1992年成立了正大青春宝药业有限公司。合资时,中药二厂帐面净资产只有4600万,经冯根生力争,未上帐的土地开发费、新品开发费、绿化雕塑费等也一一进入了评估范围,结果评估出了1.28亿元,最终,正大集团收购其中60%股份,原有的以冯根生为代表的经营团队保持不变。专家评论:冯根生经此合资,青春宝一下子就取得了产品的出口权、经营自主权等国有企业梦寐以求的理所应当的权利。而冯根生之所以如此,其动力是他对国有资产强烈的事业心和责任心。冯根生说:"正大不生产药,但那时正大有实力、有资金、有品牌,更重要的是我要它的体制,我也不希望它来搞药。合资以后它控股,开始是它管,但它搞不好,它不懂得药,从美国、台湾请来的都是博士,都是几十万美金的年薪。我们拿多少?不到他们的1%。但我们比他管得好,开始派来八九个人,后来都回去了。我们为什么能用最少的股权得到企业的控制权?要靠你的才华,如果你无能,就只有让外方来管理,换句话,你的能量大于外方,他就会让你来管理。从1992年至2005年,每年递增20%以上,他们还有什么话可说!正大退出,后来控股的上海实业也听我的。全国第一代企业家在这,全国最早的搞中药的童工在这,全国搞中药的权威在这,全国劳动模范在这,是这些特定的情况,我要走他们也不让我走。"

自1972年冯根生与胡庆余堂分家吃饭后,24年后的1996年,胡庆余堂和青春宝在利税方面的差距已经达到了100倍!在企业经营陷入低谷时,胡庆余堂仅负债就高达9000万元,濒临倒闭。胡庆余堂这块金字招牌不能就此湮没,于是,杭州市政府决定:让青春宝和胡庆余堂实行"联合"。后者加入前者,仍由冯根生出任掌门人。

在会上,开始冯根生表示不接受市政府的决定,按道理,他对胡庆余堂的感情无人能比,祖父、父亲、他和他的儿子四代的命运都与胡庆余堂连在一起,1966年,"破四旧"时有人要烧掉老店,身为保卫科长的冯根生挺身而出,坚守一个月,保住了胡庆余堂,自己则被劳动改造当了两年装卸工。冯根生是太爱胡庆余堂了,正是爱之深,也才痛之切。

冯根生知道,从1972年两厂分家后,胡庆余堂换了8任厂长,工作失去连续性,多少机会擦肩而过,而最后一位厂长,更是加速将企业引向绝路,原因是庙搞穷了,方丈却不穷。当然,冯根生说不同意只是一句气话,用他的话来说,家门破落还是我的家,现在"老子"不行了,"儿子"不救谁去救。

冯根生开出了"转换机制、擦亮牌子、清理摊子"的12字"药方",进行了大刀阔斧的改革,青春宝派去了刘俊等高层管理人员,按冯根生"新班子要以权谋公,决不能以权谋私"的要求,改变了机制,而机制决定了命运,胡庆余堂在并入青春宝的第二年,便实现了销售额、出口额、上缴利税的三大突破。兼并9年销售额增加10倍,当年的杭州市亏损大户成了现在的利税大户。2002年,"胡庆余堂"也喜获中国驰名商标。2003年,胡庆余堂投资有限公司注册成立,胡庆余堂从此打造了一条从药材种植、饮片加工、成药生产零售到医疗门诊乃至工业旅游的完整的中药产业链。至此,胡庆余堂的牌子重放光华。"面对胡雪岩像,我终于无愧了……"冯根生说。

冯根生不仅使胡雪岩创办的胡庆余堂重放光华,而且重修了胡雪岩墓,在青春宝集团总部大楼前立了一尊胡雪岩铜像,并亲撰祭文如下:

胡 公 祭

胡公名光墉字雪岩一八二三年生于徽州绩溪一八七四年始创胡庆余堂于杭州吴山之麓大井巷据史册载其少孤家贫生有异秉习商起家运糟米营生丝开钱庄办药业兴洋务集官场官场洋场势力于一身富可敌国名动天下冠以红顶商人胡公悬壶济世以仁术办药局亲书戒欺二字高悬于店堂以为训勉故药堂数载不衰也余出生于中药世家十四岁进胡庆余堂跪于戒欺匾下拜师学艺乃斯堂之关门弟子也从此五十余载中药生涯秉承胡公采办务真修制务精之训诚苦心志劳筋骨沤心沥血殚精竭虑未敢忘先辈之遗训矣建青春宝集团以光大胡公之立业精神于今虽铸成国内之最大中药现代化企业然亦时思延继胡公之遗志纳其精萃以为建业之大纲曾扶正胡庆余堂一度经营不善之倾重扬胡公诚信之高风迄今历经百余年沧桑之胡庆余堂已独步江南拔萃群雄昔日古朴凝重镏金描彩雕梁刻枋之胡庆余堂经吾辈潜心修葺历史遗貌犹初

而今之青春宝集团胜景怡人身心其建筑意境人文情怀皆蕴籍先辈之神韵宝丹二亭亦雕梁画柱古朴典雅与母店之风范交相辉映伟哉壮哉胡公清德吴山沉沉桃源青青天道酬诚观今之青春宝集团生机盎然声达四海名列五洲若胡公在天之灵得以欣慰吾辈将无憾矣值此胡公一百八十岁华诞之际铸像一尊拙撰数语以为缅怀

胡庆余堂传人青春宝集团董事长冯根生撰文

1997年，党的十五大报告提出了按劳分配与按生产要素分配相结合，允许和鼓励资本、技术等生产要素参与收益分配的精神。一直在探求改革突破口的冯根生感到这是国有企业进行股份制改造的良机，他决定将国有股份的一部分卖给职工，让销售骨干、技术骨干持股，增加企业凝聚力。冯根生希望借此留住人才，保证企业长远发展。外方也有此意，但提出冯根生必须持大股，冯怕员工流失，外方怕冯流失。

1997年10月6日，正大青春宝董事会全票作出决定，从公司现有的净资产中划出20%作为个人股卖给员工及经营者。同时决定，冯根生作为经营者需认购其中2%的股份，计人民币300万元。到1998年6月，杭州市政府才同意正大青春宝的"内部股份制"方案。

冯根生的压力很大，300万元从何而来？合资前他每月工资只有480元，合资后也不过数千元，凭他自己的家庭积蓄，最多能拿出30万元，其余的270万元须向银行贷款。如果正大青春宝每年税前利润达到5000万元，扣除所得税及各种提留，实际可分红利润为3100万元，冯根生按此比例可得62万元，除扣个人所得税，还需支付银行利息，如此冯根生还清本息需12至13年。如果企业效益提高，利润达1亿元，也得6至7年才能还清，万一利润下降，只有2000万元左右，那20年也未必还清。冯根生的家人包括亲戚都反对他持股300万元，而同时，企业职工的眼睛却紧盯着冯根生，他们说：冯总买300万元，我们就买；冯总买150万元，我们一分也不买！怎么办？如果不买，就意味着改革失败！冯根生一咬牙，个人出资30万元，贷款270万元买下全部300万元股份。至此，全厂职工像吃了定心丸，个个踊跃购股。

有了持股，又引出了后面的身价评估。

2000年，浙经资产评估事务所经测算资本、劳动、技术、管理四大要素对企业经济效益价值的贡献率,评价得出冯根生对青春宝集团的利税贡献价值是2.8亿元,净利润贡献价值是1.2亿元,现阶段管理效益价值贡献率为18%。冯根生说:"我看到评估的结果——我的贡献价值值2.8个亿。他们说这是'量化'。当时,我接到这个也很激动,我讲了一句话:所谓的'量'是量出来的,'化'是一分钱都没有化过。当然,我也不希望化一分钱。但至少,这是对国有企业先进的劳动所创造的财富的一个肯定,因为这些财富都是国家的,这样的评估,对国有企业的老总来说也是个很好的说法。可能在国内所有的国有企业当中,第一个'量化'的也就是我。当然现在,我也把这个作为我一生中的一个价值来看待。"

2003年杭州市发现3例非典型性肺炎病例以后,市民开始争抢各类抗"非典"相关药品,国药老字号胡庆余堂门前更是人山人海。听到此消息后,刚刚做过手术甫到福建武夷山疗养的冯根生星夜赶回杭州。胡庆余堂经理向他汇报,各药号的防"非典"中药一天出药3万余帖,一帖企业就要亏2元多,尤其是目前急需的金银花、野菊花等药材普遍涨价,基本一天一个价,原20元一公斤的金银花已涨到280元,如果不涨价,药店恐撑不下去了。冯根生思虑再三,做出了向市民的保证:哪怕原料涨100倍,也绝不提价一分钱。预防"非典"的药品一律赔本让利出售,亏损由集团承担。为何冯根生做出如此决定,是因为他想到1874年曾在江浙流行过一场大面积瘟疫,胡庆余堂老板胡雪岩立即研制出"癖瘟丹",开仓放药,救百姓于水火,被传为江南美谈。冯根生认为应发扬光大胡庆余堂的传统,愈是危难之时愈能体现企业光荣的社会责任感。

1988年,冯根生曾跻身"首届全国优秀企业家",而历经15年的世事变幻、风雨沧桑,冯根生决定2003年11月在杭州邀请当年"首届全国优秀企业家"再聚首。在谈到举办这次活动的初衷时,他颇为动情地说:"首届全国优秀企业家总共有20位。这些年来,我同他们当中的不少人也有过接触,作为仅有的几个还在位的企业家之一,我办这个活动,也就是让大家有一个相聚的机会,有个说话的机会。当然,看到国家这么大的变化,也是我们这一代人的安慰。因为我们付出的劳动没有白花。我相信他们都有很多话要说,这些话都是财富,对以后的人、对以后的企业家都是有效的启示。没有过去那批企业家垫好的基础,现在的中国经济、中国企业实力,也不会有今天这样的强大,应该承认他们过去付出的代价,付出的劳动。"20位首届全国优秀企业家历经十几年的沉浮,到今天仍在企业岗位上工作的,只有冯根生、青岛双星的汪海以及烟台港务局的朱毅三位了。参加聚会的十位首届全国优秀企业家中个性最鲜明的马胜利落泪了,他说,在这个商业气息日渐浓郁的时代,他为自己身为一个企业家的不幸遭遇,也为当年一起出名至今仍在坚守阵地的冯还牵挂着他而落泪。

纵观冯根生的一生,至今已在中药行业工作58年,从厂长当到董事长在位子上一坐30多年,其中稳健经营是非常需要肯定之处。冯根生有句话:"保住自己厂子稳定,就是最大的健康。每做一个牌子,都必须成功一个。"为何要提到稳健经营,因为全世界企业的最大问题都是寿命不容易做长,平均寿命已短到几年,所以,企业家的一个十分重要的使命是不要将企业引向绝路,而一个稳健经营的企业,其身体必然是非常健康的,领导人在团队中的威望必是极高的,冯根生为此曾多年住60多平方米的房子,领数千元工资,1996年一位马来西亚老板以百万美元安家费请他去当"洋老板",他拒绝了……如果不牺牲个人利益,可能他领导的国企早垮了,所以,冯根生是稳健经营的大师级人物,他的稳健经营思想非常值得研究总结。

这位"劳劳车马未离鞍"的年逾七旬的大企业老总,每天仍然是企业里最早一个上班的人。他对记者说,我在一个企业的连续工龄已58年,再过两年就达60年,应该可以申请迪斯尼世界记录了。他还说,2002年杭州市政府奖励三个贡献突出的企业家各300万元,有鲁冠球、宗庆后和我,有记者问我获奖后想圆一个什么梦,我说,我是国有企业的老总,永远不可能做"李嘉诚"。30年前我当厂长,实际上就是"保姆",1972年还是动乱的年代,一个先天不足的孩子,国家没有给我一分钱,我省吃俭用把它带大,现在长大成人了,赚了很多钱。30多年以前的1972年7月1日,这个工厂交给我的时候,总资产37万元,净资产18万元,现在30多年过去了,我使它达到了十几亿元企业总资产的规模,增加5000倍,但我还是"保姆",我想圆一个让我退休的梦,但是没有同意。我愿意终生当这个"保姆"。

(撰稿人 雷 建)

冯根生简历

　　1934年生于杭州,出身於中药世家,14岁进入著名国药号杭州胡庆余堂当学徒。1972年担任杭州第二中药厂厂长,带领100多员工在荒凉的土地上创业,当时企业总资产只有37万元,他大胆实行以人为本的方针,勇于开拓,首创一流中药企业。1985年获得全国首届"五一"劳动奖章,1987年当选党的十三大代表,1988年被评为首届全国优秀企业家,1989年被评为全国劳动模范;2002年获首届中国创业企业家称号,并受到表彰。1992年任中国青春宝集团公司董事长,并兼任正大青春宝药业有限公司副董事长兼总裁,他领导的青春宝集团创利水平多年稳居浙江省医药行业之首。执掌企业30余年来,他几乎以一己之力,创造了一段中国企业的传奇故事:他把当初喻为"深山破庙"的、总资产只有37万元的杭州中药二厂,变成了总资产高达18亿元、被誉为全球最大、最先进的中药企业之一的青春宝集团,资产增加五千倍,利润增加一万多倍。他是我国任职时间最长的一位国有企业领导。

冯根生语论

1

优秀的企业家不是评出来的,是做出来的。对于一个企业家来说,有60%把握的事,就可以去做;有70%把握的事,得抢着去做;等到事情有了100%的把握时,再去做就太晚了。成功的企业背后,有很多因素,而个人的因素很重要,"班长"是决定一切的,一个企业的好坏决定于"班长",决定于一把手。

2

公事上胆子要很大,私事上胆子要很小。如果私事上胆子太大,肯定要犯错误;如果公上胆子很小,改革的道路上就迈不开步子。

3

一位留过学的博士对我说,你们要懂得国际游戏规则,我问国际游戏规则具体地讲是什么,他答不上来。我对他说,什么叫规则?你讲不出,我讲得出,生意经中的规矩就是规则。我小时在胡庆余堂学过的生意经一是戒欺,二是诚信,三是不得以次充好,四是不得以假乱真,五是童叟无欺,六是真不二价。所以说,赶时髦也不能盲目,追求美的东西,传统的精华不能丢。

4

我是一味中药,但它不是名贵的中药,它是一味草药——甘草。甘草是中药中的"百搭",心脏病用它,肠胃病用它,现在的癌症肿瘤也用它,保健营养品也用它。但这个草药不是人工栽培出来的,它采自新疆和内蒙古的大草原,它不怕风吹雨打,是在狂风暴雨中成长起来的。

5

技术要转化为商品,转化为效益,还需要有经营者,可是经营者转化完毕却什么都得不到,这不公平。所以既要重视技术要素的价值,也要重视经营要素的价值,企业家的技术、才干、贡献及其知名度都是一笔宝贵的财富。

6

优秀的企业家,是我国现阶段最缺少的人才资源之一。而我们的国有企业,对经营者的激励机制却迟迟未能建立起来,长此以往,对企业发展和更好地调动经营者的积极性不利,并将导致人才流失,现在是认真对待、公平合理地处理好经营者的利益分配的时候了!

7

你要尊重别人,别人才会尊重你,不尊重别人,别人怎么会尊重你呢? 你要职工爱厂,你必须先爱职工,你自己都不爱职工,怎么叫职工去爱厂。你要职工做到的事,你必须先做到,你要职工不要做的事,你千万不要去做。

8

枪打出头鸟,没关系,但我努力保护好心脏,心脏保护好,就可以冲,"心脏"就是"不为私",同时,鸟可以拼命快速地往前飞,飞出了枪的射程,就活下来了。

9

我最推崇的一种精神是"小车不倒只管推",最反对的行为是"企业不垮尽管亏,筵席不散尽管醉,牛皮不破尽管吹"。

10

我从来没有想着去捞钱,到我退休的时候,我工作了50多年,把一个小作坊搞成一个大企业了,这就是我终生的追求。我不是追求钱,如果我追求的是钱的话,50岁就走了,辞职搞个自己的药厂,可能现在是几个亿资产的老板了。

11

130多年前胡雪岩制定的堂规是"戒欺"。"戒欺"就是诚信,如今整个浙商的精神就是将戒欺、诚信、拼搏、苦干加在一起。

12

管理思想的核心是:一严、二爱、三和谐。没有严,就会乱套;没有爱,就没有归宿感和幸福感;最后的目的是达到和谐的状态。

13

在1997年股份制改革时,我就在思考这个问题:如何评定国有企业经营者对企业的价值。在我们的国有企业,对经营者的激励机制一直没有建立起来,长此以往,或者导致"59岁现象"愈演愈烈,或者导致人才流失。进入21

世纪,要把国有企业搞好,就应该从物质、精神两方面给企业家一个价值、一个肯定。

14

我现在更像一名篮球教练,在比赛顺利的时候,我要做的是静静欣赏他们,如果看到哪里出了毛病,就喊暂停,去指导,三次不行,就只好换人。

15

国有企业好比冰棍,因为担心被经营者买走那就是国有资产流失,就只有捏在手里,最后,冰棍还是化了。但是一追究起来,谁都不负责任,因为大家似乎都没有做错什么。

16

过度竞争与盲目扩展是不好的。如果图一时之快,我想要10个厂,那我的加工量马上就可以达到5000万瓶,就是几十个亿了,但是不行,这样做质量不能保证,因为你管不了各个分厂,它给你粗制滥造,该投料的不投料,最后很有可能这个品牌都给毁掉了。

17

很多领导问过我,国有企业能不能搞好,我说很难搞,它的机制实在是太笨了,背着沉重的包袱,没有办法与民营企业去竞争,越到后面,越不可能。但是国有企业也能够搞好,最终是由班子决定的。你说全部搞不好,也不对,青春宝不是搞好了嘛?青春宝搞好了还不算,胡庆余堂才是真正体现了这个本事。

18

人要多做点好事,我记得小时候,祖母对我讲,我们家穷,可要穷得有志气,有人穷得没志气。等你成功那一天,要多做积德事,多做善事,千万不要做缺德事,做坏事。我看,多做好事,多帮助别人,也是对自己心态的一个调整,问心无愧,心态调整好了,当然对身体有好处。

师 春 生

师春生

师春生 1939 年 12 月 29 日出生于陕北清涧,这里梁峁蜿蜒起伏,沟壑纵横交错,贫瘠的土地不能给师春生带来富裕的生活,却教会了他不为环境和条件屈服的韧性。尽管直到读初中,他还没见过火车,没坐过汽车,没看见过电灯,但是,当他从报纸上知道中国有清华大学和北京大学两所最好的大学时,内心就萌发了一个强烈愿望:一定要上这两所大学中的一所。1961 年,他如愿以偿,以优异成绩考上了北京大学生物系遗传学专业,成了清涧县有史以来第一个进京读书的大学生。

一个时代有一个时代的英雄。在中国经济持续高速发展的时代里,一批锐意改革创新的企业家,成为这个时代当之无愧的英雄。

从陕北山沟沟里走出来的师春生,就是这个英雄群体中的一员。正是他,临危受命,勇挑重担,筚路蓝缕,开拓创新,使曾经处于破产边缘的天津制药厂逐步走出困境,成为天津市国有企业乃至全国国有医药企业的"排头兵",并建成了我国最大的皮质激素类药物科研、生产和出口基地,为民族医药工业的振兴作出了贡献。

天津制药厂是一家国有企业,始建于 1939 年,是天津药业公司(简称天津药业)的前身,主要生产两大类产品:皮质激素类药物和氨基酸类药物。从1966年开始,很长一段时间,被业内称为"激素之王"的地塞米松系列一直是天津制药厂的看家产品。在此之前,因生产工艺复杂,技术含量高,地塞米松市场一直被法国罗素、美国普强等几家国际公司垄断,我国的这种药完全依赖进口。直到1966年,天津制药厂与北京医药工业研究院共同开发成功地塞米松,并由天津制药厂和上海第十二制药厂生产,当年我国便停止了对该产品的进口。在当时计划经济条件下,拥有了这种替代进口的拳头产品,天津制药厂自然过上了好日子。

好日子一直延续到20世纪80年代初。其时,国门洞开,阔别中国市场十多年的法国、美国、意大利等几家大公司卷土重来,其中法国罗素公司实力最为雄厚,其产品号称"世界王牌"。面对国际跨国公司输入的质量好、价格低的产品,天津制药厂除了降价别无选择。屋漏偏遭连夜雨,当时国内市场原材料价格暴涨,银行贷款利息走高,导致产品成本大幅提高。1982年的天津制药厂可谓是腹背受敌,生产地塞米松已无利可图,被迫停产。

主导产品退出市场后的天津制药厂逐渐衰落,步履维艰。1987年3月,师春生临危受命,从天津市制药工业公司下派担任天津制药厂厂长。

师春生到任后的第一件事是恢复主导产品——地塞米松的生产,希望借此来阻止天津制药厂惯性下滑的颓势,但是事与愿违。两年前,天津制药厂曾花了45万美元从意大利引进一项生产工艺,但未能投产。师春生带领技术人员在消化吸收引进技术的基础上,投资388万元人民币新建了一条生产线,恢复了地塞米松的生产。1992年,天津药业重整旗鼓,携地塞米松杀回市场,与跨国公司展开第二轮较量。孰料,法国罗素等公司施展价格战,当年天津药业生产100公斤地塞米松就亏损100多万元,地塞米松又被迫停产,不得不再次怆然退出市场。

一败,再败。严酷的现实让2000多名天津药业员工感到了深刻的危机,他们曾向有关部门提出保护国内医药产业,限制国外地塞米松的进口,但遭到了拒绝。1992年是天津药业有史以来的"谷底",企业利润仅280万元。在外人看来,此时的天津药业已元气大伤,翻身几无可能。天津药业何去何从?那些日子,这个问题把师春生折磨得寝食难安。

师春生明白,在这生死存亡的紧要关头,天津药业只有两种选择:要么投身竞争求发展,要么服输。师春生毫不犹豫地选择了前者,那是因为——他从不轻言放弃。这个陕北农民儿子的血液里流淌着"不服输"的基因——想别人不敢想的事,做别人做不成的事。更重要的是,靠老区人民助学金完成中学学业,靠国家助学金完成大学学业的师春生,对党和祖国充满了感激,他惟一的选择就是不辱使命。

经过一番思想交锋,认真分析了以前失败的原因、竞争对手的优势和自己的劣势,师春生和天津药业班子成员统一思想,树立了国有企业一定能搞好的信念,认识到竞争虽然表现为价格竞争,但价格竞争的背后是成本的竞争,实质是技术装备水平和生产经营规模的竞争,做出4项决策:一是制订了"高科技加规模经济"的发展战略;二是界定技术开发和市场开发是企业的一线,企业资源必须向一线倾斜;三是颁布了《对有突出贡献的科技人员实行特殊奖励的规定》;四是确立了"创新、完美"的企业精神。

经过1年刻苦攻关,科技人员成功地开发了生物脱氢合成含氟皮质激素及其化学合成新工艺路线。使地塞米松的生产成本降低了30%,各项技术指标大幅度提高,除外观色泽和溶解速率较法国罗素公司的产品稍逊一筹外,其他各项指标均可与其媲美。

屡败屡战,永不言败。外表温文尔雅的师春生,事实上是位永不言败的勇者。1993年,天津药业第三次进入地塞米松市场。

商战的主要形式仍然是价格战。当罗素等跨国公司按照前两轮交锋的惯常做法,一次次挑起新一轮"价格战"时,师春生兵来将挡,沉着应对,有了自主开发的新技术为后盾,天津药业的地塞米松每次都以比罗素公司产品每公斤低500元的价格出现在市场。与此同时,天津药业迅速扩大生产规模,通过技术改造将地塞米松生产规模从800公斤逐步扩大到2吨、5吨、10吨。当商战进入到白热化阶段的时候,美、意等国的产品相继退出中国市场,到1997年,天津药业的地塞米松占领了70%的国内市场。

一路高歌猛进,天津药业不给对手喘息的机会。1997年,天津药业的技术队伍再次对生产工艺进行了重大调整并取得了突破,不仅使地塞米松的技术和质量都达到世界领先水平,而且成本又降低了40%,此时天津药业的产品价格已低于罗素公司产品的外贸进口成本。罗素公司开始沉不住气了,先后4次主动提出休战,要与天津药业统一价格,划分市场。天津药业的回答是:"宁可让利,决不失地"。

就这样,与法国罗素公司为代表的大型跨国公司的地塞米松争夺战终于进入了"尾声"。为了填补进口产品退出形成的市场真空,天津药业争分夺秒地进行扩产改造工程,加速发展规模经济,仅用5个月时间就使地塞米松生产能力由10吨扩大到25吨。1998年,罗素公司的地塞米松悄然退出中国市场,天津药业的产品占领了国内90%的市场,而且乘胜追击,占领了除中国以外50%以上的亚洲市场。这一年天津药业创造了有史以来的最高利润3000万元。

1998年11月初,法国对华电台广播称,中国天津药业公司的地塞米松质量好,市场占有率高,他们承认中国产品在质量与价格上均占优势。罗素公司竞争失败、退出中国市场的消息,受到新华社等多家国内新闻媒体的广泛关注。天津市教委将"地塞米松之战"编入初中思想政治教科书,对青少年进行生动的爱国主义教育。

把世界强敌挤出了国内市场,此时的师春生仍然不敢有丝毫懈怠。天津药业与跨国公司鏖战15年,市场的无情让他刻骨铭心。在他看来,与实力强劲的竞争对手相比,天津药业显得过于弱小了,远没有强大到足以抵御市场的急风暴雨,必须加快发展的步子,尽快壮大自己。

如何才能在最短的时间内提升企业的规模与实力呢?

显然,按照传统的路径很难实现加速发展的目标。师春生给大家算了一笔账:1998年年底天津药业的净资产是1.79亿,这意味着解放以后经营了近50年才积累了不到2个亿的资产。假如同样要花50年时间资产才能翻一番的话,天津药业还能在市场上存在吗?这笔账算下来,让大家的头脑清醒了许多,决策层很快形成共识:发展是硬道理,加快发展才能长久生存。

在师春生的主导下,天津药业的三大发展战略逐渐明晰起来:一是做大主业,固本强身;二是跨业经营,规避风险;三是涉足资本市场,打通融资渠道。

"主业不肥根不稳。有了强大的主业,企业自身的修复能力与再生能力才能有保障,企业才能获得长远发展,这一点,在东南亚金融危机中得到了充分的印证,也是被国内外许多企业的经验教训证实了的。"师春生说。如何协调发展主业和多元化经营的关系?师春生提出了一个"七三定律",即要把70%的投资用于发展主业,使主业在全部产业结构中至少占有70%的份额,这样的结构和比例将构筑抗衡市场风险的一个合理的产业布局。

"主业突出是企业安身立命之本,是企业长足发展之源。国企改革要突出主业,加快企业内部结构调整,只有不断提高主营业务的竞争力,才能在市场竞争中始终处于有利地位。"在这一经营理念的指导下,天津药业做足主业文章,产能、产量、利润、销售额连年持续增长。如今的天津药业已发展成为我国乃至亚洲最大的皮质激素原料药生产企业,天津药业已有多个品种技术水平和市场占有率全球领先,如地塞米松系列中的三个品种占全球市场份额的50%以上。在主业中,氨基酸类药品是一个新的增长点,其原料药品种在国内市场最全,有十七八个品种,全部年生产能力1000吨,而大输液也从年产600万支扩大到3000万支。

"如果主业一成不变,企业也不能发展壮大。企业应该在发展中随时定位自己新的主业,同时不断探索多元化经营,寻找新的增长点。"师春生认为,单一利润源不可能支撑企业做百年老店,企业在经营主业的同时应关注区域经济发展,发现商机,开展跨业经营。国际跨国公司的发展经验证明,随着企业规模的扩大,其主业不可能只有一个,多主业具有明显的规避风险的优势。比如,日本的三菱就有三大主业:IT、钢铁和汽车。

在多元化经营的尝试中,天津药业参与的行业除了与医药相关的保健品以外,着力最多的是金融业和大型商业。目前天津药业参股渤海证券、渤海银行、北国投等区域性金融机构的资金达到3亿多元;在IT业,天津药业投资最大的项目是中环半导体。

敏锐的商业眼光,科学的分析论证,审慎的操作手法,保障了跨业经营的健康发展。在天津药业,多元化经营并没有像人们所担心的那样成为"陷阱",反而带来了巨额的、持续的回报,为企业实力的迅速壮大提供了有力支撑。

"如果按照传统的做法,企业通过贷款扩大再生产,不仅投资大,周期长,而且还要背上沉重的利息包袱,现在制造业的利润并不高,一年算账下来,企业只剩下给银行打工的份儿。"基于这种考虑,师春生拓宽思路,涉足资本市场,从"贷款造锅",变成了"借锅煮饭"。

1999年,天津药业的优良资产重组成立天药股份,于2001年6月18日上市,募集资金5亿元。初涉资本运作旗开得胜,从此一发不可收矣,连续进行了一系列重组、兼并和收购。2000年,天津药业收购河南两个药厂,2001年收购江苏一个药厂、湖北一个药厂。如此这般,天津药业无需大兴土木,便增加了60亿支针剂、30亿片剂的生产能力,使产品结构悄然发生了改变,同时把地塞米松磷酸钠50%的销量轻而易举收入囊中。

目前,天津药业已从单一企业发展成为直接间接控股29家公司,参股16家公司的大型企业集团,总资产从1998年的5个亿发展到2005年的83个亿,净资产40个亿,净资产利润率接近10%。

天津药业与法国罗素公司、美国普强公司等世界强手的三次商战,表面上成败是由价格决定的,但追根溯源,在价格竞争的背后,技术创新主导着企业的市场沉浮。

围绕着地塞米松这个核心产品,天津药业在历史上有过两次工艺上的重大创新,由此给企业带来重大转机。

第一次是在1992年,天津药业把地塞米松生产中国际上通用的"化学脱氢"改为"生物脱氢",不但提高了质量,而且成本降低了30%,使天津药业在法国罗素公司等世界强手的价格战面前站稳了脚跟。

另一次是在1997年,天津药业年轻的总工程师卢彦昌和其他科研人员在"生物脱氢"基础上,采用新的化学试剂及原料,对工艺线路进行重大调整,使反应线路减少了三四步,反应周期由30天减少为19天,产品质量达到世界一流,生产成本下降40%。这一获得了国家科技进步二等奖的重大技术创新使天津药业的地塞米松价格始终低于法国罗素公司,掌握了价格战的主动权,法国罗素公司不得不退出中国市场。

几年的价格战,天津药业的地塞米松虽然从每公斤3万多元下降到了1.7万元,但仍有30%的毛利率,其中产品的技术创新起了决定作用。"竞争虽然表现为价格战,但要使自己的产品在质量和价格两方面都取得优势,非有工艺技术上的重大突破不可。我国高科技企业要在与跨国公司的竞争中赢得优势,必须培育自己的技术创新能力,形成具有自主知识产权和国际先进水平的核心技术。"这是地塞米松大战带给师春生的最大收获。

师春生清楚,医药行业技术创新是资金密集型的投资活动,因此,多年来,天津药业不管企业经营顺利与否,对技术创新的投入都从不吝惜,尤其是2000年以来每年的研发投入始终保持在销售收入的5%~6%以上。"高科技"在师春生眼里非常具体:生产的所有产品,在中国只要还有一家生产,质量和消耗指标就要领先于它;主导产品地塞米松要超越世界王牌罗素公司的产品;开发的新品附加值要高,同时必须具备一定的生产规模。天津药业的投资原则由此确立,那就是没有领先的新技术、新工艺,不投资。有一个品种在实验室研究了10年,曾经有两次试验新工艺,但都因不成功被叫停。师春生这样解释"不成功"——不是做不出东西来,而是质量和成本不如国内的兄弟单位。

"一个中心、一支队伍、一个网络",这"三个一"就是师春生倾力为天津药业打造的技术创新体系。

"一个中心"即药物研究院。天津药业投资6000万元建立药物研究院,为其装备了国际一流的研究设备,包括化学合成、生物合成、制剂研究的装备等。这个研究院拥有20多位博士生和硕士生,70%以上员工拥有本科以上学历。研究院主要从事药物研究和新工艺设计,为天津药业的长远发展提供技术支撑。2003年"非典"突发时,由于具有人才和技术装备的优势,该院在很短的时间里就开发出抗"非典"药物甲泼尼龙,结束了我国几十年进口甲泼尼龙原料药的历史,同时配套生产出片剂美乐松和注射用甲泼尼龙琥珀酸钠粉针剂米乐松,填补了国内生产空白。从"超前一步"的战略考虑,目前的药物研究院只占用了新建的12层科研大楼的一半空间,另一半暂时空置,预留给新的科研项目。

"一支队伍"即人才队伍。经过10多年的积累,天津药业已建立起一支高素质的技术开发队伍,专职科研人员达120多人,科研开发能力达到国家级水平。1997年设立了博士后科研工作站,有博士生12人,博士生导师1人,这支科研队伍先后为企业开发了14项科研成果,120多项新工艺。师春生敢于大胆启用德才兼备的年轻人,29岁就担任公司总工程师的硕士研究生卢彦昌便是其中之一。卢彦昌上任后，带领科技人员大胆创新，开发出多项科技成果，其中"地塞米松系列产品新工艺"获得了国家科技进步二等奖，每年为公司创造近一个亿的利润。他本人也获得全国青年"五四"奖章、全国杰出青年岗位能手等荣誉称号，被天津市确定为跨世纪学术带头人培养对象。现在世界上搞皮质激素的厂家没有不知道天津药业的，知道天津药业的厂家没有不知道卢彦昌的。他现在已从师春生手中接过接力棒，担任天津药业总裁。

"一个网络"的意思是，每实施一个新产品或一项新工艺，都要成立有技术、管理、生产和采购人员参加的网络组织。而师春生就是这个网络的"牵头人"。他带领各部门负责人参与到每一个新项目的研发中，群策群力，强力推进，攻克一个又一个研发难关。科研产品的产业化不可能在实验室一步到位，常常需要一线生产人员参与进行二次开发。天津药业总裁卢彦昌对此深有感触，他说，"1993年我们开发'含氟皮质激素类药物的生物脱氢及其化学合成工艺'，1997年又开发了'地塞米松系列产品新工艺'，两项新工艺大大降低了生产成本，直接导致罗素公司退出中国市场。这两项成果都是与一线生产人员的直接参与分不开的。"

在天津药业，这个技术创新的"网络"没有疆界。20世纪90年代后期，天津药业的地塞米松虽然将跨国公司的产品挤出了中国市场，但由于晶体形态不够完美，影响其药效，仍然只能算作国际二线产品。为了解决地塞米松因晶形不够完美而影响出口的问题，2000年天津药业主动寻求与天津大学结晶中心合作，由中国工程院院士王静康领衔，开发成功新型工艺——溶析结晶技术与设备，使天津药业的地塞米松晶形超过了法国罗素公司的产品，成为国际一线产品。目前，天津药业地塞米松的全球市场占有率已达40%，并且打入了欧洲市场。

技术投入要获得高回报，创新体系要高效运转，一套好的激励机制是保证。为此，师春生亲自策划，1992年6月天津药业颁布了《对有突出贡献的科技人员实行特殊奖励的规定》，其主要内容是：凡研究开发的新产品、新工艺能为公司年创效益50万元以上的，都可得到奖励；奖金的70%必须奖给主创人员，管理者等无关人士一分不给。师春生强调"奖励思维创造，不奖励简单劳动",也就是说,如果一名科研人员对改进工艺有一套想法,即使不做试验,成果的70%归他。1993年,发明"生物脱氢"新工艺的3名主创人员每人获得12~16万元的奖金;1997年,2名主创地塞米松新工艺的技术人员各获桑塔纳2000型轿车一辆。近年来,公司先后拿出400余万元,重奖有功科技人员。

2001年8月吴邦国同志视察天津药业

近两年,天津药业的创新奖励机制有了新的发展。从2006年开始,公司提出要用两三年的时间打造一批百万富翁,让一批科技专家下班后能开着自己的轿车回到自己的别墅。

1993年以来,天津药业共有140项新工艺和20种新产品投入生产,其中"生物脱氢"和"地塞米松系列产品"新工艺,分别获得国家科技进步二等奖。这些新产品、新工艺创造的产值和销售利润,每年都占公司总产值和总利润的70%以上。

如今,天津药业正通过技术创新延长药物产业链,建起了国内最大产能的激素片剂生产车间,年产50亿片;拥有全国最大的针剂产能,年产40亿支以上,正从一家原料药药厂成长为实力雄厚的综合制药厂。目前,天津药业的皮质激素类原料药和制剂品种及规模均居全国之首,其中原料药生产能力居世界第一;地塞米松系列三个产品技术水平和生产规模均为世界第一,地塞米松系列产品生产能力达到25吨,占全球市场份额的50%;氟轻松的生产规模世界第一。

"宏观决策和技术创新要以管理为支撑,不能让管理把技术优势抵消掉。如果技术优势是100%,而管理不好就可能变为80%,甚至更低。"在国有企业打拼了几十年,师春生对企业管理的重要性有着深刻的理解。

贾彦平是天津药业的党委宣传部部长,同时还是信息管理室主任、天津药业销售公司党委书记。在天津药业,像贾彦平这样一人身兼多职的情况在过去很少有,而如今却不是个别现象,这种变化缘于天津药业始于20世纪90年代的管理变革。

天津药业的管理变革是从抓基础管理开始的,即开展人事制度、劳动制度、内部分配制度改革,这"三项制度"改革可以用三句话来概括:管理者能上能下,职工收入能高能低,在职职工能进能退。

搞好人事制度改革的前提是科学定岗定员。劳资部门把每个岗位每个人每天的有效工作时间都记录下来,经过科学测算之后,定岗定员。根据需要,可能两个岗设一个人,或3个岗设两个人;一个部门只设一个负责人;一些部门被合并,如制造部即由原来的生产处、设备处、动力处等4个处合并而成。

天津药业办公大楼

分配实行岗位技能工资制,由4部分组成:岗位工资、技能工资、补贴和工龄工资,岗位工资和技能工资所占份额最大,并且拉开档次。岗位工资主要体现技术难度、劳动强度和危险性。技能工资则是专为解决"干好干坏都一样,干多干少一个样"问题而设计的。

设定岗位以及工资后,天津药业在公司内部实行公开招聘、竞争上岗。原来30个人的收入可能给了十几个人。每年年底,公司都要对员工进行评议,实行末位淘汰制。末位淘汰掉的员工就得接受培训,工资要下来很大一块。

"三项制度"改革使天津药业的管理人员由1988年的200多人减少到现在的100多人,而同期的销售收入却增加了40倍。

对于经历从计划经济向市场经济转型的国有企业管理者来说,在企业管理方面面临的最大挑战莫过于财务管理。在计划经济条件下,财务管理实际只有一个会计功能,最多增加一点结算功能;而在市场经济中,财务管理却成了企业的重中之重。不仅要记账,还要理财,还要创效益。

天津药业的财务管理改革最重要的就是整合了一个核算网,实现了目标成本管理。天津药业花 3 年的时间对每一个岗位进行了成本核算,建立全公司的核算网,同时制订了以成本为核心的分配制度。每个岗位,制造成本占到基本工资的70% ,还有30%是费用,想多拿钱就得让成本下来。

"让每一块钱都处于管理状态",这是师春生着力倡导的财务管理理念。天津药业有一个规定,一个员工如果借款出差两个月内不报销将受到处罚。规定出台后大家很不理解,不就是晚了一点吗? 师春生给员工们算了一笔帐:"你出差借了 3 万块钱,出差花了 1.5 万,剩下 1.5 万。如果你把钱在手里压半年,按银行贷款基础年息是 5.85,1 万块钱一年的利息是 585 块,585 除 365,一天是 1 块多,这 1 块多在你口袋里就白白流失了。"

资金运用是财务管理的一个重要功能,对天津药业来说是一个全新的课题。师春生在带领天津药业成功实现产品经营突围以后,从 1999 年开始涉足资本市场,短短几年间使企业迅速长大,成绩为业界所公认。

天津药业还把管理从资金流扩展到物流,实行资金定额管理物流。公司每年的采购资金从当初的三四亿,到现在的十几亿,涉及几千种物品,小到大头针,大到上百万元的设备。为了堵住采购漏洞,师春生带领财务、采购等部门一起建立了一套完善的物资采购体系。他们把供应商分成 A、B 户,A 户就是质量好、信誉好的企业,一些关键物资,A 户有货绝不能买 B 户的。同时实行计划价格管理,把计划价定死了,不许超越,年底算账节余奖励,超过计划价格采购人员和处长无权决定,必须报批。制定计划价格也很简单,上一年四季度的平均价就是下一年的计划价。现在天津药业的采购成本逐年下降,每年可降低 500 万元左右。

"安全生产无小事,杀鸡要用宰牛刀。"这是师春生常挂在嘴边的一句话。他不仅仅是说说而已,而是要求各子公司一把手对安全生产负责,层层抓落实。天津药业有一个环氧反应釜在 1983 年曾出过一个大事故,后来在这道工序也经常发生爆鸣,师春生了解到这一情况后,组织科研人员对这一工序进行技术改造,将反应釜的全夹层改为半夹层,成功破解这一安全生产重大隐患。

张鹏是公司分管安全生产的副总经理,因此得到了师春生的特别"关照"。他的住宅离公司仅500米,站在窗前就能看到生产车间。这套商品房就是师春生专门指定为他购置的。师春生对张鹏说:"这样你就可以一天24小时关注安全生产了。"其对安全生产的重视可见一斑。正因为如此,在师春生掌管天津药业的19年间,天津药业没有出现过安全生产事故。

如今,天津药业已是包括全球第一、第二大制药公司——美国辉瑞公司、葛兰素·史克公司在内的8家跨国制药公司的供应商。业内人士都知道,要成为这些跨国公司的供应商,必须通过他们严格的现场考核,包括仓储、生产、质量控制等各个环节。通过这一场场的"考试"、跨过这一道道"门槛",正是对天津药业工艺技术和管理水平的充分肯定。

曾经有人问:"天津药业的地塞米松已经占领了国内90%的市场,为什么不把剩下的10%市场也拿过来?"师春生回答:"不能拿。留个对手对天津药业有好处。这个10%可以时时提醒我们,不能刀枪入库。"这就是一个企业家的胸怀,既气吞山河,志存高远;又心存忧患,如履薄冰。

师春生是一名精明强干的企业家,同时又是一名优秀的共产党员。他用自己的全部心血和精力去实现一名共产党员的人生价值。平时,除去开会、办公,只要有时间他都深入车间、班组。遇到重大技术改造施工,更是日夜不离现场。多年的劳累,使他的双腿经常浮肿,但他放不下工作,就是发高烧也在办公室边输液边研究工作。他注重发挥企业党委、工会作用,大力推进企业文化建设,尊重职工的民主权利,关心群众生活。1998年,某车间部分工人出现中间体过敏反应,身体有不适症状。他发现后,立即召集有关人员研究解决办法,组织对这些工人和相关人员进行体检。他说:"决不能把经济效益建立在损害员工身体健康的基础上,哪个地方有毒有害,不论花多少钱,都必须解决。"管理者心中装着员工,员工心里想着企业,他们时时把自己的命运与天津药业的兴衰结合在一起,形成了自强不息、创新完美的"药业精神",成为推进企业改革发展的强大动力。

在天津药业的19年,师春生的成就人所共鉴:企业经济效益、管理水平和员工的精神面貌都处在有史以来的最好时期,目前已组建起大型企业集团——天津金耀集团有限公司,通过联合、兼并、合资、收购、控股等,实现了生产经营低成本扩张和融资能力的急剧增长,在国内外拥有全资、控股、参股近40家公司。2006年4月,67岁的师春生从企业领导岗位退了下来。回首过去,他无愧于心,因为他留下了一家生机勃勃的企业,一支特别能战斗的职工队伍,还有值得后来者珍视的经营理念和创业精神。

（撰稿人　张曙红　陈建辉）

师春生简历

1939 年 12 月 生于陕西省清涧县

1967 年 7 月 毕业于北京大学生物学系；

1968 年~1975 年 9 月 历任天津市生物化学制药厂技术员、副厂长；

1975 年 9 月~1987 年 3 月 任天津市制药工业公司副经理、天津医药工业研究所所长；

1987 年 3 月~1988 年 9 月 任天津制药厂厂长；

1988 年 9 月~1995 年 9 月 任天津药业公司总经理兼党委副书记；

1995 年 9 月~2000 年 8 月 任天津药业有限公司董事长兼党委书记；

2000 年 8 月~2001 年 10 月 任天津药业集团有限公司副董事长、总经理；

2001 年 10 月~2006 年 4 月 任天津金耀集团有限公司董事长、党委书记；

2006 年 4 月至今 任天津金耀集团有限公司顾问。

师春生曾先后荣获全国劳动模范、全国优秀共产党员、全国优秀企业家、首届中国创业企业家等称号，获全国"五一"劳动奖章，是第七届全国企业管理现代化创新成果特等奖主要创造人，是第九届、十届全国人大代表。

师春生语论

1

企业家虽然不抛头颅洒热血,却是用只有一次的生命在拼杀。

2

想别人不敢想的事,做别人做不成的事。

3

宁可失利,决不让地。地就是地盘,也就是市场。竞争要的是市场,我今天可以没有利润,但我不能没有市场。企业最可怕的是丢了市场,不是丢了利润。今天丢了利润没关系,赢得市场,有可能明天就把利润拿回来。

4

把今日的我否定了,创造明日的我;把现在这个企业的进步否定了,追求新的进步,循环往复以至无穷,达到完美的境界,但是,永远达不到它的极限,完美是一个目标。

5

市场开发与技术开发是企业的一线,这两个开发的支撑是人才。

6

振兴国有企业是我一生最大的愿望。

7

市场经济是竞争经济,竞争是全天候的,决策者、经营者工作状态也应是全天候的,没有这种精神状态,没有为企业付出的奉献精神,怎么参与竞争?

8

企业要走好自主创新之路,应该在四个方面下功夫:一是要设立与企业自身特点相结合的创新机构;二是注重创新人才、创新队伍建设;三是要舍得投入资金用于自主创新;四是要形成尊重知识、尊重人才的企业文化。

9

主业是动态的,而不是静态的、一成不变的,在跨行业发展中可以随时培育自己新的主业。

10

企业不要只求单主业的发展,不要做旗杆,孤立自己,要有文化内容。

11

现在总有人将企业的核心能力和核心竞争能力混为一谈,而这两个概念是不能混淆的。核心能力是企业发展的重要因素,能够带动其他的一般的能力的因素;而核心竞争能力只是企业的一种能力。药业集团的核心能力是技术创新、技术进步的能力。

12

实事求是地说,我在人才上下的工夫最大。如果用一句话概括药业集团的人才战略,就是:我把我的心交给他。

13

允许在创新中失败,不容许故步自封。

刘 玠

刘玠

刘玠因使危机重重的鞍钢实现了浴火重生而享有盛名,2006 年 8 月 30 日,曾培炎副总理在袁宝华同志转报的曹明新撰写的《鞍钢经验启示》上作出重要批示:"鞍钢成功地走出了一条改革改造以及自主创新之路,希望在我国钢铁工业由大到强转变的进程中继续发挥好国有大型企业的主导作用。"

刘玠是 1994 年岁末到鞍钢的,在鞍钢科技馆召开的干部会议上,中组部的领导宣读了任职命令后,刘玠只作了简短的发言,会一散,人们私下里开始议论,有人说鞍钢一向往外派干部,现在弄一个武钢的副总给我们当头,行不行啊? 还有人调侃说,这个人不知道害怕呀,鞍钢都这个"熊样"了,凭他就能拯救鞍钢?!

刘玠临危受命到鞍钢,虽可谓人生之难得机遇,但也是背水一战,因为鞍钢曾是新中国钢铁工业的摇篮,他岂能让这个曾经为共和国立下汗马功劳的共和国倚重的钢铁业"长子"夭折在自己手中,毁半世英名,想到这里,一种"扶大厦于将倾"的使命感和悲壮感不禁油然而生。之前他有到省里工作和到北京钢铁研究总院当院长的机会,但最终还是选择了到鞍钢,他对外界的解释是自己更喜欢到企业去工作。另外,恐与刘玠是属于那种具心怀勇往之气、奋然求达所望之个性或人生观有关。

刘玠1943年11月出生,安徽舒城人,生长于上海,是武钢著名的"三刘(刘淇、刘玠、刘本仁)"中的一员。安徽舒城是三国周瑜故里,周瑜以5万精兵在赤壁大破操军数十万,同为舒城人的刘玠,亦将面临要指挥一场以小博大的历史性会战。

刘玠初到鞍钢时,企业已呈衰世之像,将萎之华,惨于槁木,鞍钢面临的严峻形势大大出乎他的意料:合同严重不足,产销率仅为80%,回款率只有65%,人欠货款高达138亿元,已拖欠职工3个月工资,两座高炉因没钱买煤而停了下来,眼下就靠党员集资7000万元勉强维持生产……

刘玠说:"我到鞍钢后才真的感到,鞍钢的确是太大了,号称50万人,其中全民职工19.2万人、集体职工18.5万人,还有全民和集体离退休职工12万人;既有全民企业,也有安置返城知青和职工子女就业的集体企业,离退休职工还搞了'老有为'公司,还办了一大批第三产业实体,所有亏损单位靠吃补贴过日子。另外,鞍钢还是一个'大而全'的小社会,承担了大量的社会公益事业和企业办社会的负担。人家说鞍钢除了没有检察院和法院外啥都有,我们的一个偏远矿山连殡仪馆都有。这种'大'说明了什么?说明产权不清、权责不明、企业办社会负担沉重、劳动生产率低。50万人同吃800万吨钢铁饭,人均产钢20吨/年,只相当于世界先进水平的1/50。这种现状不改变,在激烈的市场竞争中,不用说被先进企业给打败,就是自己也把自己给拖垮了。所以说,不改革鞍钢就没有出路。"

甫到鞍钢,人们对这位新任领导的印象是虽然没架子却也不苟言笑,工人对他总是表现得很拘谨。但让很多人没想到的是,这个看上去儒雅的人,却挺敢下刀子。一次厂区门卫擅自离岗,让他撞上了,当即勒令下岗;另一次,接货的客户反映说,一块钢板上发现了脚印,刘玠较真说:查!结果一个车间主任被免职了。这两件事在厂区掀起了波澜。

鞍钢怎样改革?刘玠说:"就是按照中央提出的建立现代企业制度十六字方针'产权清晰、权责明确、政企分开、管理科学'的要求,精干主体、分离辅助、减员增效、转机建制。"

刘玠到鞍钢后实施改革的第一步,是从弓长岭矿山公司和鞍钢矿山公司开始的,到两个矿山公司时,一测算把他吓了一跳,1 万多人的弓长岭矿山公司,一年亏损竟达 4.5 亿元,鞍钢矿山公司一年亏损 3.9 亿元,而且矿石价格大大高于进口。当天晚上他觉都没睡好,第二天早早就找到弓长岭矿山公司经理,问他一年发工资要多少钱,他说一年工资 1.06 亿元。从算术的角度讲,不如把两个矿山公司停下来,宁可发给他们工资,然后买进口矿石都划算。但却不能这么做,因为还有保持几万职工队伍稳定的大事,所以必须从体制上解决问题,刘玠决定把两矿与主体划开,让他们自主经营、独立核算,成为鞍钢集团的全资子公司,并要求他们按市场化运作,3 年扭亏。实践证明,改革的效果非常好,他们提前实现了扭亏目标,矿石价格不仅大幅度降低,且仍然有效益。

从 1995 年开始,在清产核资、界定产权的基础上,刘玠将 35 个厂矿中的 74 个集体所有制企业与主厂分离。国企改革最困难的是富余人员安置,在这个问题上必须慎之又慎,为此鞍钢成立了实业发展总公司,建立了分流和安置富余人员基地,将 60 个第三产业、老年实业等其它经济实体划归其统一管理,并大力发展非钢产业,安置分流人员。刘玠说:“像鞍钢这样的老企业搞改革,最大的难点还是职工的思想观念问题。例如,我们决定将生活服务公司的车队划归集团控股子公司鞍钢商贸集团,但这些职工就很不理解,认为控股子公司不属于鞍钢,是鞍钢不要他们了,于是就开始上访,而且要同我对话。我同他们对话了 4 次,仍然没有解决问题。后来我主动走访了几个骨干职工家庭,又召开了几次座谈会,使他们对这次改革有了正确的理解。我们又给这个车队添置了几台新车,让他们能够更好地开拓市场。现在这个车队积极参与运输市场招标,活源比较充足,职工队伍也很稳定。这样的例子很多,我觉得改革过程中,有些职工的观念一时转不过来,这不能全怨他们,这是长期计划经济造成的,作为企业的领导者,就需要经常深入到职工中去,做耐心细致的思想工作,求得他们的理解和认同,这样我们的改革才能平稳地不断推进下去。”从鞍钢主体分离出辅业,对减亏增效、稳定职工队伍、使鞍钢走出困境起了重大作用。

在精干主体的同时,刘玠狠抓基础管理,通过“三项制度(分配制度、劳动制度、干部制度)”的改革来调动全体员工的积极性和创造性。

刘玠来到鞍钢后，鞍钢人发现自己身边在悄悄变化，厂区里一些杂乱无章的小房扒掉了，代之的是一片片绿地；门卫实行了严格的检查制度，即使刘玠进厂门也得主动出示证件；现代管理理念渗透进了每个角落、每个细节，连厂服着装都有具体规定……这些新的气象令鞍钢人于多年的沮丧中似乎看到了一线生机。注意这些工作细节，其实都是刘玠在为更大的改革预热，他知道冰冻三尺非一日之寒，必须给职工洗脑，必须从计划经济的温床上把他们拽起来，否则鞍钢就会无声无息地死去。

刘玠1994年年底上任时，他曾规定1万元的支出也要经总经理一支笔审批，可见当时鞍钢之穷。为解决现金流的问题，他果断采取了一系列措施改变销售的组织机构和销售体制，规定不给钱不发货。当时的鞍钢，仍然延用计划经济的机制来运作，价格不随行就市，市场上的钢材价格已经猛跌了，鞍钢的钢材价格却居高不下，卖不出去就赊销，不给钱先拿走，人欠货款达138亿元，资金焉能不出现断流。

刘玠主政1年多后，通过"消肿"、"瘦身"和一系列改革，鞍钢与只讲数量不讲质量、只讲产量不讲效益的机制彻底告别，同时迅速走出困境。1995年、1996年，鞍钢分别盈利3.32亿元、3.5亿元。吴邦国委员长曾说："1993年我到过鞍钢，当时的炼钢厂乌烟瘴气，至今记忆犹新。"

须从根本求生死，刘玠抓住了根本，才有了鞍钢的重生。决定鞍钢生死的根本是什么？刘玠认为，一是改革，二是技术改造。

1945年8月15日，日本侵略者无条件投降后，鞍钢的机械设备被卸运大部，厂区破坏极其严重，日本人扬言："这里种高粱也不能长了"。1948年2月19日鞍山解放，12月26日成立鞍山钢铁公司，在第一代鞍钢人奋力拼搏下，1949年4月5日炼出了新中国第一炉"争气铁"，此后，新中国第一炉钢、第一根钢轨到第一根无缝钢管，也都在这里相继诞生。1953年第一个五年计划开始，国家集中力量建设鞍钢，达到生产铁250万吨、钢320万吨、钢材250万吨。到1957年"一五"计划完成，鞍钢全面得到改造，且扩建生产能力超过原计划指标，成为名副其实的中国第一大型钢铁基地。1960年3月"鞍钢宪法"诞生，毛泽东主席在批复鞍钢"双革"活动的报告上批示并提出五项原则。1978年12月，鞍钢生产铁640万吨、钢686万吨、钢材385万吨。"六五"期间,鞍钢完成了改造规划,实现重大科技成果 532 项。在鞍钢的辉煌历史中,曾涌现出老英雄孟泰、"走在时间前面的人"王崇伦、炼钢能手李绍奎和陈效法、钢铁专家雷天壮、宋学文等为共和国冶金行业做出巨大贡献的英雄人物。鞍钢的地位曾经举足轻重,然而当进入社会主义市场经济后,钢铁国有企业的"两老"(设备工艺老、产品质量老)、"四难"(机制转换难、债务解除难、冗员解决难、社会负担难)问题,在鞍钢身上有了更为突出的体现:代表落后工艺的平炉钢占鞍钢钢产量的62.97%,占全国平炉钢产量约40%,连铸比仅为24.88%。当时鞍钢最大的成材厂,轧机是 20 世纪 50 年代苏联援建的,产量不算小,但品种和质量都满足不了用户的要求,产品质量达到国际先进水平的仅占6%。

刘玠说:"这样的装备生产的产品,计划经济时自己不用愁,因为有国家包销,但到了市场经济就不行了,没有人愿意要,销售非常困难,库存大量增加。这种状况不改变,鞍钢就不能生存发展。"

鞍钢的设备实在是太老了,而且是万国造,进行技术改造,不要说全部更新,就是动一个局部,也得以千万计,可钱从何来,从刘玠一进入鞍钢,钱的问题就把他愁死了。中央领导的指示是:筹措资金的唯一途径是发行股票香港上市。鞍钢是大家大业,曾经无比辉煌,品牌资产丰厚,难道就不能借助现代股份制度,将固定资产盘活? 有了这个思路,刘玠实施了资产重组,利用仅有的 3 条分别从美国、德国、日本进口的二手设备组建了鞍钢新轧钢股份有限公司,1996 年夏成功在香港和深圳上市,筹集资金 26 亿元,又利用国家债转股政策减少债务 63.66 亿元。是年春节,因刘玠率鞍钢人成功突围,家属区爆竹声响彻云天,但刘玠的心情仍很沉重,他深知,要将如此破烂的鞍钢改造好,前边的路还长着呢!

"平炉改转炉"的技改项目成为刘玠上任后的"第一把火",当时鞍钢两个钢厂一年亏四五亿元,能否迅速淘汰平炉是个非常关键的问题。如果按照通常的思维,平炉改转炉只能易地重建,不但要耗费巨额资金,而且技改的周期通常都比较长,鞍钢等得起吗? 也许等不到出效益,鞍钢就已经死了。有一次,刘玠去邯钢参观,主人介绍的是降低成本的经验,起初刘玠也没太在意,但当走到转炉前时,他忽然不走了,问这问那,眼睛幽幽闪亮,就像发现金矿一样。他跟厂里要来了转炉的各种技术指标,拿自己的平炉指标一项一项地做比较,陪同他的办公室主任于洪知道"有戏了"。就在那天夜里,他人还在邯郸,就毅然做出平炉改转炉的决定。

刘玠发现:邯钢使用 15 吨小转炉炼钢,也能做到成本低、不烧重油,这对刘玠的启发简直难以名状,一般来说,平炉高度 18 米,转炉则要 30 多米,所以改转炉,厂房就得重建。但邯钢的小转炉,完全可以放进鞍钢 18 米的厂房去,这样原来的厂房、钢水包等设备就都能用得上。一回到厂里,刘玠就把设计院、炼钢厂的主管都叫来开会,研讨在平炉厂房建转炉的思路。当时鞍钢只有 5000 万元投资的拍板权,刘玠就问大家能不能 5000 万元做下来。此后历尽艰辛,刘玠咬定不放,鞍钢的技术人员最终设计出了一个可行的方案,可以把原有设备全用上,成本由此大大降低。转炉钢每吨成本比平炉钢节约 100元,原来一个厂每年亏 2 亿元,现在能赚 1 亿元。

1996 年 10 月第一个转炉改造完成,这个洗心革面般的大动作,鞍钢只花了 7000 万元;接下来,鞍钢改一座转炉,停一座平炉,技改过程中不停产。其后,连同连铸工艺,鞍钢相继建起了 6 座 100 吨的转炉,实现了全转炉全连铸,仅此一项每年企业就降低成本 11 亿元。同行们看了鞍钢的"平改转"都连声称赞,说建一个钢厂得花 50 亿,你们相当于建了两个钢厂,但仅用了 5 个亿,这简直是奇迹。

1997 年 11 月,刘玠入选中国工程院院士,评语里的一段话概括了他在武钢工作期间的业绩:刘玠同志长期从事冶金工业计算机控制系统和数学模型的研究与开发工作,是我国冶金工业计算机控制领域国家级有突出贡献的中青年专家。他创造性地在武钢一米七轧机系统研究开发了许多新的过程控制模型,主持并参与了一米七热轧机计算机控制系统的更新换代工程,研究开发的成套软件具有 90 年代国际水平,投产成功后获得巨大经济效益。该成套软件被著名 AEG 公司购买,享有国际声誉。在热、冷连轧机轧制新钢种的数学模型研究开发中,也取得突出成就。刘玠对冶金工业计算机控制系统有很深造诣,在主持和参加武钢、太钢等十多项重大计算机控制工程中,取得了多项重大的创造性的研究成果,先后获国家科技进步特等奖、一等奖各一项,三等奖两项,省部级特等、一、二、三等奖十余项。被北京科技大学聘为兼职教授,协助指导多名博士生和硕士生。

1997 年春,刘玠雄心勃发,调集各路精英,决心投建一条世界一流水准的热轧生产线,取名"1780"工程。这项工程需要倾囊而出,无疑是一场豪赌,鞍钢是死是活就看这一下子了。实际上"1780"工程的国际招标谈判早在 1995 年就开始酝酿了。有一次刘玠去北京开会,同行们纷纷询问他打算花多大价码引进热轧线,刘说 40 个亿吧。同行们知道引进同样的生产线要花 80 个亿,这是国际市场的标准价。刘玠说,别人花得起,鞍钢花不起。80 亿的投资要收回得七八年,鞍钢拖不起。1995 年春天,前来投标的德国人、意大利人和日本人,把鞍钢的东山宾馆住满了。刘玠让集团副总王明仁找他们一个一个地谈,一个细节一个细节地谈。这是一场马拉松式的谈判,双方比智慧更比意志和韧性。东山宾馆的草坪由绿而黄,由黄而枯。当第一场大雪悄然飘落,谈判仍无结果,而此时鞍钢光图纸就出了好几吨。德国人私下承认,这是他们遇到的最难缠的谈判对手。他们价格一降再降,但刘玠就是不松口。又一个春天到来时,鞍钢和日本三菱公司进入实质性谈判。日本人就工程的软件部分拉了一个价格单,认为凡是中国人干不了的,就把价格抬高,刘玠在这个时候出马了,他不用翻译,直接用日语谈。1975 年,国家从武钢选派了刘玠等几人到日本东芝公司学习计算机,刘回忆那时他们每天只睡三四个小时,累得只想哭。1 个月后,老师宫崎保昭放狠话,说你们这伙人不堪教育,或许我应该建议你们政府,换一批教授、副教授来学习。这番羞辱式的语言非但没有吓阻刘玠和他的同事,反倒激起了英雄欲。又过去了两个月,宫崎保昭从刘玠身上最先发现了变化。这个最初连日语都绊绊磕磕的年轻人,居然可以用熟练的日语诘难老师了。所以当日本人得知刘玠早年去日本专修过,并学的就是自动化课程,感觉谈判遇到了强劲对手,要想在软件方面增加报价筹码的意图难以实现;刘玠点着报价单,说这个我们自己干,那个我们自己干,更让日本人想不到的是,留给日方项目的总造价,让刘玠拦腰砍去了一半,日方一个项目经理当场哭了。刘玠谈判的精明在于,他会留一点赚头给对方,让对方会觉得弃之可惜,接了又没大便宜。谈判签字后,1998 年的大年初二,刘玠就飞到了日本大阪。鞍钢派去的计算机编程人员有百十号人,昼夜不停地会战,每个程序都需要刘玠当场拍板。为了省钱,王明仁把伙食费压到最低。技术人员向刘玠诉苦,说过年了,不能改善一下伙食吗?刘玠问大家想吃什么,大家想了好一会儿,说买点咸菜吧,刘玠的眼睛湿了。那天王明仁跑到一家超市,买了一大袋子咸菜,把日本店员买傻了。

"1780"热轧线仅用30个月就建成了。参与投建的日方技术人员说建这样的生产线,国际记录是36个月,鞍钢是北方城市,还应该增加6个月。至于投资,由于全部硬件设备和大部分软件系统都是国货,只用了43个亿,比国内企业引进的同样生产线的投资额整整少了一半。也算生逢其时,"1780"刚一投产,钢材市场的价格一路上扬,一天的利润就是1000万元。

"1780"热轧线刚建成,刘玠紧接着建议再建一条世界一流水准的"1700"热轧线,从设计到施工,全都自己来。这是极具魄力的设想,在国内尚无先例,不少人对此存疑,几十亿的投资啊,万一技术不能过关,后果不堪设想。但刘玠考虑,一个大型企业单靠引进,没有技术创新的能力,将会永远落后。

1999年8月,江泽民总书记到鞍钢视察时看了几条生产线后,高兴地称赞鞍钢"旧貌换新颜"。

鞍钢旧貌换新颜

2000年11月30日,我国第一条自己设计、具有国际先进水平的热轧生产线在鞍钢诞生,这是鞍钢给新世纪初年的中国钢铁业带来的一份厚礼,亦

标志着中国从钢铁大国向钢铁强国前进了一大步,具有划时代的意义。在
"1700"热轧线投产试车那天,刘玠亲自检查试车前的各种准备工作,包括
每一个仪表都仔细地看过,而后亲自下达了试车令。在一片静寂中,刘玠向
静卧在车间里的流水线投下最后的一瞥,而后轻轻说一句:开始吧。看到模
拟钢锭顺利地通过了流水线,在场的人把手掌都拍疼了。按刘玠的习惯叫
法,"1780"是"混血儿",后面诞生的"1700"才是"亲生子"。厂里来人参
观,他总会认真地建议,一定要看"1700",那是我们自己的知识产权,这不
一样。

时隔不久,鞍钢党委授命高级工程师蒋慎言率一队人马,在大连高科技
园区七贤岭组建了自动化有限公司,专门卖技术。鞍钢成交的最大一笔热轧
线技术合作合同,一下子就卖了20多个亿。

2000年岁尾,当第一场大雪降落鞍山,鞍钢第四届职工代表大会在科
技馆召开了。前三次职代会给刘玠留下的回忆是苦涩的,会上代表们以无
记名投票的方式评议公司领导成员,他的名字总是在后面两三名的位置上
徘徊;有一次到会700名代表,他竟然丢了50多票。坐在主席台正中的他,
真有些汗颜了,他显然不愿意看到台下有那么多人不赞成甚至反对他。在
这次职代会上,工会主席闻宝满不时地看一眼刘玠,心里激荡着的是不安和
自责,在进行民主评议之前,他按捺不住地说:"我以大会秘书长的名义,请
各位代表允许我作个临时发言,主要讲讲对领导班子成员的看法和意见。
这个议程是没有的,是我1分钟之前的决定,如果讲错了,我个人负责。大
家知道,刘玠来鞍钢7个年头了,此前我们搞过3次民主评议,结果不说了,
我只想问一句:这样对他公平吗? 刘玠是南方人,为了工作,把年近80的老
母扔在了上海,女儿也在南方读书,只带了老伴儿来鞍钢,老伴为此把工作
都丢了。他在这里没有一个朋友亲戚,可说是背井离乡。每个在他身边工
作的人都知道,这7年里,他没有周末、星期天,没有节假日,为了鞍钢,可以
说尽了他的最大努力。你们都说我闻宝满关心职工利益,每年给我的票数
最多,可我给职工办的好事,哪样不经过刘总点头? 我给职工花的钱,哪笔
不是他批的? 好人让我做了,有些不明底里的人却骂他不关心职工生活,这
公平吗? 是的,刘玠同志也有缺点,比如爱瞪眼睛,批评人不拐弯,经常让人

下不来台。在班子会上，我们都交换过意见，他说了，他改。每次职代会提的意见，他都认真记在小本子上。他的真诚态度连我都感动。所以，我衷心希望这次职代会能评出一个公正，这是对鞍钢的历史负责。如果我的话错了，请大伙把反对票投给我。"

闻宝满话音落下，会场静默了一会儿，接着爆发出掌声。坐在前排的几个女同志低下了头，擦起眼泪。

2003年9月，刘玠60岁了，已主政鞍钢9年，他为鞍钢选择的"高起点、少投入、快产出、高效益"的老企业技术改造新路子获得很大成功，不久前，温家宝总理来鞍钢考察了2小时40分钟，据悉，这是温家宝到基层厂矿考察时间最长的一次。温总理对鞍钢最肯定的一点，是鞍钢的技术改造。刘玠此时想的是通过5年时间，使鞍钢进入到世界钢铁企业10强的前5名，他说，鞍钢的技术水平现在已经达到国际先进水平，实际上我们中国现在的冶金工业的装备水平已经达到国际先进、领先水平。国外许多大的钢铁企业的老总来中国看过之后，有一个看法，说最先进的生产线、技术、装备，不在日本，不在德国，不在韩国，而在中国。鞍钢已从非常落后、只具五六十年代水平进入到现在的20世纪末、21世纪初先进水平，鞍钢的装备水平90%都更新了。鞍钢这个"大象"已经开始跳舞了。

刘玠带领鞍钢成功地走出了"高起点、少投入、快产出、高效益"的老企业技术改造的新路子

当记者问在改造这个"大象"的过程中，难度最大的是什么？刘玠认为最痛苦的转折是人观念的转变，他说："举个例子，有一次我走到铁路口，看到这红灯怎么总是红灯，半天不变绿，上去一看，原来信号工人两把椅子一并，在那里睡大觉。后来我们把管这个工人单位的党委书记、经理全部免掉，我发现了你管的职工在白天睡大觉，对不起免掉你。免掉这两位，我心里也觉得很难受，但不这么做，更大的利益要受到影

响,更大的方向要受到干扰,更大的决策你下不了手,因此在这些方面应该说即使很痛苦你也得做下去。"

截至2005年底,鞍钢主业人员从10.57万人减少到2.48万人,人均钢产量由77吨/年增加到828吨/年,达到国内先进水平,鞍钢钢产量列世界第18位,在世界主要钢铁企业国际竞争力排名中居第8位。经过不断改革,鞍钢已组建了27个全资子公司,母子公司体制已经形成,分离的单位1995年亏损14.5亿元,两三年后大都扭亏为盈。这些单位从独立核算、承包经营开始,逐步成为自主经营、自负盈亏的全资子公司和法人实体,辅业部分累计减亏增效近200亿元。刘玠说,一个企业的要害问题是如何进行经济核算。企业经营的好坏,管理水平的高低,与其分配机制密切相关。鞍钢采取分离单位,精简主体,建立了由很多自负盈亏的子公司组成的公司制运营机制,取得了很好的经济效益。

2006年3月25日,在北京钓鱼台国宾馆,鞍钢集团党委书记、总经理刘玠获中国企业管理科学领域的最高奖项——"袁宝华企业管理金奖"。

2006年5月25日举行的中国科学技术协会七届一次全委会议上,经过选举,刘玠当选为中国科协副主席。

2006年10月刘玠在北京透露,钢铁行业两大企业鞍钢集团和本钢集团将重组合并,重组后的这艘中国钢铁企业航母钢的年产量将超过2000万吨。同年美国通用汽车公司宣布,将采购鞍钢冷轧轿车板用于通用旗下工厂的生产,通用集团韩国大宇公司等国外汽车制造企业也通过了对鞍钢冷轧轿车板的质量认证。此前,鞍钢与德国大众签订年度供货协议,将高档汽车冷轧板首次销往德国大众本土公司。刘玠说,汽车行业用钢板追求高强度、高韧性,对钢板成型性能和表面质量要求极高,对于全球钢铁行业而言,能否生产这一技术含量高、生产难度大的尖端产品,是衡量现代钢铁企业综合实力的重要标志。

鞍钢仅用5年时间就成功研发生产出05级冷轧轿车面板并占领国内外轿车板高端市场,这不仅刷新了此前国内钢铁企业研发生产轿车板最快为9年的纪录,而且使企业的核心竞争力大大增强。

正所谓一代之治,必有一代之人材任之。12年弹指一挥间,2007年1月

16 日,刘玠圆满完成了其历史使命,由张晓刚接棒。在刘玠主持的中共中央组织部、国务院关于鞍钢集团主要领导调整的大会上,中共中央组织部副部长王东明指出,这些年来,以刘玠同志为班长的鞍钢集团领导班子成员,坚持以邓小平理论和"三个代表"重要思想为指导,全面落实科学发展观,认真贯彻党的路线方针政策,积极落实党中央、国务院关于振兴东北老工业基地的重大决策和部署,团结带领广大干部职工锐意改革,拼搏进取,开拓创新;推进科技进步,强化企业管理,成功走出了一条质量效益型与科技创新型相结合的发展道路;坚持做强做大企业,积极推进鞍本联合,企业实力不断增强;坚持全心全意依靠工人阶级的方针,注重调动广大干部职工的积极性、创造性,努力解决广大职工关心的热点、难点问题;坚持两个文明一起抓,加强党的建设和思想政治工作。鞍钢取得的成绩,是党中央、国务院正确领导的结果,是辽宁省委、省政府正确领导的结果,是鞍山市和有关方面大力支持的结果,是鞍钢历届领导班子和广大员工共同努力的结果,也是与刘玠同志辛勤工作分不开的,刘玠同志 1994 年任鞍钢总经理以来,结合鞍钢实际提出了"建精品基地、创世界品牌"的发展目标和"高起点、少投入、快产出、高效益"的老企业改造之路,带领领导班子狠抓技术改造和设备更新,使鞍钢集团实现了全连铸、全转炉、全炉外精炼的先进炼钢工艺,主要生产工艺和装备达到世界先进水平。刘玠同志具有高度的事业心和责任感,对搞好国有企业充满信心,十几年来,他全身心投入鞍钢发展,在积极推进技术改造的同时,努力推进外延式扩大再生产,立志把鞍钢做强做大,鞍钢新区 500 万吨板材精品基地建成投产,营口鲅鱼圈钢铁项目已经开工建设,展现出鞍钢集团良好的发展前景;2006 年钢铁产量双超 1500 万吨,销售收入、利润均创历史最好水平,职工收入稳定提高,生活质量有明显改善,如今的鞍钢已是旧貌换新颜,焕发出蓬勃的生机和活力。刘玠同志为鞍钢的发展、为我国钢铁工业的发展作出了重要贡献,鞍钢广大干部职工对刘玠同志给予高度评价,中央对刘玠同志的工作是满意的。

刘玠动情地说:"在鞍钢工作的 12 年间,我与干部职工结下了深厚的情谊,鞍钢'创新、求实、拼争、奉献'的崇高精神时时激励着我。在这里,我要感谢鞍钢广大干部职工多年来对我工作的支持、帮助和信任。没有鞍钢十几万职工的辛勤劳动,就没有鞍钢今天的巨大变化,鞍钢职工队伍是一支能打硬仗善打硬仗的队伍,是鞍钢真正的脊梁,是最可爱的人。我在鞍钢工作的 12 年,是我人生中最有意义、最有价值的一段历程,我永志不忘。我虽然离开了鞍钢的领导岗位,但我永远是鞍钢人,鞍钢永远是我的家,我的心与鞍钢广大干部职工永远在一起。"

（撰稿人　雷　建）

刘玠简历

1943 年 11 月 22 日出生于上海,安徽舒城人;

1960 年 9 月~1964 年 9 月 在武汉钢铁学院机械系冶金机械专业学习;

1964 年 9 月~1967 年 9 月 在北京钢铁学院冶金机械系行星轧机专业攻读研究生;

1968 年 5 月 为武汉钢铁公司轧板厂技术员(其间:1973 年 5 月至 1974 年 7 月在北京钢铁学院进修计算机数学模型;1974 年 7 月至 1975 年 8 月在北京语言学院外语系进修日语;1975 年 8 月至 1976 年 6 月在日本东芝电气株式会社、新日铁学习计算机软件、数学模型);

1976 年 6 月 任武汉钢铁公司热轧厂自控车间数学模型组组长、车间副主任;

1984 年 5 月 任武汉钢铁公司热轧厂厂长助理、厂长;

1985 年 6 月 任武汉钢铁公司副经理;

1993 年 6 月 任武汉钢铁集团公司第一副总经理、总工程师;

1994 年 12 月 任辽宁省鞍山市委常委,鞍山钢铁集团公司总经理、党委副书记;

1997 年 5 月 任鞍山市委常委,鞍山钢铁集团公司总经理、党委副书记,鞍钢新轧股份公司董事长;

1997 年 11 月 当选中国工程院院士;

1999 年 8 月 任鞍山钢铁集团公司总经理、党委书记,鞍钢新轧股份公司董事长。

2000 年 12 月~2007 年 1 月 任鞍山钢铁集团公司总经理、党委书记,鞍钢新轧股份公司董事长,鞍钢新钢铁公司董事长。

刘玠为教授级高级工程师,第十届全国人民代表大会代表,中共第十五、十六届中央候补委员;第十一届全国政协委员。1998 年获何梁何利基金科技进步奖,曾获国家颁授的"对国家有突出贡献的专家"称号,享受政府特殊津贴,是我国冶金自动化及信息工程专家,国家级有突出贡献专家。2001 年获"九五"国家重点科技攻关计划突出贡献者荣誉称号,他主持并参加研究的"武钢一米七热轧计算机控制新系统"等重大项目,分别获国家科技进步一、二、三等奖;2002 年获首届中国创业企业家称号,并受到表彰;2006 年获第二届"袁宝华企业管理金奖"。

刘玠语论

1

大力发展先进生产力,与时俱进勇于创新,认真实践"三个代表"重要思想,就一定能搞活和做大、做强国有企业。

2

一个企业的要害问题是如何进行经济核算。企业经营的好坏,管理水平的高低,与其分配机制密切相关。

3

企业要立足全球进行决策,企业的发展一定要与国际接轨,像鞍钢这样的大型企业,更要充分运用国际国内两个市场、两种资源,使企业得到最大经济效益,同时,要寻求国际合作伙伴,优势互补。

4

一个国家的工业离不开传统产业,信息技术要和传统产业有效结合在一起。信息社会带来的是金融信息、市场信息、技术信息、人才信息等等,这些都对传统产业有巨大的推动作用。我们要把信息技术运用到传统产业的生产、控制和管理中去,促进传统产业的技术创新,取得更大的经济效益。

5

企业的发展要在体制创新上继续深化改革,按照现代企业制度的要求,在分配机制、用人机制上更贴近市场,能够使人才脱颖而出,能够使企业的分配随着效益的增长更加合理,打破"大锅饭"。对国有企业的经营者也应该采取聘用方式,根据企业业绩来确定薪金的高低,对业绩突出的应该给予高薪,反之给予惩罚。

6

想来想去企业管理来源于实践,所以我说实践是企业管理之本,但是我觉得还不全面,我认为创新是企业管理之魂。我们坚持创新,推动了企业发展,使鞍钢这个有88年历史的老企业焕发了青春,我们成功的经验说明,实践是企业管理之本。企业管理理论上、书本上说得再好,关键是要用,关键是要指导自己的企业管理,指导自己的实践。企业管理之魂是什么? 是创新,只有在实践当中不断的创新,企业才会得到迅速发展。

7

我们在人力资源管理方面,加强了三支队伍的建设和培养,一支是优秀的管理者,一支是优秀的专业技术人员,一支是优秀的操作工人,这三方面的人员对我们企业管理是至关重要的;还有就是创建干部能上下能下的竞争赛马机制,每年拿出10%末位淘汰,年年如此坚持,必须坚持,而且动真格的,以激励各级干部要争上游,要创新的业绩,否则就被末位淘汰。

8

走"高起点、少投入、快产出、高效益"的技术改造新路子,看起来这四句话是矛盾的,但是在我们鞍钢做到了有效统一,而且是高效的统一。

9

怎么来赢得人心? 我是用自己的真诚、自己的敬业、自己对鞍钢负责的精神和对广大职工的关心来赢得人心的。

10

最痛苦的转折是人观念的转变。

11

我们有信心而且有实力与国际先进钢铁企业竞争抗衡,为国家经济建设做出更大的贡献。

12

我认为私有化并不能解决国有企业的问题。国有企业当前的困难是我们国家从计划经济转到市场经济所必须承受的成本。事实上,世界上许多发达国家,它们也有许多资产归国家所有,而经营是按照规范的方式进行的,经营情况很好。因此,并不在于资产是私有或者是国有,而在于资产经营是否按照市场的规律来进行,管理人员是否优秀。

13

鞍钢要当好振兴东北老工业基地的排头兵,要形成以生产汽车和家电用钢、冷轧硅钢、船舶用钢以及高速重轨等高附加值为主的钢精品基地,建成世界一流钢铁企业。

邹 节 明

邹节明董事长在实验室

邹节明是中国现代中药制剂的主要开拓者之一,也是广西乃至全国非常有影响的企业家,他挽救了一个濒临倒闭的中药厂,并领导三金集团创下连续20多年以30%以上的年均速度平稳快速发展的经营奇迹,是集著名专家学者和企业家于一身的稀缺人材。

邹节明1943年5月生于湖南常德市长清街。常德古称武陵,因陶渊明居此著《桃花源记》而闻名于世,又因相传尧舜时期出了一位"以天下让而勿取,冬一裘,夏一葛,出而作,入而息"的善卷而被称为中华道德之都。常德人崇德讲德,历数千年不衰,在这样的背景下,常德的中药店吉春堂等亦以悬壶济世、急公好义的善德之举办成名店。2006年岁暮,邹节明在桂林接受记者采访忆及童年的经历时说:"我的住家离吉春堂不远,吉春堂的店内很宽敞,高悬着一大块匾,有活动场所,小时候便常到药店内转来转去,潜移默化地留下深深的印象和好感。那个年代,药店为促销,常将鹿吊在门前的木头电线杆上宰杀,取鹿角、鹿血,以引行人驻足观看,因为鹿在我们那儿是很少见的,那时常德又没有动物园,所以儿时的我对此感到非常的好奇。我的外公和舅舅在离常德50里的一个乡镇开中药店兼看病,父亲则经营一个小店,到了正月十五,父亲便关门停业领我去外婆家过年,有时一住就是半个月。那时看到外公和舅舅给人看病、抓药,觉得很神奇,内心也产生了日后从医的向往。初中毕业后,经过慢慢思考,决定将来考医学院,在中医药方面做点事情。"

邹节明可谓在苦水里泡大,生母在他5岁时去世,父亲每月40多块钱的收入要养活一家9口人。邹节明是长子,从小学起,就要与大弟弟轮流到沅江挑水。他回忆说:"小学毕业后,父亲和继母为早日让我工作分担家用,曾经想让我当司机或考幼师,我没同意;初中毕业,家里又想让我考中专,后来班主任到家里做工作,说这个孩子读书好,考中专可惜了,这样才继续读了高中,所以我非常珍惜读书的机会。我读高中寄宿,一个月要8块钱,除了自己利用假期挣的学费,奶奶也从叔叔给她的钱中暗中补我一点。上初中时,我便利用寒暑假做工挣学费。那时沅江水运稻谷量很大,稻谷从堤这边扛上板车,一个板车装800公斤,上下坡时要人拉、推,我就去做这个事。每天早晨5点多钟起来我即带上饭赶往码头,那是1954至1956年间,当时常德没什么工业,失业人很多,所以要早早排队等候码头工人挑选,如果选中干上了,要晚上天黑才能回家,一天下来可以挣4毛钱。后来大了一些,我又去煤店做煤饼,就是拉100斤煤,掺几斤黄泥,加水拌匀,半干半湿时用脚踩匀,用模子成型、晒干,一天可制一吨多,挣8毛钱加工费。所以我虽然人很瘦,但体力还可以,后来到工厂干重体力活也没有问题。艰苦的环境促我奋发上进,很好地做人,也早早就懂得了生活的艰辛,这些经历与日后事业的成功不无关系。"

1961年邹节明考入武汉大学生物系药用植物专业,这不是他的第一志愿,第一志愿是医学院。武汉大学是当时国家18所重点大学之一,邹节明说,在18所重点大学中武汉大学的校园最美,是李四光亲自设计的。他回忆当时刚刚进入生物系的办公室,便看到了挂在正门大厅的李时珍肖像,他联想老祖宗李时珍如今看来也应该是一位植物学家,假如选一个专业与其结合,比如生命科学,也许是个很好的结合点,自己也不枉读这个大学。

开课后,药用植物专业主攻的是植物分类、植物化学、药用植物等,中药和中医专业课则很少,邹节明认为是个缺陷,便利用业余时间自学。1965年5月,邹节明被挑选报考了研究生,这很不容易,因为当时一个一级教授每年只招一个研究生,他从大学3年级便开始准备考研,胜出殊属不易。而不到10天,"文化大革命"开始了,研究生制度随即被废除。看到昔日无比崇敬的教授们被批斗,邹节明想如果做学问的人是这个下场,研究生读不成反而应该庆幸。

1966年,邹节明原本应该大学毕业了,而且已内定分配他到南京一个大学教书,但中央通知各大学毕业生一律延长一年留校参加"文化大革命",原分配作废;后来,又提出大学生要"四个面向(面向农村、工厂、边疆、基层)",

所以他不得不重新考虑自己的前途。本来武汉大学培养的学生主要分至研究单位或到大学任教，邹节明想，看来这个可能性完全没有了，如果分到工厂、农村，与工科院校相比，自己应用科学学得少，主要学的是基础科学，那就必须开始准备一些到基层去的本事，比如分到中药厂或医院，去了要能很快上手。于是，在别人投入轰轰烈烈的"文革"中时，邹节明则偷偷到中医学院等潜心学了两年的中药专业。

邹节明的父亲解放前经营一个小本生意，自食其力，但因自填"工商业者"被错划为"资本家"，在很讲究家庭出身的那个年代，他从小就背负着很沉重的包袱，认为人们总用异样的眼光看自己，也因内心有压力而比较沉闷并处处约束自己。邹节明说："'文革'开始后，不能走'白专道路'，所以我那两年对中医知识的自学、通读，必须小心翼翼，不能引起旁人注意，不然会很麻烦。在那个年代，家庭出身不好的人，一类是注意约束、检点、反省自己，将压力变成动力；一类是有逆反心理，心存不满，破罐破摔。我是走的前一条路，现在回过头来看，走这条路对以后事业发展打下了非常好的基础。"

1967 年 9 月，邹节明被分配到桂林，但因"武斗"交通中断无法成行，等到1968 年火车一通，他即赶到桂林，被分配到桂林中药厂筹建处。报到时，邹节明看到，筹建处在一个占地约 15 亩的大院内，蜜果厂占一半，筹建处占另一半，有约 500 平方米的砖瓦房，是原来一个私房；工厂还没有开工，只有 10 几个职工，他是唯一的大学生。

中药厂筹建之初的当务之急是找钱建厂房，1969 年春的一天，领导派邹节明同另一个人到南宁去要钱。上午到了南宁，天气闷热极了，一会儿突降暴雨，邹节明冒雨赶往自治区革委会，被淋得湿透，他卷着裤腿、打着赤脚，手提解放鞋，怀揣申请经费的报告急匆匆走进财办主任任耕卿的办公室，任耕卿满脸络腮胡子、操陕西口音，像个老革命，他看到邹节明这个样子很是动容，说你这个年轻人好好干，今后会很有前途，并让他下午上班再来。从财办出来，邹节明心想，广西的"武斗"刚结束，下午去怕不把牢，于是决定中午到任耕卿家里去。下午一点多，到了区党委大院任耕卿家，任忙累了，正在家中院子里喝稀饭，一见邹节明感觉很突然并骂道："妈的，吃饭都不让吃好。"邹节明说："心里很急，厂里有几十号人等着吃饭呢。"任耕卿缓和了口气，问他们吃饭没有,并约定下午2时到办公室等他。到了下午2点,任耕卿带着邹节明找到区计委的一位副主任,那位副主任看了邹节明要钱的申请报告说:"哪里还有钱给",任耕卿说:"你先给他,没钱从我那抠出17万元。"落实了投资,邹节明高兴极了并对任耕卿充满了感激之情。任耕卿亲自送他们下楼,没多久,这17万元投资即拨过来了。

1969年9月份开始,邹节明带着100多名民工,在选定的厂址人挑肩扛平整土地。新厂址地处城乡交界,原是个荒山乱坟岗,泥巴路,公交车都很少,远近就是这么一家厂。到了1970年6月份,1000多平方米的7栋新厂房、120平方米的办公室和两栋两层宿舍楼都建成了。1970年10月,桂林中药厂开始迁此并组织生产。

邹节明自分配到厂后,就没有选择待在办公室,而是申请下了车间。刚到车间,他看到江湖卖药出身的技工,用农村的石磨磨药粉时,心想我堂堂重点大学毕业生,如果每天重复这样的工作,大学岂不白读,工厂肯定也没有前途,继而又陷入深思,我应该干什么呢?

邹节明被分配到炼蜜车间,炼蜜是个技术活,因为药粉的物理性状不同,要求的炼蜜程度不同,一般都在摄氏100度以上,老师傅用手一沾,然后看拉起来的丝,根据丝的粘性与颜色判断蜜熬的老、嫩程度,没有几年的经验是干不了的,而且炼蜜还是个体力活,熬蜜的时候为防止蜜粘锅烧焦,要不断用瓢搅,观察沸腾起的泡泡的颜色,炼好了要立即用双手将大铜锅搬起离开火。邹节明在炼蜜车间干了一段时间以后,唯一掌握该技术的老师傅因其他原因调离了,就让邹节明带个徒弟搞。邹节明认为这好简单,传统的炼蜜法与水分、温度、糖的比重相关,于是他用温度计测量每个中药丸药品种所需蜜炼到什么样程度时相应的温度,然后把各品种的炼蜜温度制成表格,这样科学的方法制订出来以后,大家都很容易就学会操作了。

在车间劳动这段时间,因为炼蜜是第一道工序,所以邹节明每天早上要提前一个多小时上班,下班的时间是下午的3时半至4时,于是,他就利用下班后的这段时间搞中草药新药实验。那时,提倡大搞中草药,几乎每个医院都有一个中药制剂室,传统的丸剂、散剂等中药品种几乎谁都能做。邹节明想,如果工厂也跟着生产这些大路货,哪有前途,我要在这个地方发挥,就应该发挥自己中草药、药用植物专业这个特长。广西的中草药资源丰富,有4800多种,仅次于云南,加上利用广西壮族、瑶族民间丰富的单方、验方,搞一些广西独特而能出奇制胜的产品是个出路;同时,要改造传统方法,搞一些现代的制剂,而现有的品种则要改剂型。

目标确定后,当时试验条件不具备,邹节明就自掏腰包买来一些玻璃器皿、药锅等实验用品,白天上班劳动,工余和休息日就做试验,不久终于成功开发出了银翘解毒片、穿心莲片、桑菊感冒片、枇杷止咳冲剂等6个新的品种,投产后使桂林中药厂成为国内最早生产中药片剂、冲剂的厂家之一。

作为中药厂来说,传统中药仅仅改变剂型,技术含量不高,投资少,研究周期短,"短平快"无疑是一个方向,但从企业长远考虑,还是要开发有工厂自己独有特色、原创性新药。邹节明为开发独特的新药,每逢节假日,便到桂林尧山、市郊县山野跟着草医寻找草药,也频频出入各中医院、农村卫生所搜集偏方;在桂林集市的草药摊、桂林附近的山坳荒坡和田间地头,人们经常可以看到一个面容清瘦的年轻人在寻寻觅觅,有时每一次小小的发现都会令其欣喜不已,他跑遍了桂林地区;即便是出差在外,亦不中辍。正所谓机遇总是垂青有备而来的人,在一次从佛山定包装盒返回的途中,在衡阳至桂林的火车上,一位手中拿着几包草药的老农引起了邹节明的注意,在聊天时,老农说他手中的这包草药是从集市药摊上买来给孩子医治"急急尿(尿路感染)"的,邹节明打开药包一看,发现其中几味主药与文献记载和某几家医院用药以及同他在桂林民间的调查多有吻合,于是萌生了这可能是个新药的苗头。回厂后,他立即根据中医理论和组方原则,对该药筛选、重新组方,并征求医院意见,随后他又制定了质量、工艺标准,与医院合作,请医院负责临床研究;经反复试验,新药"三金片"终于在1971年获准投入生产。

"三金片"以广西中草药为主要原料,是治疗尿路感染、肾盂肾炎的良药。"三金片"主要药材的主要成分是由三种以"金"字开头的中草药金樱根、金刚刺和金沙藤组成,故起名为"三金片",也许是个巧合,也许是天赐之名,"金"自古就是富贵的标志,"三金"合一更彰显其珍贵了。"三金片"投入临床后,疗效好、治愈率高、标本兼治、复发率低、毒副作用低,特别是对慢性肾盂肾炎疗效显著,很快销往全国。这个产品投产30多年仍有很好的发展势头。

1978 年,"三金片"获全国科学大会重大科技成果奖。

邹节明在此期间,是一个没有被任命的技术负责人,没有职务,当然更不享受任何待遇,搞成了无功,出了问题却要追究责任,但他毫不计较,仍然默默无闻地埋首工作。他领着助手相继研制出双虎肿痛宁等数种独家生产的中成药新品种;新品种的不断增加,使中药业同行甚至国家中医药管理部门都知道桂林有个邹节明,由于他在现代中药制剂、新产品研发方面做出了不俗的业绩,所以已在业内渐享盛名。为了事业,他延至 1976 年春节 33 岁时才结婚。

邹节明慧眼识珠,在浩如烟海的中医药配方中,西瓜霜引起了他的关注。

西瓜霜主治口腔、咽喉疾病,清乾隆顾世澄的《疡医大全》中有记载:"西瓜霜,治咽喉口齿双蛾喉痹、命在须臾"。邹节明说:"西瓜霜是名医顾世澄创制的一味治疗口腔、咽喉的良药。其传统工艺为:西瓜成熟时,将瓜皮开盖,挖掉瓜瓤,放入中药,盖上盖后,用纸封好,吊在屋檐下,等到秋凉后,西瓜皮上会结出棉花状的白色晶体即为西瓜霜;也有将西瓜皮和中药放入坛子里封好,待坛里的液体慢慢渗透坛壁,即在坛外结成西瓜霜。将西瓜霜刮下后,作为散剂服用。桂林中药厂承袭了这个传统工艺;但按照传统工艺获得西瓜霜,不仅取霜率极低,生产周期也长达 8～10 个月。20 世纪 70 年代初,我们开始了西瓜霜现代工艺的探索,研究目标是改造生产工艺,提高取霜率和缩短生产周期,实现现代化生产。"

邹节明和助手们反复进行西瓜霜的化学、药效、配方、工艺等试验研究,一堆堆查阅过的资料,一回回推倒重来的方案,一个个明灯不熄的夜晚,就在这段时间,他两眼好端端的视力下降了,从此戴上了眼镜。

1981 年邹节明出任桂林中药厂技术副厂长,而正当他埋首西瓜霜新工艺的研制开发并渐入佳境时,1984 年 11 月,听说上级主管部门决定让他担任桂林中药厂厂长,邹节明很不情愿,因为厂长不是他喜欢干的,他希望发挥他的技术专长。为了躲避这个任命,他借机跑到北京参加日本松村株式会社举办的汉方药讲座,12 月初半夜回到桂林,原以为能躲过这次任命,孰料次日一大早领导马上找他谈话,谈话持续了两个半小时,邹节明用两个小时时间陈述他不愿干的理由,最后领导说,民意测验一致同意你当厂长,你是共产党员,必须服从组织决定,讲到这个程度,邹节明只能接过了这份责任。邹节明说,虽然上下都认为他比较扎实,给人的感觉是有作为、有事业心的样子,但又担心秀秀气气、文质彬彬的他能否把企业管住?所以更多的人在拭目以待。

邹节明说:"我不想当厂长,是因为不愿意跟人事打交道,我感兴趣的是做学问。还有其他的主要原因,是班子不团结。那时厂里有5个厂长,一个书记,我为了不干预他们之间的是是非非,一直坚持在技术科旁边办公,而且那时厂里很穷,人穷鬼就多,思想问题很多,我倒不如做点技术上的事反而对企业更有利。桂林中药厂面临的更严重的困难,是在改革开放的形势下,国有企业纷纷由生产型向生产经营型转轨,而桂林中药厂却对中药市场逐渐出现的买方市场视而不见,仍依赖当地医药批发站包销,以至造成仓库产品大量积压,转型滞后其他企业2～3年。大路产品卖不出去,厂领导对新的产品也不下力量去推,'三金片'虽好但也未真正打开市场。到了1984年底,厂里由于中药市场周期性低潮,生产已极度萎缩。"

邹节明说:"我的特点是一旦认定,就会义无返顾地去干,而且一定要干好。"

邹节明接手时中药厂的净资产只有200余万元,有400多名职工,企业账面上欠款及库存损失20余万元,部分职工只能发75%的工资。困难企业的厂长最怕的就是年关,临近春节,万般无奈的邹节明鼓足勇气找到市财政局的领导,为每位职工争取到10元钱的补助。在这样困难的情况下,厂里人心涣散,但凡有点门路的人都调走了,留下的人则对这位新上任的文弱厂长能否让企业红火起来心存疑虑,人们怀疑的目光反而激发了邹节明一定要把企业搞上去的决心。

邹节明想,在如此困难的情势下,眼下最要紧的是尽快把人心先聚拢起来,于是,他利用一切可以利用的时间和机会不厌其烦地与方方面面的人交谈,对于找他扯是是非非的人,对曾经整过他的人,邹节明表示一切从头来,如果表现好照样使用。那段时间弄得他日日精疲力竭,但因其正言直行,众邪自息,混乱的局面渐得以控制。

邹节明上任之初,认为这个企业的主要症结是没有转轨变型,即要迅速从生产型向生产经营型转变,具体说就是要顺应市场,以市场为主导,将所有工作往这方面引,调整产品结构,发展什么、淘汰什么都要以市场为中心。他利用辛苦凝聚的一部分骨干,两人一组,出去跑销售,邹节明也亲自带着一批人跑市场。在加强销售工作的同时,邹节明认为必须狠抓管理,整顿混乱的劳动纪律,抓技术培训,建章立制,以让企业内部能尽快适应市场竞争的需要。

邹节明在外出跑销售时,为节省经费他和大家一起睡过大通铺;外出搞推销,身体上的劳累自然算不了什么,然而遭受的冷遇和委屈却常常引发他心灵深处的苦痛,但是,为了企业的生存发展,他只能如此。这段经历和磨难,潜移默化地使邹节明实现了从科技专家到经营管理者的脱胎换骨的转变。

随后,邹节明带领领导班子根据市场竞争规律和企业长远发展的需要,制定了"2 年基础、3 年改观、5 年腾飞,上水平、创特色、走向世界"的 10 年发展规划,确立了"以市场为导向,科技为依托,质量为核心,管理为基础,效益为目的,人才为根本"的发展战略。

大半年时间下来,由于经营局面慢慢打开,厂里偿还了 20 余万元欠款,库存积压的产品也得到了处理,到了 1985 年的下半年,邹节明有条件发一点奖金了,于是他不失时机地在管理和分配上实行超定额记件工资制,职工的积极性进一步调动起来,福利也开始有所改善。

邹节明说他的运气好,在担任厂长的第二年,潜心 8 年研制的西瓜霜新工艺终获成功,被批准投产。

按照新工艺试产的西瓜霜,质量、疗效明显优于传统工艺西瓜霜,取霜率比传统工艺也提高了近 10 倍,生产周期缩短到 5～7 天,已具备了工业化生产的必要条件。与此同时,他研制的桂林西瓜霜与西瓜霜润喉片两个新药先后获准投入生产。

邹节明回忆说:"当时工厂很穷,没有大的资金实力打市场。我考虑,先集中力量推西瓜霜系列产品,因为'三金片'疗效虽好,但毕竟同喉科比它是个专业的小品种。我将西瓜霜送到很多医院试用,不收钱,医生用了效果好,价格又低,自然就会回头;同时,我对西瓜霜的疗效心中有数,也送给耿鉴庭、姜泗长院士等喉科名医,他们试用后感觉效果很好,于是很乐意出面参加我们组织的研讨会,会上有各大医院的喉科权威和媒体参加,会后几十家报纸见报,市场由此逐渐打开。"

西瓜霜北京推介成功后,邹节明又转战上海。为了向上海一名喉科专家介绍自己的产品,他在一个寒冬时节,在上海某区的一个居民区等到午夜时分,那位专家夫妇见此非常感动,后来,上海的研讨会也取得了成功。此后,邹节明采用同样的模式一个省一个省地推动,西瓜霜慢慢做上来了。

西瓜霜问市当年就创利润 140 万元,从而一举使桂林中药厂摆脱了被动局面;而现在,西瓜霜每年生产 42 亿片,平均每个中国人吃 3 片,成为用量最大的喉科中药。1993 年,"桂林西瓜霜与西瓜霜润喉片的研制"项目获广西重奖研制推广科技成果有功人员特等奖;1997 年获国家科技进步三等奖。

西瓜霜产品所取得的巨大成功,再一次揭示了新产品营销的核心是除确保质量外,必须解决产品或品牌的形象问题,产品或品牌形象就是要找到一个能在消费者潜意识中产生共鸣的那个"词"。西瓜给人的联想是消暑、解渴、去火,但像"西瓜霜"这样活生生的、有血有肉的、消费者容易记住的和产品功能如此贴切的产品或品牌形象,实在是妙不可言、不可多得的了,邹节明的高明之处亦在于此,他开发西瓜霜产品的成功,是营销层面的经典之作。

经过 1986 年、1987 年两年打基础,企业开始起步了,到了 1989 年,桂林中药厂便晋升为广西中药行业唯一的国家二级企业。邹节明说:"企业每发展 3 到 5 年,就要进行一次深刻的反省和改造,在体制、机制、科技、管理等方面进行创新,再造一个新企业。到 1988 年,创业阶段很艰难地走过来了,但管理水平不适应,作坊式的管理非常落后,市场做起来了,产品科技含量增加了,但没有与之相适应的员工队伍。我看到国家二级企业标准中的指标很科学,所以就争取评国家级二级企业,目的是通过评级活动,全面提升管理水平和员工素质,以迎接即将到来的发展高潮。我不是想要那个荣誉,而是想把企业的基础打好。"

1988 年西瓜霜迅速占领市场,很好卖,但企业自有资金不足,银行贷款很难,为此,邹节明果断决策与当时主管行业的中国药材公司全方位联营,此举不仅为企业争取到了 200 多万元的发展资金,还实现了两家投资主体在资金、技术、信息、管理等方面的优势互补,强化了企业市场拓展的力度,并从 1990 年开始顺利进入强劲快速发展时期,实现了企业的又一次腾飞。邹节明说:"现在 2000 万投资算个什么,但回过头看看,那时的 200 万可解决了大问题,如果没有走这一步,企业就不能发展那么好。"

在资金实力稍有改善的 1989 年,邹节明即开始着手建设科研大楼,并购置引进了高效液相色谱仪、气相色谱仪、薄层扫描仪、原子吸收光谱仪等科研生产必须的国际一流的先进测试实验设备,企业建立了技术中心,建成了全国行业内先进的中试车间，并以特色产品与先进工艺技术为龙头，先后完成了企业几期技术改造。"产学研"结合成为邹节明推进创新兴企的重要举措，他先后创制了30余种独特产品。

邹节明力挽狂澜，将企业救活了，全厂职工看在眼里，记在心上，天应人悦。1992年，厂职代会通过一项决议，重奖他10万元，但他坚持不收，最后只好委托工会用这笔钱设立了企业奖励基金，用以奖励为企业做出贡献的员工。

1994年3月，在一片鼓乐声中，以桂林中药厂为基础改组成的拥有4个子公司、4个分厂，以中药制药为主体、相关产业为辅的多元化经营的现代企业集团——"桂林三金药业集团"成立了。那象征着"金色的生命、金色的财富、金色的希望"的郁金香花标志，让所有的员工深深体味到了自信、自尊、自豪……当初调走的人后悔了，有的人提出希望再回来工作，邹节明当即表示："谁要是真心实意愿为'三金'以后的发展做贡献，就欢迎他回来。"

邹节明建立集团，确定了以中药制药为主体，保健品等相关产业为辅，同时包含与主体相关的如印刷、包装等上下游企业，不搭界、不熟悉的不做，目的是为了增强企业抗风险能力，壮大企业实力，同时通过组建集团，按照公司法要求进行初步改制。三金集团时已名列全国中药行业50强。1994年，西瓜霜系列产品被桂林市人民政府命名为"桂林第四宝"。

邹节明1996年获全国医药科技先进工作者称号，1997年获全国"五一"劳动奖章。

邹节明说："企业从1984年到1997年，快速发展了13年，这13年销售收入以每年45%的速度递增，没有波浪，是直线上升。从横向比，我们的员工都是很优秀的，但纵向比，虽然我们三项制度改革搞得较早、较好，但吃'大锅饭'、端'铁饭碗'的弊端并没有彻底解决，企业再往前发展感觉比较难了，而随着'入世'等外部环境突变，竞争会愈来愈严峻。在此期间，外资要求合资的不少，上市我公司被自治区排在了第二名，但我考虑，这些都不是'三金'当时最好的选择。合资，是优势互补，你仅仅拿一点钱过来，对我而言不差你那几千万。假如我上市，是能拿回几个亿，但我用不出去，就会冲淡股民的效益。中国人是低工资，股民是从牙缝里挤出钱买你的股票，我觉得这样做会亏待人家，会遭报应的。做企业绝不能骗人，信誉下降了，经营思想不对头，企业肯定搞不好。所以,我想上市也暂时不是我最好的选择。最后,我选择了股份合作制改革。"

于是,"三金"向桂林市体改委提出股份合作制改造书面申请,1997 年 8 月,通过法定机构和程序对公司资产进行严格评估,经市委、市政府批准,以全体职工出资购买国有资产并组建股份合作制企业从而完成改制,并于 1998 年 1 月 1 日正式挂牌运营。

这次改制后管理层控股37%,职工持股63%,国有股已完全退出,按当地政府的规范,邹节明在三金集团中持股比例为10%。

与此同时,邹节明抽调 10 余名人员封闭办公 3 个月,系统进行建章立制工作,主要是在公司章程的基础上建立健全合理有效的法人治理结构和管理细则,规范股东会、董事会、监事会和经理班子之间的制衡关系,按公司法要求,明确出资者,建立出资人制度与法人财产制度,真正做到产权关系"层次化"、企业财产"法人化"、出资责权"有限化"、企业运行"市场化"、管理制度"科学化"。

邹节明说:"如果我们的改制能产生质的变化,职工能将企业当成自己的家的含量有质的提升,改制的目的也就达到了。市政府当时意见是职工入股费可缓交,我想这样不痛不痒的不行,要入股必须拿钱,而且要一次性交完。这样背水一战,职工压力大、活力强,第二年利税就翻了一番,3 年下来,上缴的税收翻了 3 倍以上。这样,我们从 19 万起家,到1984 年是 200 万净资产,股份制改造地方政府拿走几千万,是纯赚的。以后,政府没有负担了,少了很多事,可以集中精力干自己的事。"

改制是三金集团又一次大的跳跃,邹节明还以此为起点,深化了经营机制改革,加快完善了现代企业制度建设。他乘改制之机,精简机构,择优聘用,在产值比 1990 年增长 26 倍的情况下,中层管理人员减少了45%,管理人员降至全体员工总数的9%以下,他通过完善劳动合同的比例续签制和岗位聘用制建立了优胜劣汰机制,建立了以按效分配为基础的"人随岗变,薪随岗动,易岗易薪"的分配激励机制,创造性、创业性岗位受到实实在在的重视,重产品和市场开发的"哑铃型"管理模式得到巩固,"在每件产品上表现自我"的"三金"价值观逐渐深入人心,员工的积极性极大提高,企业活力大大增强。

1998 年,邹节明当选为第九届全国人民代表大会代表,在九届人大三次会议上邹节明正式提交了《加强中药材资源保护与合理开发利用，促进中药产业现代化》的提案。

1999年5月18日，经海内外武汉大学校友会推荐和学校杰出校友评审委员会评审，在武汉大学第二届杰出校友奖颁奖仪式上，邹节明怀着激动的心情，接受母校授予他的"武汉大学杰出校友"称号，他是唯一来自企业界的"杰出校友"，他两分钟的简短致辞竟几次被掌声打断。

此时的邹节明已成为国家有突出贡献的中医药专家、卫生部中国药典委员会委员、国家中医药管理局中医药工作专家咨询委员会委员、全国优秀企业家并获"金球奖"。他设计和主持开发出几十种中药产品，其中全新产品25种，2项获国家级技术进步奖，6项获省部级技术进步奖。

2000年，三金集团一次性通过国家GMP认证和澳大利亚GMP认证，"三金"商标被评为全国驰名商标。

2001年，三金集团完成销售收入6.8亿元，利税1.8亿元，跻身中国中成药企业前十名、广西医药行业第一名。是年底，桂林三金药业股份有限公司获准建立"企业博士后科研工作站"，三金技术中心也被国家经贸委等四部委认定为国家级技术中心，这在广西中药制药企业尚属首次，在国内同行业中也属凤毛麟角。与此同时，还与中国中医研究院、中国药科大学、辽宁医药工业研究院、广西医科大学、广西中医药研究所等20多家大学和研究机构开展了研发项目合作，聘请了一批国内知名的中药、生物、制剂、植化等各方面的专家作研究顾问。"产学研"结合，为三金集团扩张打下了坚实的技术、人才基础。

2001年5月22日，邹节明被聘为北京中医药大学的客座教授。

邹节明既身为企业老总，又长期主持企业的科研工作，开发了39个特色中药，在研中药新药9种，目前三金集团90%的利税都是他研制的产品获得，而且，他还发表了70多篇药学学术论文，出版了3本专著，已获中药发明专利12项，亲自培养了3位博士和两位在读博士，如此繁重的工作量，使他每天要工作到凌晨2点半才入睡，第二天早8时又要准时上班，而且从来没进过医院；长年的身体严重透支，导致2002年他突患心梗，幸及时做了支架手术，自治区领导、桂林市市委书记、市长立即赶往医院，要求不惜一切代价全力救治。邹节明告诉记者，自从这次死里逃生，他将作息时间调整到了凌晨1点前睡觉,第二天早上6时起床锻炼1小时,其他的锻炼就没有时间了。

2003年底,湖南三金公司正式成立,邹节明终有机会回报乡梓。常德市社会各界给予湖南三金以全力支持,2004年3月,桂林三金集团湖南三金制药有限责任公司在常德德山开发区高新技术工业园举行了隆重的投产仪式。邹节明表示,第二期投资要在第一期5300万元的基础上再翻一倍,用1个亿做强做大"德山药城"。

2003年的"非典"防治,因中医药在特殊时期发挥了独特作用,人们由此开始重新思考中医,关注中医的现代化进程,《光明日报》记者刘昆特采访了邹节明,他报道说:邹节明认为,中医药是中华民族古老而生命力极强的传统医学,与西医药不一样的地方是强调"审证求因、辨证施治"。中医药在中国几千年文明史中,在理论和实践方面都取得了巨大的成功。重提中医药现代化,是一次重要的再认识和实践过程。中医药的现代化绝不是简单的"中医西化"。中医药以不变应万变的哲学思想是中医药文化几千年来赖以存在和发展的基础,今天一旦离开这个基础,用西医药的模式和理论去改造中医药,这样中医药就没了特色和生命力,失去了与西医药对话的条件,也失去了与国际沟通和接轨的能力,中医药走向世界更无从谈起。

邹节明是一个很实在的人,他说:"我在'三金',一直全心全意地工作,跟职工磨合得很好,职工对我也很好。你坦诚待人,时间长了,你的优点缺点大家都清清楚楚,这样大家对你的印象是永远磨灭不掉的。"

三金药业综合部付丽萍说:"有一次我陪邹总到武汉大学参加活动,那次活动我们企业赞助了,让学校接待一下无可非议,但邹总不让,他住的是一个普通的三人间,我们同学来看到都很惊讶。还有一次到省里开会,邹总看见一位年纪大的人提行李吃力,马上过去帮忙。"

三金营销公司副总祝长青与邹节明相处近30年了,他说:"邹节明如果没有很强的事业心和敬业精神,企业恐怕走不到这一步。他对专业的敏感、行业的把握、经营的稳健与'三金'的成功有很大的关系。企业做得好与不好,与

邹节明董事长与下属亲切交谈

领头人的素质、能力、人品相关,领头人决定了这个企业发展的层次。"

邹节明董事长在广西中医学院作学术讲座

2005 年邹节明获得全国劳动模范称号;2006 年初在广西科学技术大会上,桂林三金药业股份有限公司的"三金牌西瓜霜的研究与开发"项目,获得 2005 年度广西科学技术特别贡献奖,广西壮族自治区党委书记亲自向项目技术负责人、发明人给邹节明颁发了奖励证书和 50 万元奖金。

三金牌西瓜霜至此已累计完成 60 多亿元的销售额,更证明了其商业运作的巨大成功。邹节明在会后表示:"企业坚持自主创新,要不断提高自主创新能力,就得在企业创新平台建设上下功夫,这就是古人说的'工欲善其事,必先利其器'的道理。三金集团多年来一直十分重视企业技术研发机构的建设,在研发方面的投入,已占到公司销售收入的 5% ~ 6%。我们的指导思想是以科技为手段,以广西丰富的中草药资源与壮族、瑶民族医药经验为依托,开发市场需要具有的'三金'特色的现代中药。在技术开发方面,采取四维梯队开发战略,即以市场为导向,以技术为主线,在新产品开发方面坚持生产一批、储备一批、研制一批、构思一批;老产品开发形成'产一代、拿一代、研一代、想一代'格局;生产开发形成传统技术、一般技术、先进的高新技术相结合的多层次结构;市场开发呈现'播一批种、选一批苗、育一批材'的态势。"

纵观邹节明所走过的成功之路,正所谓"君子求本,小人逐末",他经营企业,不跟风,不取巧,注重基础工作,扎扎实实,像西瓜霜虽取得成功,仍进行了 6 次大的改进。他说:"依法获得最大利润,才是办企业。在市场上,产品是一种文化,是企业综合素质的体现。"

邹节明对记者说:"我曾经有很多机会去政府任高官、到大学去教书,但我都没有去;我认为'三金'这个环境使我如鱼得水,可以做自己喜欢做的事,能够体现人生的价值,能够很好地为国家服务,通过我的努力,可以使职工在精神、物质上过得好一些,如此一生足矣。"

(撰稿人　雷　建)

邹节明简历

湖南常德市人,生于1943年5月,全国劳动模范、全国优秀企业家,第九届全国人大代表,教授级高级工程师,中共党员。

1966年 毕业于武汉大学生物系药用植物专业;

1966年~1968年8月 在中医学院学习中药专业知识;

1968年8月~1984年 历任桂林市中药厂筹备处工人、技术员、厂中药研究组组长、研究室主任、技术质检科负责人、技术厂长等;

1984年~1994年 任桂林中药厂厂长兼厂研究所总工程师;

1994年至今 任桂林三金药业股份有限公司董事长、桂林三金集团股份公司总裁、党委书记、集团研究所总工程师。

邹节明为国家卫生部药典委员会委员、中国中医药管理局中医药工作专家咨询委员会委员,兼任《中草药》、《中国中药杂志》等报刊杂志的编委,广西科学技术协会常委、广西科技进步奖评审委员会评审委员,广西科协常务理事等职;中国企联常务理事、中国中药协会副会长、广西壮族自治区企协副会长等;武汉大学、北京中医药大学教授、博士生导师。

1990年被评为全国中药行业首批(11名)优秀企业家,1991年被国务院授予首批享受政府特殊津贴的有突出贡献的中医药专家,1993年荣获"广西优秀专家"称号,1997年获中华全国总工会授予的"五一"劳动奖章;1998年获第八届全国优秀企业家"金球奖";2001年获中国药学会授予的中国药学发展奖;2002年获首届中国创业企业家称号,并受到表彰;2003年获中国科协颁发的中国科协西部开发突出贡献奖;2005年获全国劳动模范称号。

邹节明语论

1

研究所的开发人员,每人心中要装有一本预测未来 3 年至 5 年的"日历",在市场调研、产品开发、营销策划上,要充分考虑将来的市场需求。

2

只有所有的员工爱企如家,寄托着发展中医药事业重任的"三金"才可能永远充满希望。

3

我的根在桂林中药厂,那里凝聚着我对中医药事业的理解和追求,是我生命的一部分。

4

"三金"无庸才,只有不合适的位置和组合。

5

假如全国两千多家中药厂都是你仿我,我仿你,就会在低水平上停滞不前,对于中药文化的发展毫无益处。有远见的企业应在资金、技术等方面联合起来,通过几年努力,合力创出一两项中药产品成为突破口,作为药品依法进入欧美发达国家医药市场,这个产品可以不是"三金"的,但"三金"照样愿意为实现这一目标贡献自己的力量。

6

中药文化要走向世界,首先要尽快实现中药的现代化。古老的中医药文化如果不注入现代科技内涵,就会自生自灭,终遭淘汰。

7

"三金"将抓住国家和广西加快中药产业发展的契机,进一步推进企业自主创新,努力将"三金"建成国内领先乃至世界一流的中药、天然药物研发生产企业。

8

随着人类生活条件、生存环境与现代医学模式的变化,以及化学合成药物产生的药源性疾病,"崇尚自然、返璞归真"已成为全球的强烈呼声。因此,具有数千年临床基础和完整理论体系的中医药学对人类健康事业将起着越来越重要的作用,面临大好的发展机遇。

9

中医药学和西医药学是两种医药学,两者都是科学,各有所长。西医药不能、也不可能"包打天下"。那种只承认西医药学是科学,不承认中医药学是科学的观点显然是错误的。

10

中医药需要在理论和实践上不断创新。

11

发展和创新中医药的最终目标首先是保护 13 亿中国人的健康;其次是让中医中药合法进入国际市场,惠及世界人民。

12

个人的发展只有以企业、国家的发展为前提,才会有意义;个人的命运只有与企业、国家的命运紧扣在一起才会放光彩。

13

企业之间价格竞争的同时,品牌竞争日趋明显,光有低价格,没有品牌,很难占有市场。

14

仿制别人的产品,只会走低水平重复的老路,企业即使得利也只是暂时现象,最终必将使企业乃至整个中药事业的发展停滞不前,只有开发有自身特点的产品,才能在激烈的市场竞争中站稳脚跟。

15

"三金"不容忍平庸。

16

我的一生是幸福的,因为始终从事着一项自己喜欢的事业。

17

"三金"的技术创新不是盲目地追求高精尖的项目和技术,而是以市场为导向,科技进步为基础,以全面提高企业综合实力和经营水平为目标。三金药业在新世纪的目标就是要国药走向现代化,进而真正走进国际市场。

18

我国现有 5000 多家医药工业企业,其中中药企业 2000 多家,最大的销售额也就是 20 亿元人民币,这与一些大型国际跨国公司相比,是微不足道的,所以我们不能再坐井观天,老是自己横向比,否则,在国际竞争中将面临被淘汰的危险。中药现代化包括理论、工艺、质量标准的现代化。我们在这方面做了不少工作,但还没有找到突破口,拿不出一个作为治疗药品的品种进入欧美市场,在国际上只有中成药作为突破口依法进入国际医药市场才能产生规模效益,这就要逐步实现由中药材出口向中成药出口转变。

19

眼睛盯着昨天是懦弱,盯着今天是平庸,立足今天、着眼明天才是现代企业经营者的胸襟。

汪　　海

20 年前，全国第一次评出了 20 位优秀企业家，汪海为其中之一，作为当时青岛第九橡胶厂厂长、现在的双星集团总裁，依然在原来的企业奋斗着，被称为"市场将军"、"长寿总裁"……

"我本来应该是战场上的一个将军。"汪海不止一次地对前来采访的记者说。

1941 年，汪海出生在山东省微山湖畔的一个小村庄里。7 岁时，当上了儿童团长。1965 年，他咬破手指写下血书："坚决要求参军，保卫伟大祖国"，穿上军装，奔赴越南战场。那时候他想，如果不在战场上牺牲，他就一定要当上将军。然而命运却没有让他

青岛双星集团公司总裁兼党委书记汪海

如愿，1975 年，转业到青岛市第九橡胶厂，先后任政治部主任、党委副书记、书记。但 10 年的军旅生涯以及先天的禀赋和人生的追求，却使他在改革开放的大潮中和市场经济的"战场"上当上了"双星"的领军人物。

那是 1983 年 11 月，七八级的西北风一连刮了几天。黄海咆哮，树木萧瑟，天昏地暗，人迹稀少。汪海只身一人，奋力地蹬着自行车穿行在青岛市的大街小巷。

作为一家国营重点胶鞋生产企业，青岛橡胶九厂几十年来一直在国家计

划经济的模式里运转,生产计划国家下达,原料国家统配,产品国家包销。现在这一切都成了历史。商业部门声称没钱,拒绝收购九厂的产品。200多万双解放鞋在仓库里堆积如山,运不出去;而生产线上还仍然按计划在生产。帐面上只出不进,所剩无几。眼看发工资的日子到了,两千多名职工近10万元开销一点着落也没有,这一切使刚刚就任党委书记不到6个月的汪海急得嘴唇上起满了火泡。

创业之初的汪海

他去找商业部门。答复是:"人们的消费水平提高了,傻大黑粗的解放鞋根本卖不出去,我们再也不能做赔本的买卖了。"

他去找上级机关。回答说:"我们只负责下达生产计划,商业部门不收购,我们也没办法。"

汪海退一步要求借款,好歹把工资先发出去;但是对方连借贷之门都关得死死的。

汪海怒发冲冠地说道:"生产计划难道不是你们下达的吗?生产任务完成了,你们说不要就不要了,还讲不讲信义?还有没有法?!"临走时,他愤怒地扔下一句话:"下次谁再来向你们要钱,谁就是孙子!"

回到厂里,见仓库里堆满了鞋,办公楼的楼道里堆满了鞋,连他的办公室也堆满了鞋。他置身在鞋的层层包围之中……

刹时,眼前的鞋化作了一座山,一座树木葱绿的梁山。"我想到了梁山好汉。"汪海在接受记者采访时说,"那一百零八将并非愿意铤而走险,落草为寇,而是被环境剥夺了生存的权利,才占山为王,替天行道,干出了那一番轰轰烈烈的英雄壮举。"他发誓要做梁山一百零九将!

他召开全厂职工大会,在会上大声说道:"今天,企业的出路已被彻底切断。没人救我们,谁也救不了我们。难道死了张屠夫,就吃混毛猪?"他克制着内心的激动,"世上本没有路,路是人走出来的。企业要生存,我们要吃饭,任何的恩赐、施舍都救不了我们,只有自己救自己!"他顺手举起一双鞋,"有了鸡,我们还怕没有蛋吗?"

上级规定不准企业私自销售产品,为了吃饭,汪海冲破禁令,带着几个人背着鞋偷偷地溜出了厂门,到市场上试销。为了避开商业部门驻厂人员的耳目,他们就像敌后武工队似的全是夜间出动。不料风声走漏,商业部门勃然大怒,对此越轨行为进行制裁,不但停止收购橡胶九厂的解放鞋,连新开发的产品也一双都不要了。汪海反而如释负重,干脆与业务员一道大白天背着鞋走上了市场。他们一面卖鞋,一面进行市场调查,历尽艰辛,奔波一年,硬是把积压的200万双解放鞋销售一空。汪海由此悟出了一条真理:企业的命运不在天,不在地,而在市场。企业要想生存和发展就应该适应市场去改,围着市场去创,跟着市场去变。

市场宛如大海,时而风平浪静,时而波涛汹涌,有着自己的规律。橡胶九厂这只航船由于是根据计划经济的模式制造的,驰入市场经济的大海,很快就表现出不适应之处。尤其是它的内部组织结构,远远不能适应市场的需要。全厂27个科室,有的与生产经营严重脱节,空有其名。三四百名干部,高高在上,人浮于事;相反,对市场信息的捕捉,新产品的开发以及销售网络、售后服务等经营环节都没有专门机构。汪海认识到,必须进行机构改革!否则,一旦遇上惊涛骇浪,橡胶九厂这条旧船就会遭到灭顶之灾。于是他为企业制定出宏伟的战略目标:"立足山东,面向全国,冲出亚洲,走向世界!"在此宗旨下他围绕市场开始进行大刀阔斧的机构改革。

安全科是汪海机构改革的突破口,也是橡胶九厂前进的重要障碍。这个科近20人,基本上由一些领导阶层的亲戚、子女、关系户组成。他们占据着办公楼整整一层房间,一人一个办公室,连会议室都有七八十平方米,并专门配有打字员、放映员。而他们对工人做了些什么呢?橡胶九厂建厂以来,他们从来没有给第一线工作的工人们发过工作服,连手套也不发。工人仅有的一条围裙补丁摞补丁。相反,这些坐在办公室里养尊处优的人倒有工作服穿,冬天还发棉衣、棉鞋。这个"特权小王国"被工人们称为"超阶级科"。厂党委会决定,撤消安全科建制,人员与劳工科合并。

汪海与安全科长、副科长谈话。科长说:"安全科的建制完全是按照上级的规定,如果现在部里或省里、市里有撤消工厂安全科的决定,我们没有话说。"汪海说:"你要上面的决定,没有。但是让你们合并是党委会从实际出发做出的决定,希望你们能够理解,顾全大局。"

第一次谈话,没能说服。汪海让他们考虑一下,晚上又找他们第二次谈话。安全科态度仍然强硬,不执行。汪海火了,对安全科长说:"你们这些年来,养了那么多闲人,占了那么多房子,可是你们对工人们做过什么好事? 摆出来我听听。"他说,"给你们三间房子就够不错了,回去马上把四层给我腾出来!"安全科放出话来:让我们搬家,没那么容易,我们要集体上诉。汪海发出死命令:告到哪儿去都不怕! 党委会的决定必须立即执行。明天下午6点以前如不搬到指定地点,制裁! 此令一出,全厂为之震动。人们的目光聚集在这一焦点:要看看汪海的刀硬还是上面有根子的安全科硬。

安全科连夜开会商量对策,并派人去上级主管部门游说,寻求支持。第二天中午12点,汪海见他们按兵不动,又召开党委会,决定罢免科室领导。

会后,汪海1米8多的魁梧身躯,铁塔般地站在厂门口,两眼直视对面四层楼上安全科的一排窗户;安全科的人马也站在玻璃窗后看着他。此时厂区一片寂静,人们屏息观望着这场较量。到了下午三点半,汪海派人上楼请科长下来,当众宣布党委会新决定。就这样,安全科才开始老老实实地往下搬东西。

就这样,原先27个科室精简到7个,行政管理人员也由占全厂职工的11.8%缩减为7.8%;与此同时,原来仅有4个人的销售科扩大为生产经营信息公司。

机构改革不仅仅是组织结构的调整,而且是人力资源的重新配置,其中最为关键的是要把能人放在管理的位置上。汪海说:"中国的能人太多了,只是我们旧的人事体制没有给他们创造一个好的环境,限制了他们聪明才智的发挥。今天我们搞改革,首先要想办法把能人用起来,让能人来管理。如果尽用些听话的庸人事情怎能办好?"于是,汪海把竞争机制引入新的管理机构中。他郑重宣布:干部、职工没有界限,谁能耐大谁来坐交椅,而且这个交椅不再是铁的。干得好则干,干不好将由群众评议,厂里重新聘任。汪海说:"招贤纳士未必要跑遍天下,其实百步之内必有芳草。关键是能否造就一个好的环境,给能人一个公平竞争的机会,让他们有可能出来发挥自己的聪明才智。"

企业走向市场,最终的体现是产品。而"黄鞋帮,黑胶底,穿上两天臭无比。"这是人们对青岛橡胶九厂传统产品解放牌黄胶鞋的评价。汪海说:"再过两三年,把这种鞋白送人恐怕都没人要了。"他还了解到全国国有大中型胶鞋企业就有300多家,以天津市的大中华橡胶厂为首实力都相当雄厚。南方珠江三角洲地区个体的、集体的、合资的制鞋企业已发展到3000余家,深圳地区也有2400多家,温州一带就更多了,加起来,全国鞋的年产量已达10亿双。在这种供过于求的情况下,橡胶九厂如果不开发新产品,不开辟新道路,就不能从根本上走出困境。

汪海一方面在山东、新疆等地组建联营分厂,搞"老产品扩散";另一方面成立新产品开发部,领导技术人员设计新产品。然而,正当生产开始走上正轨、新产品在流水线上源源而出的时候,一件看起来微不足道的事深深地刺痛了汪海的自尊心。

一次,他带队到西北考察市场。一家大百货商场经理发现了几个外乡人站在柜台前指手划脚,问这问那,便好奇地问:客从何来?"青岛橡胶九厂。"汪海答道。"啥?"经理愈加好奇了,"香蕉酒厂打听鞋干啥?""我们是做鞋的啊!"汪海指了指柜台里的鞋。"怪事,香蕉酒厂不做酒,怎么做起鞋来了?"汪海无地自容,感到莫大的耻辱。他走出商场,一路无语。

青岛橡胶九厂从1921年建厂到解放后成为国营制鞋大企业已有半个多世纪的历史了,然而连大商店卖鞋的经理都没有一点儿印象,更何况其他人呢?现代经营与企业及其产品的知名度密切相关。"王婆卖瓜,自卖自夸。"过去一直从贬义上来理解,现在得重新评价王婆的才能,她最起码懂得经商之道,会宣传自己。

回到青岛,汪海想直接在报纸上做广告,但想到厂里资金紧张,做广告花钱多效果也未必好,不如请来一些新闻记者开个记者招待会,几杯茶,一顿饭,让各报发个消息。这样既省钱又见效快,宣传范围也广。

1984年11月24日,青岛市,也是全国第一次由企业举办的记者招待会在橡胶九厂召开了。新华社、中央人民广播电台、光明日报、工人日报、中国体育报等43家新闻单位的记者应邀出席。汪海不仅向记者们介绍了企业的情况和发展规划,而且还带领他们参观了车间。最后,汪海捧出了厂里新开发的"双星"牌胶鞋送给记者。汪海说:"我可不是送礼,而是让你们试穿,三个月后必须返回质量信息。"记者们满意而去。整个会议一清帐共花了6000元,包括所送的鞋钱。

记者们果然不负所望,会后各类报道源源不断地在媒体上刊登出来了,有的报道还被香港有关媒体转载。短短几天,"双星"名扬全国。

然而岂料到,一些人连夜告了他的恶状,说他假公济私、捞取功名、大吃大喝、浪费钱财……汪海对此一笑了之,他想,虽然由企业自主召开新闻发布会以前没有过,上面的红头文件对此也没做过规定,但它同花钱打广告宣传产品一样,有什么不对? 他认为此事与中央改革精神顺茬,决定不予理睬。但是有些人却不这样认为。就在汪海飞赴日本考察引进设备的那天,由市纪委和橡胶公司联合组成的调查组进驻橡胶九厂。

汪海对自己的行为充满信心。汪海清楚地记得,那是1985年3月28日。汪海一行人从日本风尘仆仆回到青岛。走出火车站,广场上空空荡荡,没有人迎接。汪海感到十分诧异,"通知办公室了吗?"他问随行人员。"通知了。""打电话回厂,问我下台了没有。"汪海说。

1983年6月2日,汪海由山东省青岛橡胶九厂党委副书记升为书记。从那时起,汪海开始对橡胶九厂进行大刀阔斧的改革,不可避免触动了一些人的既得利益,得罪了一些人。此刻汪海想,出国在外一个月,谁知道家里闹成了什么样子;假若已被端了锅,赶下台了,咱就老老实实坐公共汽车回家。电话里说书记没换人。汪海顿时来劲了,说:"马上通知办公室派车来接!"

汪海曾当着全厂的职工立下誓言:工人们的班车一天不解决,他就一天不坐小车,他上下班都是骑自行车。现在,他执意要大家等厂里来车接,并非是为了派头,而是要争口气。回到厂里,汪海首先接到市纪委发来的最后通牒:下火车后立即去市纪委报到。

汪海并没有感到紧张,反而幽默地说:"我一个多月没有回家了,想老婆,我要先回家看看。"回到家里,他把市纪委召见的事告诉了妻子,说:这回恐怕要进"小黑屋"了,一进去不知什么时候才能出来。他嘱咐妻子要带好孩子,在青岛生活不下去就回老家……话还没说完，市纪委的电话就打过来了。妻子含泪把丈夫送出家门，望着他向市纪委的方向走去。

一进办公室，只见市纪委副主任正襟危坐，四个秘书分坐两旁，每个人手里一个记录本，五个人冷冷的眼色，都像是在盯着一个罪犯。见这架势，汪海故意昂首挺胸，大义凛然。汪海问："谁找我？""我找你？"副主任说。"你是谁？"副主任略一愣神，报出自己的大名。"你找我来说什么？""你错误地召开记者招待会，大吃大喝，乱发礼物，浪费国家钱财……"

又是记者招待会！汪海顿时火冒三丈，没等副主任把罪名罗列完就发了火，说道："你们今天摆出三堂会审的架势吓唬不了我。记者招待会是改革的产物，你政府能开，企业为什么不能开？按国家规定，请客费一年是两万多，而我开会才花了6000元。用的是允许企业花的钱，是正当的职权，犯了什么法？你们给我扣一个乱发礼物的帽子，可是你们知道给记者送鞋都发了试穿证吗？三个月后他们要返回质量信息，这有什么错？"

"你不但给记者送鞋，据我们调查，你们自己也多领了15双，这15双鞋干什么用了？"副主任说。"工作人员是多领了十几双，这不假。但我没让动一双，至今还都封存在办公室的柜子里，你们现在就可以去查。"汪海说。"那么，摆宴席、大吃大喝呢，你作何解释？"副主任说。"几个菜一个汤，那叫什么宴席？要检查只能检查开会期间我陪着记者们一起吃了，而效果是什么你们知道吗？"汪海掏出一卷报纸摔到桌上，"30多家新闻单位都发了消息，连香港报纸都作了转载。别的企业用钱打广告是宣传产品；我请新闻记者来同样是宣传企业、宣传产品，你们却为此兴师动众调查一个多月。即使有天大的错误，可以和我直接谈嘛！"

"汪海，你太狂妄了！"副主任终于控制不住内心的愤怒，拍案而起。"今天你到这里来是承认错误，还是强词夺理来为自己辩护？""我可不吃这一套，你拍一下桌子我要拍两下。"汪海说完后，"叭、叭"两掌下去，震得四个秘书捂住了耳朵。"我就是来为自己辩护的，我要看看你们到底讲不讲道理！"

双方剑拔弩张，互不相让，桌子拍得震天响。"你再拍！"汪海逼到副主任跟前，"你再拍一下桌子我就把它砸了！"吼声震耳，气势夺人。事态发展到这般地步,纪委主任不得不出面圆场,说道:"冷静冷静冷静,问题还可以慢慢谈嘛……""说什么? 还怎么谈?"汪海明白他此刻的处境危如垒卵,便转身拽门而去。"嘭、嘭、嘭"汪海敲开了市委书记刘鹏的门。

"我知道你会来找我。"刘鹏说。

刘鹏一边让坐,一边从桌上的文件堆里翻出一份红头文件,说:"这是市纪检委、市整党办联合上报的文件,要在全市县、团级干部中第一个抓你的不正之风。但是我一直没有签发,我想更多地了解一些情况,也想听听你的意见。"望着市委书记和蔼、宽厚、沉着的神态,汪海暴怒的情绪顿时平静了下来。

8 个月前,汪海来过这里。当时,他想与乡镇企业联营,建立分厂,把老产品逐步扩散出去,总厂可以集中力量开发新产品。这样既保住了原有的市场,又开拓了新的道路。但是,他的这一想法遭到了全厂职工的反对,甚至有人骂他是"卖厂贼"。上级主管部门也不理解,不予支持。他找到了刘书记。刘书记听完了他的汇报后,兴奋地说:"如果我们每一个企业的领导,都能像你这样大胆去想,深入调查,事情就好办得多了。"他鼓励说,"你放手去实践吧,先搞个试点。遇到什么问题,可以直接来找我。"正是在刘书记的支持下,汪海迅速在山东 10 个县、1 个市建立了 3 家联营分厂,为后来组建双星集团奠定了坚实的基础。

再次见到刘书记,汪海感到很亲切。他从西北之行橡胶九厂被误认为是"香蕉酒厂"谈起,谈到记者招待会,一直谈到刚刚发生在市纪委办公室里的一切。他最后说:"党中央不是让改革吗? 改革不是摸着石头过河吗? 我不知道错在哪儿。就是有错,也是改革过程中的错儿,是工作中的错儿,谁能保证工作中没错儿? 他们为什么要审查我、制裁我?"刘鹏听得很认真。他认为企业借助新闻界宣传企业和产品的知名度,不能不说是一种探索。给每位记者送一双鞋也没什么大不了。问题是人们对此还缺乏认识,所以才有了这起"枪打出头鸟"的风波。他说:"中国该办的事情太多了,但是由于人们陈旧的思想观念和工作方法的影响,造成了该办的事你办了觉得你不该办;不该办的事你办了却因为人们的习惯势力,反而认为是正常的、自然的。这就是我们改革面临的阻力。"

刘鹏不愧为改革的保护人。他不仅没签发"隔离审查"汪海的那个文件，而且关照市经委给予支持，在国有企业实行厂长负责制时，力排众议，破格任命汪海为橡胶九厂厂长兼党委书记。

古人说："千里马常有，而伯乐不常有。"汪海在创业时期多亏遇上了刘鹏这位高瞻远瞩、胆识过人的市委书记。他后来感叹道："在中国的官场上没有靠山很难成事。但是我与刘书记没有任何私交，唯一两次去见他，都是陷入困境后找他解决问题。如果没有他的支持，'双星'早就被人打趴下了。"

刘鹏支持汪海，也不是没有压力。市里的其他领导以及有关部门都认为汪海这人太狂傲了，什么都敢说，什么都敢干。尤其是橡胶九厂成为自营自销、自负盈亏的企业以后，你就再也见不到他了。天马行空，独往独来，大事不请示，小事不汇报，全由着他自己的性子来，把橡胶九厂弄成了一个无上级主管企业。对于这些议论，刘鹏总是笑笑，说道："大家都在喊改革；而对于汪海，你们能不能对他宽些尺度呢？"

汪海说得更绝："1983年企业处在危急之中，我登门请你们管，你们一脚踢开，谁都不管；如今又指手划脚。晚了！我现在的领导就是市场！"

汪海这样解释："在中国计划经济向市场经济的过渡中，作为企业光靠红头文件、靠首长讲话是不够的，真正推动企业改革前进的是市场。如果没有市场这个动力，再多的红头文件也只能是纸上谈兵。"因此，汪海把市场当作自己的领导，这是他几十年来改革实践的总结。

但是，在官本位的社会里，把初露端倪的市场作为自己的领导并不是一件容易的事。人际交往中盘根错节形成的"铁关系"；旧体制中条条框框形成的"铁栅栏"；人们头脑中旧观念形成的"铁锁链"，纵横交错，头绪纷繁，构成了一个大屏障，使你难以与市场接近。汪海称之为"新三铁"。他激愤地说："企业要走向市场，适应市场，必须砸破'新三铁'！"

有一位省领导，当小学教师时认识的一个同事的女儿在双星集团工作。这位同事找到这位省领导，要求把他女儿调出企业到机关工作，于是有省里领导亲笔批示的条子传到了汪海手里，紧接着青岛市的有关领导又有四五个前来说情。

这位要求调动的人是"双星"培养出来的一个技术骨干，若调走了，企业工作就会受到影响,也怕以后有人仿效,因此,汪海坚决不放;不仅如此,他还把这件事公布于众。他在大会上讲:"我们'双星'的改革进行了这么多年,但是我们有些同志的思想观念却仍然是陈旧的,没有丝毫改变,既想图清闲,当懒汉,混日子,享有计划经济的'优越性';又想多拿钱,发财致富,得到市场经济的好处,天下哪有这么两全其美的事情?"这件事很快传到了批条子的省领导那里。省领导颇不高兴,向市长说:"不放就不放嘛,汪海为什么要把这事拿到大会上讲?"

好心人劝汪海,何苦为个小人物而得罪上面的大人物呢?这不是因小失大吗?"我宁肯得罪一个领导,得罪一些关系,也不能得罪我的事业。"汪海说,"她本来在企业干得很好,想调走无非是想轻松一些、舒服一些,想工资奖金拿得高高的,活儿干轻松的。这是'大锅饭'长期以来形成的惰性,我们的企业要在市场竞争中站稳脚跟,就必须扭转这种意识。"

有一天,青岛市有关领导通知汪海,省里有位领导来视察工作,让他送去几双"双星"鞋——本意也是想让他见见领导。汪海说:"要鞋可以,可我没功夫去送,让办公室去个人吧。""鞋钱呢?"对方在电话里问。汪海说:"优惠,享受出厂价吧。"电话里"嘿嘿"一笑。多少人想给上级领导送东西,苦于没有门路;现在找上门来的机会,汪海还不利用。怎么能给省领导要鞋钱呢?对方觉得汪海是在开玩笑。

汪海可是当真。他对办公室去送鞋的小伙子说:"鞋钱拿不回来,你就别回来。"很快,送鞋的小伙子打回了电话:"汪总,这鞋钱……""鞋钱拿不回来,你就别回来了。"汪海重复了那句话。无奈,小伙子又找到青岛市有关负责同志。这位同志说:"我们扭不过汪海。给你一张支票,你回去随便划好了。"汪海事后说:"我就是要改变一下人们的观念,破一破多年来形成的下级对上级的媚俗关系。要我卖鞋不收领导的钱,那就不是我汪海了,那样汪海也就没味了。"

为了满足国际市场的需要,"双星"要建一幢出口鞋大楼,但是光审报就两年多批不下来。等到1989年正式开工建楼时,时间已经不等人了,只有加快效率,厂房建筑和设备安装同时上。外装修时内部就安装设备,等工程竣工,设备也全好了。但是,市里有关部门却决定禁止使用,说厂房我们还没有验收合格,你们怎么连设备也安好了? 这不合规定。汪海不听这一套,说道:"我自己花钱盖厂房,还要等你同意了才能使用,耽误了生产,耽误了市场,你们谁也不会替我承担责任。用! 一天都不能等。"

"双星"从青岛走向全国,又从国内走向国外;汪海出国考察、谈判、参加国际博览会的机会自然就多起来。上级有关部门直嚷嚷:"汪海怎么这个月出国了,下个月又出国? 你出国起码也得轮换着出呀!"汪海说:"你当我出国是为玩去呀? 我哪里有这些闲心!""你去可以,我们得派一个跟着。"上级有关部门的人说。"你是特务还是什么? 我出钱让你给我盯梢,那我何不带一个设计人员去呢?"汪海问道。不带人就设障碍,条条框框中总能找出几条来。"啊,一次出国就十几个人。这么多人出去,不行。"上级有关部门的人说。汪海反问道:"我们出国参加博览会,是为了工作,为了交战,为什么不行?""出国没有超过5人的,你这么多人,没这个先例。"上级有关部门的人这样回答。汪海反驳道:"古人还敢吃螃蟹呢,不能说以前没有的事,今天就不能干,否则社会怎么发展?!"

当初,企业要进入市场,汪海大胆地破除了"铁饭碗、铁工资、铁交椅";现在,企业要继续发展,参与国际市场的竞争,汪海又勇敢地向"新三铁"冲刺。但无论是"旧三铁"还是"新三铁",都是由人组成的关系网。这样,汪海的改革就面临着七种反对势力:①"文革"中上来的造反派,没有了派性斗争的市场;②心怀叵测的人,被截断了靠歪门邪道向上爬的路子;③部分退居二线的老干部,感到失落,心怀不满;④观念陈旧,在计划经济的旧模式里生活惯了的人,如今跟不上形势而受到冲击;⑤上有靠山、下有根底,长年无人敢管、敢问的人,现在不能为所欲为了;⑥不干活混日子的懒汉、二流子,受到了纪律的约束;⑦能力平平、庸庸碌碌的基层干部,因精简机构被撤换下来,怀恨在心。

除了这七种势力,还有来自主管部门的非难。一天,他碰到市信访办的人。"汪海,你别再胡折腾了。"那人说。"怎么了?"汪海问道。市信访办的人说:"一天不接到告你的信,我们就真是没事干了。"汪海问:"告什么?"那人说:"你的一言一行,一举一动,没有不告的。"汪海笑了笑说:"那就让他们告吧! 那些不干事的告干事的是中国人的传统,没有什么可奇怪的。"

不仅如此，还有人深夜藏在树林里向汪海扔石头……"改革是一场革命，是生与死的考验。"汪海说，"我不怕死。我本应该在越南战场上牺牲，活到现在就是多余的。"他把市场当成了战场，实践着他的"将军梦"。

市场经济是品牌经济。"品牌是市场经济中的原子弹"。汪海在创业之初就悟出了这一观点。面对20世纪80年代洋品牌大举进入中国的态势，汪海较早提出了"创中国品牌就是最大的爱国主义"的思想，并把创造中国民族品牌的重担自觉地担在自己的肩上。

1986年前后，正是中国女排以昂扬的斗志在世界排坛上连连夺冠，取得辉煌战果的时期。汪海虽然不是球迷，但凡是中国女排出战的世界大赛，汪海必看。当汪海看到中国女排姑娘们脚上穿的竟然是日本"美津浓"运动鞋时，他顿觉一股刻骨铭心的内疚涌上心头。汪海感到这是中国"鞋匠"的耻辱，咱中国人站着不比外国人矮，躺着不比外国人短，他们能做到的我们为什么做不到？！

在一次厂领导班子会议上，汪海将自己憋了一肚子的话统统倒了出来："女排姑娘们奋力拼搏，给咱中国人争脸，却要穿人家日本人的运动鞋。这说明啥，说明咱们无能！我就不信，他们能做到的，咱中国人就做不到；我就不信，我们堂堂中华民族有几千年的鞋文化历史，如今倒不会做鞋了！我们双星人一定要创造自己的名牌！"从这一天起，汪海就暗下决心，将复兴民族鞋业的责任揽在了自己身上。

汪海打响的第一枪，就是要用100天时间建一座高档运动鞋分厂，向国庆节献礼。1984年9月28日运动鞋分厂提前建成投产，他们首先研制成功了高级专业排球运动鞋，并且还专门为中国女排特制了一批红色排球鞋，以表达职工们的敬仰之情。

深秋季节，汪海喜滋滋地背上鞋，代表"双星人"进京向女排赠送礼物来了。这位山东大汉热心地背着鞋来到女排驻地，还一双双地摆出来，边摆边念念有词："这是铁榔头郎平的，这是二传手孙晋芳的，这是梁艳的，这是……放心吧，我们全是按照她们脚的尺码特意制作的。"女排管接待的同志微笑着望着这一幕，颇有意味地婉言谢绝道："感谢你们对女排的支持，但是国家体委有明文规定，不准任何单位和个人向中国女排赠送任何礼物，更不允许做广告性的宣传。"汪海脸上的笑容渐渐消失了,他双眼习惯性地一眯,说道:"我们'双星'的鞋在市场上不是卖不出去,而是我这个鞋匠看着女排穿外国鞋夺冠军心里难受,我们全厂职工心里都难受,你知道吗? 为了赶制这些鞋,我们的工人整整苦干了 100 天啊……"他的真诚感动了女排,她们破天荒地接受了双星人的一片心意。邓若曾、胡进、郎平等人赶来高兴地和汪海握手并与他一起合影留念。中国女排的姑娘们终于穿上了双星鞋驰骋疆场,还特意委托袁伟民专程到"双星"赠送签名排球。

继排球鞋后,汪海又上了足球训练鞋生产线。这两种运动鞋都先后成为企业的拳头产品,荣获国家银牌奖。不到两年时间,"双星"运动鞋以其质优、价廉畅销国内市场。全国 16 支甲级女子排球队都将"双星"排球鞋确定为专业用鞋。

品牌的核心是质量,而质量是企业之本。汪海常说:"企业什么都可以改革,惟有质量第一不能改革。"在"双星"发展跃入快车道以后,汪海经常告戒员工:愈是名牌愈要重视质量,愈是名牌愈要提高质量。

1990 年初,"双星"收到几封顾客来信,反映"双星"集团销售势头正劲的新产品老年健身鞋有小毛病,问能否退换。其实,这批鞋的问题出在设备上,而鞋的材料和坚固程度都比较可靠,不影响穿用。产品质量是企业的生命,售后服务同样关系到企业的生命。汪海立即下令封存尚未出厂的鞋,停下生产线全面检修设备,从全国各地的批发零售企业撤下尚未出售的老年健身鞋。同时,在报纸和电视台打广告,向消费者致歉,请购买这一批老年健身鞋的顾客到"双星"专卖店或当地营销公司退换商品。

出于同样目的,1997 年 12 月 30 日汪海将价值 10 万元稍有质量问题的产品付之一炬。汪海对在场的上千"双星人"说:"我们十年拼搏创下'双星'名牌,靠的就是过硬的产品质量;放松了质量,不合格的鞋就会几十倍、几百倍地泛滥膨胀,到那时我们十年辉煌就会毁于一旦。"

然而,高质量的产品,如果无人知晓,就很难成为市场中的名牌。因此,汪海不仅在国内,而且在国外利用各种方式宣传自己的产品。1992 年夏,汪海在美国纽约举行新闻发布会。会上,纽约《美东时报》资深记者威廉·查理提问:"汪海先生,你是大名鼎鼎的中国鞋王,都说'双星'鞋品质一流,超凡脱俗,那么,我冒昧地问一句,阁下脚上穿的可是'双星'鞋?"威廉·查理早已注意到汪海脚上那双漂亮的皮鞋,以他的眼光那应该是欧美货。他来这么一手,就是想看看汪海的笑话,挫一下汪海的锐气。

汪海笑了,回答道:"我十分感谢刚才这位记者的提问,是他给我提供了一个宣传'双星'产品的好机会,我知道在公众场合脱鞋是很不文明的行为,但是……"他弯腰脱鞋,手举皮鞋高声说道:"看到了吗?CHINA DOUBLE-STAR,地地道道的中国'双星'鞋。不瞒诸位,我一年四季都穿'双星'鞋,我们的两万多名'双星人'也都穿'双星'鞋,我们就是要脚踏'双星',走遍世界。"霎时间,镁光灯频频闪烁。

1992 年,"双星"在纽约召开新闻发布会,汪海"举鞋打广告"。

第二天,汪海面带微笑、手举皮鞋的照片刊登在美国许多报刊的显要位置。美国新闻界评论:"在我们的记忆里,社会主义国家的共产党人在美国公众面前脱鞋的只有两位。一位是赫鲁晓夫在纽约的联合国总部发火,他脱下自己的皮鞋敲桌子,以显示其世界超级大国的威力;再就是眼前的'中国鞋王'汪海了,这位一直站在国有企业改革前沿的中国人,微笑着用自己的产品挑战美国市场,这才是真正的厉害!"

汪海不仅善于利用国内外新闻媒体,而且运用模特表演,让"双星"驰名国际市场。1992 年 9 月 13 日,位于德国西部的杜塞尔多夫市,在一片蒙蒙秋雨中拉开了第 124 届国际鞋业博览会的帷幕。此次国际鞋业博览会,有 52 个国家和地区的 1400 余家公司参加。这是世界鞋业最大的盛会,"双星"依然是惟一参展的中国大陆企业。

开馆的第一天清晨,8 位中国"双星"姑娘身穿中国旗袍,披着标有"CHINA DOUBLESTAR"的绶带,亭亭玉立,她们分别站在四个入馆的大门旁,将印有多种文字的邀请书送到进馆的客户手中,欢迎他们到"双星"展位观摩中国鞋文化表演,并且参加"双星"幸运抽奖。

一时间,整个博览会掀起了一股中国热。不同国籍的鞋商们争相涌向"双星"展厅。"双星"在一个12米长、3米宽的空地上搭了个小舞台,东方情调的音乐不绝于耳,8位身着华贵旗袍的模特儿气质高雅地款款而行,向人们展示着脚上各式各样中国"双星"设计的高跟皮鞋。这些美丽的东方女性不是从哪里请来的演员、模特儿,全是"双星"开发部的技术人员。

整个博览会期间,汪海和"双星"成了头号新闻热点,许多电视新闻记者扛着摄像机前来采访录像。这次博览会"双星"一下子收到200多万双的订单,其中欧洲客户占80%,还有少部分中东客户,甚至连世界著名的彪马、皮尔·卡丹这样的大客户也当场和他们签订了供货合同。

随着"双星"品牌的日益做大,汪海的名气也漂洋过海,引起国外鞋业的注意。有的跨国公司老板甚至开出"天价"请他出山。东南亚、韩国的一些鞋商更是屈尊贵体,亲自到青岛请汪海为他们支撑门户。

一天,一份来自美国的传真放在了汪海的案头。那是美国中兴公司老板艾伦发出的,他热情邀请汪海出任他公司的总经理,认为汪海完全有能力把"中兴"做成美国的第二家耐克。

不久,艾伦又发来一份传真。这次艾伦拿出了美国人惯用的杀手锏——美元。艾伦表示,只要汪海答应出任中兴公司的总经理,可以送给汪海中兴公司30%的股份,并且年薪不低于50000美元。对于当时月薪仅有360元人民币的汪海来说,50000美元是个天文数字,更不用说还有30%的股份。

汪海看出这位美国人是认真的,明白自己再不说话恐有损中国礼仪之邦的形象,遂款款回言:"艾伦先生,承蒙错爱。我汪海是一位中国人,一位中国普普通通的鞋匠。中国有我的亲人和事业,相比之下这里更适合我,我要在有生之年为我的祖国尽力做些事情……"一颗拳拳爱国之心,跃然纸上。

汪海不离开自己的祖国,不仅美国他不去,而且任何国家他都不去。他表示:"我汪海发誓从此给共产党打一辈子工,做一个中国鞋匠,将'双星'打造成纯中国血统的世界知名品牌！"

纵观世界知名名牌，有一个发展规律，即当它成长到一个阶段，就要向相关行业或领域进行拓展，形成"以母体为依托，多元化经营发展，共同做大做强"的局面，"双星"品牌的发展也经历了这样的阶段。用汪海的话说，就是给汽车做"鞋"——向轮胎行业进军。

按说，制鞋业与轮胎制造是两个不同的行业，可身兼中国橡胶协会副理事长的汪海，对中国轮胎制造一点也不陌生，他上学时学的就是橡胶专业。20世纪90年代中期，汪海就从中国乃至世界范围内汽车行业的发展趋势中，看到了轮胎制造业广阔的发展空间。他预见，随着高速公路的成倍延伸，汽车的需求将进一步增大，中国将是一个大的轮胎市场。况且，当时国内轮胎产业档次低、名牌少，"双星若能跻身轮胎业，在技术上领先一步，凭着'双星'在橡胶业的这块牌子和雄厚实力，完全可以后来居上。"汪海不止一次这样想。

常言道，机遇往往垂青那些时刻有准备的人。就在汪海四处寻找"新的利润增长点"时，在青岛市证券交易中心"上柜"交易的"华青股份"进入汪海的视野。

根据国发办[1998]10号文件和中国证监会"关于清理整顿场外非法股票交易"的文件规定，自1998年10月起，华青股份被停牌。股票停止上柜交易对华青股份而言，无疑是致命一击。但中国证监会的文件给上柜交易的企业留了一条生路，允许行业相同或相近的上市公司吸收合并有发展前景的挂牌公司。

华青股份在青岛证券中心停牌后千方百计寻找上市公司的吸收合并。在"华青"人的心目中，由"双星"来兼并"华青"实在是再合适不过了。而"双星"也需要借"华青"这只"船"，实现自己进军轮胎制造业的战略目标。双方经过几轮谈判，几乎没有讨价还价就达成了协议。2001年6月6日，中国证监会正式发文，同意双方按照1:1换股吸收方案。

经过短短几年的发展，双星轮胎总公司由一个粗放型、乡镇作坊式的小厂,迅速成长为中国轮胎行业的骨干企业,目前已具备年产值 30 亿元的规模,整体实力排名中国轮胎行业前 5 位,世界第 28 位,并在 2004 年被评为中国名牌。

但是,"双星"吸收合并"华青"只是汪海进军轮胎业的第一步。2005 年 3 月 18 日,双星集团托管东风轮胎合作协议在武汉正式签订。与此同时,"双星托管东风、东风重振雄风"恢复生产誓师大会也在东风轮胎所在地——湖北省十堰市隆重举行。这标志着汪海民族品牌战略的又一重大发展。

东风轮胎是由原化工部于 1969 年投入巨资组建的国家轮胎骨干企业,年生产能力曾接近 300 万套,曾被誉为中国轮胎业"四大家族"之一。1993 年,东风轮胎集团与马来西亚金狮集团合资,组建东风金狮轮胎有限公司。金狮集团注资 2.8 亿元,持有东风轮胎55%股份,此举一举使得该企业成为湖北省最大的外方控股合资企业。然而合资也未能扭转东风轮胎走下坡路的命运,终因其资金、管理、市场等诸多原因,企业举步维艰,未能摆脱困境。2004 年 5 月起,这个一度辉煌的企业陷于全面停产的境地,"双星"托管东风轮胎协议的签订使"沉睡"的东风轮胎开始苏醒。

汪海在"双星托管东风、东风重振雄风"恢复生产誓师大会上作了长达 3 个小时的动员讲话,先后获得了 47 次热烈掌声。他最后表示:"双星重组东风,东风重振雄风"这个目标一定能够实现,"新一代的双星人创中国轮胎业的民族品牌"这个志向一定能够实现!

目前,双星东风轮胎公司,已步入正常发展轨道,与美国、伊朗、德国、日本、俄罗斯、新加坡等国家的 10 多家国际经销商建立了轮胎出口合作关系。在国内市场,现已形成了近 100 家国内代理商,建立起了具有良好市场发展潜力的市场网络,成为东风汽车公司、北汽等国内 10 多家著名汽车生产厂家的配套合作伙伴。

在中国,一些成功的企业家往往怀有一种"当官"情结。综观汪海的人生轨迹,他从来没有离开过"双星"企业,是否可以说是个例外?

当记者把这个问题摆在汪海面前时,他笑了笑。"说实话,你说我一点进官场的野心也没有过，那是不对的。因为官场地位高，这是自然的，不要回避这种现实。"汪海坦率地说，自己年轻时也曾经从"将军梦"中不时醒来，企盼着走另一条路：官场。

但是，问题在于当官为什么？是为了自己捞一把，还是为强国富民实现自己的政治理想？汪海回答："我敢肯定，我上任青岛老百姓能得到很多好处，因为我要干实事，我不可能当一个为自己捞的市长。"

汪海说这话时，是1988年。这时候正逢青岛市政府改选，传说47岁的汪海会当主管工业的副市长。市委书记刘鹏支持他。当时，山东省委书记是与汪海家乡相距仅10公里的老乡，与汪海的大哥还是战友，汪海完全可以找他帮忙，但是汪海不屑于这样做。他认为，当官要凭业绩。他任橡胶九厂党委书记以来，九厂的改革成就和巨大发展是青岛市上上下下有目共睹的。1988年他被评为首届全国优秀企业家，走进中南海，受到党和国家领导人的亲切会见，这在青岛市是首屈一指。因此他对自己的当选充满信心，并准备大干一场。没料到，上级不同意，理由是有人民来信。刘鹏书记安慰汪海说："下届吧！"

汪海回厂以后立即召开全体管理干部会议，情绪激昂地向大家保证："你们不要再议论汪海到哪儿当官了，汪海决定走市场不走官场，以后当职业企业家！"

但是后来一直还是有人提议汪海去山东省当工会副主席；成立威海市时，上级点名叫汪海到威海市当一把手。对这些，汪海再也没有往日的激情。他说："走官场我总感到事事受阻不顺心；可是到了市场我就精神振奋，市场是我的路。"

从此，汪海彻底断绝了"走官场"的念头，一心一意带着他的数万员工"走市场"。他脚穿"双星"鞋，从海南岛到乌苏里江，从天山脚下到东海之滨，走出了一条国有企业市场成功之路；他飞越太平洋，奔走东南亚，往来欧洲大陆，在国外开拓进取，创出了中国人自己的民族名牌。如今的"双星"，从一个濒临倒闭的鞋厂发展成为鞋业、轮胎、服装、机械、热电五大支柱产业和包括印刷、绣品及三产配套在内的八大行业的综合性特大型企业集团,产品远销世界 100 多个国家和地区,员工由两千多人发展为五万人,固定资产由不到1000 万元增长到 60 亿元,年销售收入由 3000 万元增至 100 亿元,出口创汇由175 万美元增至 2 亿美元,上缴利税总额达 30 多亿元。

中国企联名誉会长袁宝华在 2004 年人民大会堂举办的"双星进入市场20 周年研讨座谈会"上说:"听了'双星'20 年巨变汇报之后,一个很重要的感觉就是,国有企业是可以搞好的。'双星'的经验充分说明企业在市场经济浪潮中不进则退,企业领导人、企业经营者、企业家要敢为天下先,像汪海那样敢于吃螃蟹,不断创新,这样才能将企业做大做久。"

"敢为天下先"是汪海的座右铭,也是汪海创业史的真实写照。回顾 30年的创业历程,正是在汪海"敢为天下先"精神的指引下,"双星"从无到有、从小到大、从国内到国外,成为中国人自己创造的民族品牌。但是,敢为天下先要承担很大的风险。比如,汪海第一次召开记者招待会就被人连夜告到市纪委。然而汪海并没有被风险所吓到,更没有成为风险的牺牲品,相反,他把风险化为机遇和成功的阶梯,率领"双星人",把"双星"品牌不断做强做大。

汪海之所以敢为天下先,当然与上级领导的支持和保护密切相关,但更重要的是汪海本人的理念和素质。首先是民族精神。他常说,民族精神就是具有强烈的民族责任感和自信心,它是民族尊严的标志,是民族进步的灵魂。"双星"作为一个竞争性极强、国外品牌冲击最早的国有制鞋企业之所以能这样长盛不衰,并发展到今天,靠的就是商战中不能没有精神,不能不要精神,这个精神就是民族精神。汪海让中国女排穿上中国鞋、拒绝国外同行的高薪聘请等等,都表现了汪海强烈的民族精神。其次,企业家的品质。汪海根据自己的经历和思考,将企业家的品质概括为八个特征:政治家敏锐的头脑;哲学家的思想;军事家统领全局的谋略;诗人的浪漫风情;实干家锲而不舍的苦干精神;外交家的翩翩风度;鼓动家的激情和演说才干;冒险家的胆识与创新勇气。第三,实事求是的作风。汪海曾说:"正是因为我们遵循了实事求是的原则,才在20多年的时间里战胜了各种风险,真正创出了中国人自己的品牌。"第四,严谨的生活态度。在中国,一个改革者要倒下去,说容易也容易,说不容易也不容易。汪海说:"有两条我认为非常重要,处理不妥,你自己就先把自己打倒了:一条是你作为企业家,能否抵抗得住金钱的诱惑;一条是与女人的交往要特别注意分寸。也就是,别装错了兜,别上错了床。而恰恰在这两个方面,任何人都抓不住我的把柄。"

(撰稿人　张来民)

汪海简历

汪海，1941 年生于山东省微山县。1965 年随中国人民解放军抗美援越，时任副指导员。1971 年转业至青岛，任青岛橡胶九厂党委书记兼厂长。1992 年，双星集团成立，任党委书记兼总裁至今。汪海连续五届当选全国胶鞋协会理事长，同时兼任橡胶协会副理事长、中国皮革协会副理事长等社会职务。

从 1959 年起，汪海先后获得全国优秀共青团员、全国优秀经营管理者、"五一"劳动奖章、全国劳动模范、首届全国优秀企业家、国家有突出贡献的中青年管理专家、全国十大扶贫状元、中华十大管理英才、十大化工风云人物等上百个荣誉称号，继 1993 年被载入"世界五千伟人录"、1995 年被评为"世界风云人物"后，又先后获得"国际优秀企业家贡献奖"和"世界杰出人士"称号，并成为大型文献纪录片《共和国外交风云录》中唯一入选的中国外交企业家。汪海总裁企业家身价高达 321.42 亿元。2002 年，获"全国质量管理先进工作者"；2003 年，被评为"首届中国石油化学工业风云人物"；2004 年，获"中国服饰业最有影响力企业家"、"中国经济十大新闻人物"、"最受关注企业家"等荣誉称号；2005 年，获"全国企业信息化工作优秀领导人"、"中国企业社会责任十大杰出人物"等荣誉称号；2006 年，荣获"中国 25 大功勋品牌人物"、"全国企业自主创新十大杰出人物"等荣誉称号；2007 年荣获"中国功勋企业家"荣誉称号。

汪海语论

1

市场是企业的根,管理是企业的本,文化是企业的魂,文化理论的管理是最顶尖的管理。

2

市场是企业发展的动力和源泉。

3

跟着市场走,围着市场转,随着市场变。

4

用户是上帝,市场夺金牌。

5

只有疲软的产品,没有疲软的市场。

6

产品+感情=市场

7

全员转向市场,全员参与竞争。

8

琳琅满目的市场就是硝烟弥漫的战场。

9

市场中的企业家就是战场上的将军。

10

市场是永不停息的战场。

11

市场理论不更新,企业不会再发展。

12

下海进市场,上山争市场,出海闯市场,品牌运作抢市场。

13

瞄准市场定位，瞄准品种变化，瞄准竞争对手。

14

市场是企业的最高领导，市场是检验企业一切工作的标准。

15

市场是检验企业的最好天平。

16

名牌是市场经济中的"原子弹"。

17

名牌是"双星"员工的"金饭碗"。

18

创名牌就是最好的爱国。

19

创世界名牌，为国家争光，为民族争气，为企业增辉。

20

没有名牌的企业，是没有希望的企业。

21

没有理论、没有思想的骨干队伍是没有希望的队伍。

22

没有理论、没有思想的企业是没有希望的企业。

23

创名牌难，保名牌难，发展壮大名牌难上加难。

24

名牌在我心中，质量在我手中。

25

名牌为我增光，我为名牌增辉。

26

企业什么都可以改革，惟有质量第一不能改革。

27

质量等于人品，质量等于道德，质量等于良心。

28

愈是名牌愈要重视质量，愈是名牌愈要提高质量。

29

以质量保名牌，用名牌创效益。

30

用智慧去经营,用商标覆盖市场。

31

用做人的标准对待名牌，用自己的良心做好名牌 。

32

用自己的道德认识名牌,用优秀的素质创出名牌,用过硬的素质去干名牌,用坚强的素质去保名牌。

33

岗位是市场，竞争在机台，全员都创新 ,人人出成果。

34

产品的开发是首位的,产品的宣传是必须的,产品的销售是关键的 。

35

产品开发 +广告宣传 +经营推销 =市场成功

沈 文 荣

沈文荣是迄今为止人类钢铁史上唯一在没有任何国家资金投入，用 20 多年时间 45 万元起家，建成千万吨钢厂的奇人。

仔仔细细看了一遍在昔日芦苇丛生、荒无人烟的长江岸边崛起的 10 平方公里的世界钢铁企业竞争力排名第 14 位的现代化钢城沙钢后，冶金博士出身的中国工程院院长徐匡迪感慨万千地说："你们知道我有什么感觉？像触电。以前我只听说过沙钢，一直没有机会看一看，看了，觉得和我听到的，是名符其实的。沙钢这样一个民营企业创造的奇迹说明了我国搞工程的能力大大提高了。我当上海市长时，宝钢搞一个 300 万吨的项目，要调动全国的力量花上七八年才能投产，现在，一个县级市的沙钢依靠自己的力量，仅用两三年时间一鼓作气就搞成了 650 万吨，说明我们的国力大大提高了！"武钢董事长邓琪麟也惊叹道："老沈，你是怎么搞到 1 千万吨的？我那个 1 千万吨能力是几代祖宗用了几十年时间才传到我手上的，你用了不到 10 年时间，从 1 百万吨一直冲到 1 千万吨，我除了佩服就是奇怪。"

评判一个人的价值既要看其绝对价值，更要看其相对价值，农民、技工出

江苏沙钢集团董事局主席、总裁、党委书记沈文荣

身的沈文荣,能成为世界级钢铁大王,相对价值可谓极高矣。当社会没有埋没一个像沈文荣这样相对价值高的人,并给了他一个平台,于是便产生了日后的人间奇迹,震撼了世界,更让全世界目睹了中国人的力量,然而这块特殊的"钢铁"究竟是怎样炼成的呢?

沈文荣1946年2月出生在苏南张家港市(原沙洲县)的一个小村庄联兴村。沙洲县地处长江下游南岸,围沙成陆,偏僻贫穷,交通闭塞,沿江农民以种棉为主业,经济落后。沙钢所在地的锦丰镇,到解放初期,已无市面。沈文荣父亲英年早逝,兄弟姐妹6人与母亲相依为命,家里只有三间茅草屋,食不果腹,日子非常难熬。

沙洲县农民的生活虽非常艰苦,但求学的欲望却非常强烈,许多家庭节衣缩食也要送子女读书。初中时沈文荣的学习成绩很好,辍学回家务农后,他即崭露头角,当生产队的记分员,因其公正,干农活既肯出力又一丝不苟,被选为生产队副队长,并被当时公社的一位在村里蹲点的党委副书记所赏识,认为是个好苗子。后来公社轧花厂发展了,办了个半工半读的技工学校,那位书记就推荐了沈文荣,通过自学,沈文荣顺利考取了技校,时为1965年。1968年中专毕业后,沈文荣进入沙洲县锦丰轧花厂当钳工。

轧花厂是一个季节性的棉花加工厂,有职工170多名,归属县供销社,因工人一年半闲,后来发展了造纸、油毡和人造板副业,都很成功。沈文荣在厂各方面表现突出,很快成为老厂长张耀生的培养对象和左膀右臂,1974年入了党,并先后担任班长、车间主任。

在70年代,钢材是中国最紧俏的物资,像沙洲县,一年仅能分配到400吨钢材,那时轧花厂办的纸厂和油毡厂,由于没有钢材,只能用木头、水泥做架子,连螺丝钉都难找。沈文荣比任何人都强烈地意识到,只要有了钢,什么都好办。

国家分配的钢材杯水车薪,为了发展经济,县里与轧花厂商量自办小钢厂,于是1974年轧花厂集资45万元,筹建了一个轧钢车间,沈文荣为筹建小组负责人之一,并带领23名青工到附近钢厂学习轧钢技术,沈文荣回忆当初的艰难处境时说:"我们是一无设备,二无图纸,三无人才,有些设备和备件都是自己敲敲打打弄出来的,材料也是因陋就简,弄到什么用什么。"

1974 年年底,轧钢车间试生产,次年 3 月正式投产,5 月沈文荣被任命为厂党总支副书记,6 月该轧钢车间命名为沙洲县轧钢厂,1976 年炼钢试产成功,11 月沙洲县轧钢厂更名为沙洲县钢铁厂,至此日后震撼欧洲大陆和钢铁业界的沙钢算是艰难诞生了。

1979 年,沈文荣与陈红华走到了一起,当时陈红华是工农兵大学生,她择偶的标准"只要求是个党员",那时沈文荣是厂的党总支副书记,陈红华是一位乡村教师,沈文荣借了 200 元钱和她到苏州,算是旅行结了婚。

1984 年 10 月,年仅 38 岁的沈文荣从老厂长的手里接过了帅旗,被县政府任命为沙钢厂厂长。那时的沈文荣,对"自力更生、艰苦奋斗"这八个字有着铭心刻骨的体验和执著的偏爱,最喜欢看的电影是《创业》,每当看到石油会战大军浩浩荡荡地开进茫茫荒原,看到啃着窝窝头、睡在地棚子里的中国石油工人终于打出了高产油井时,沈文荣就会热血沸腾。

沈文荣接手沙钢时,最大的设备是一台 530 毫米轧机和两座 20 吨电弧炉,年产量只有三、四万吨,品种也仅小圆钢、螺纹钢、角钢等大路货而已,产品靠在农村叫卖,在周边大小钢厂林立的情况下,弱不禁风,全无优势可言。所以,沈文荣就任时沙钢处于十字路口,或可谓受命于成败之间。

沈文荣掌舵后迈出的关键一步是选择了主攻窗框钢,他的战略是"选准目标,集中投入"。

窗框钢虽然是普通钢,但是截面比较复杂,孔型设计、轧制工艺难度较大,因为其属劳动密集型,没办法实现自动化,且市场容量有限,故一般小企业望而却步,大企业对此又不屑一顾,当时全国生产窗框钢的企业只有两家——上海新沪钢厂和大连第二轧钢厂。从 1984 年开始,沈文荣集中精力围绕窗框钢搞配套发展,到 1988 年,沙钢已经建起 7 条窗框钢专业化生产线,窗框钢产量达到 35 万吨,国内市场占有率超过 60%,迅速成为全国窗框钢的霸主。当时的窗框钢是不愁卖的,占 60% 市场份额的沈文荣有了价格"话语权",他靠孜孜以求地提升质量和服务占领了市场制高点。沈文荣领导的沙钢也从年产几千吨的小钢厂一跃进入到国家二级企业的行列。

沈文荣主政沙钢后选择窗框钢作为突破口,完成了最初的原始积累固然十分重要,但更重要的是他成功运用了自己提出的"单打冠军式的盈利模式", 这是小企业能生存下来的不二法宝。

单一产品行业老大的领先位置, 随着新产品的兴起, 自然将很快失去原有的优势。时刻有着危机意识的沈文荣1988年赴英国伦敦、利物浦等地的5家钢厂实地考察, 英伦之行, 沈文荣发现自己的生产设备太落后了, 他甚至急得晚上睡不着觉; 赴国外考察, 还使他知道了引进什么国外先进设备可以彻底改变工厂对窗框钢的依赖, 他相中了超高功率电炉炼钢、连铸、连轧短流程生产线。

1988年底, 沈文荣获悉一位港商从英国比兹顿钢厂买下了一套二手75吨超高功率电炉炼钢、连铸、连轧短流程生产线, 便多次与对方接触, 意图购买。这套超高功率电炉炼钢、连铸、连轧短流程生产线, 代表了当时的国际高科技先进水平, 国内大钢厂尚无人敢碰。刚刚小富即安的沙钢内部一些人听说沈的意图后, 怕冒险丢掉饭碗而强烈反对, 冶金行业众多领导、权威也都表示置疑, 劝其三思而后行。沈文荣要用辛苦积累的、可以"坐吃十年"的1亿多资金去冒险, 压力之大可想而知, 他经历了有生以来最痛苦的决策过程, 半个多月寝食难安, 因为引进需要投资约3000万美元, 当时即使将沙钢所有家底砸进去, 也还有1/3的资金缺口, 弄不好就会倾家荡产, 将好端端的一个厂子毁于一旦; 而安于现状, 又必死无疑。

沈文荣具有的"存不忘亡, 安不忘危, 行不畏难"的性格, 决定了他不会退缩自保, 同时, 他亦非"勇而无算"之辈, 为此, 他不是三思而行, 而是十思而行。在最终拍板前, 沈文荣又去国外考察了10天, 他白天带队在车间跟班劳动, 了解设备和生产工艺, 晚上碰头研究整理资料, 从各方面判定引进得失。

当港商同意承担1/3投资入股时, 沈文荣已胸有成竹, 立即决定启动。

1988年大年初六的晚上, 厂部五楼会议室灯火通明, 140名中层干部与会, 沈文荣说: "上75吨电炉项目决心不变, 不上, 沙钢甩不掉装备落后的帽子, 也形不成规模和竞争能力, 要创业, 就要有抢、拼、争的劲头, 机会稍纵即逝, 时不我待。"沈文荣还说: "如果项目引进失败, 就把它当做展览馆, 我去收门票, 教育后人还得引进。"沈文荣的肺腑之言, 令与会者无不动容, 继之群情激昂, 掌声雷动。

1989年7月, 两艘巨轮载75吨超高功率电炉设备缓缓驶抵张家港码头,运设备的长长车队引来了十里八乡的人们纷纷围观此历史性壮景。

沈文荣和沙钢此举系背水一战,故分秒必争,昼夜苦战,沈文荣坐镇指挥,采取一盯一,甚至二盯一的笨方法,牢牢盯住外国工程师怎样安装这条流水线,通常需要36个月完成的建设周期,沙钢在1991年的6月就炼出了第一炉钢水,23个月实现炼钢、连铸、连轧全线贯通。生产线正式投产后,前来抢购建筑用螺纹钢和圆钢的客户挤破了头,钞票像河水般淌进沙钢帐户,仅仅两年多,投资就全部收回。当时冶金部周传典副部长视察后激动得逢人就讲:"沙钢能成功引进并自己掌握这套设备,不愧是我国冶金史上第三次革命的样板,你们要搞通什么是第三次革命,不必到国外乱跑,去看沙钢就行了!"

沈文荣对于沙钢此次历史性的成功发表感言道:"沙钢的发展离不开整个社会经济大环境,我们是在社会经济发展和企业不平衡、不相同中,瞄准市场,选择突破口,产出紧缺产品,扩大规模,这非重复建设,更非盲目引进。过去我们冲破了小农经济和小生产习惯势力的牢笼,现在要冲破产品经济的牢笼,围着市场转,按经济规律办事。"

"操刀不割",谓之失时,沈文荣此次以全部家底一博,"操刀必割",迈出了沙钢日后大发展的关键一步,显示了其把握实施战略决策的超人能力。

75吨超高功率电炉引进的成功,没有让沈文荣陶醉和止步,他又盯上了世界一流的德国超高功率竖式电炉和瑞士的新型连铸机、美国摩根的高速线材轧机以及西门子的自动控制系统。他认为只有引进第一流的设备,才能造出世界第一流的产品、实施世界第一流的管理、创造一流的经济效益,所以,在沙钢第一次引进设备成功以后,有人提议再引进一套,立即遭到他的否决,沈文荣坦言,如果不与时俱进,过去的高起点也会变成今天的低水平。

此时的沈文荣已发生了质的变化,香港一与他打了10年交道的企业家说:"可以毫不夸大地说,沈文荣已从一位精明、刻苦的厂长,成为国内一流的现代化企业家,他提高那么快是由于好学,像一块海绵,如饥似渴地汲取新理念、新技术。"

"智少而不学功必寡",古人谓之的"智",指的是学识、见识,人的好学与日后的建功立业成正比,所以,沈文荣的成就与他刻苦学习息息相关。

沈文荣说:"认准的路就一定要走下去,看准了的事就一定要办成功。"这也成了沙钢人的秉性和风格。

1993年,沙钢与香港企业合资筹建了张家港润忠钢铁有限公司;1994年,沈文荣宣布了一个震动中国冶金界的消息:拟投资2.2亿美元,兴建亚洲第一座具有国际先进水平的90吨超高功率竖式电炉炼钢、炉外精炼炉、连铸、连轧高速线材生产线。从三个国家引进最新的短流程设备:从德国引进90吨超高功率竖式电炉,从瑞士引进六机六流连铸机、从美国引进全连续高速线材轧机,最后让德国西门子公司提供所有电器设备和自动控制设备。90吨竖式电炉在当时全世界仅有5座,沙钢引进后可以说是"亚洲第一炉"。

沈文荣在90吨竖式电炉工程项目铺开后,特别是到了设备安装阶段,立刻组织沙钢职工参与其中。有人不理解为何花了钱还帮别人干活,这不太傻吗? 沈文荣道:"搞项目就怕搞成马拉松工程,拖一天工程,银行利息就要多付40多万元,而且及早介入安装建设,大家对设备就更熟悉,调试生产上手也快。"果然,当具有国际90年代先进水平的90吨竖式电炉生产线高速建成时,原来要花20多亿元投资,结果沙钢只花了10个亿,投产第二年沙钢的电炉钢产量就突破了百万吨大关。

1996年,沈文荣到韩国浦项钢铁公司考察,几天后,双方决定合资3亿美元兴建14万吨冷轧不锈钢薄板工程。按规定,1亿美元以上的合资项目要向国家主管行业部门申报,沈文荣即赶往北京冶金部,当得知部长刘淇去了海南,马上又飞到海口,到海口后,又听说刘部长下了铁矿,当时已是晚上6点多钟,沈二话没说就到街上拦了一辆破旧的拉达车,颠簸了5个多小时山路,终于到达距海口250多公里的铁矿,第二天一早得以向刘淇部长作了汇报。不久,沙钢与韩国不锈钢的合作项目得到了国务院正式批准。1999年,生产能力为14万吨的冷轧不锈钢项目竣工投产,这是全国三大不锈钢项目中批准时间最晚、建设周期最短、产品质量最好、产生效益最早的成功范例,在国内率先摘取了不锈钢薄板这顶"皇冠"。

至此,沙钢的工艺装备水平和生产规模一跃跨入了国内冶金业一流行列,并实现了与国际水平的接轨。

90吨竖式电炉投产后,各项技术经济指标迅速达到了国际先进水平,但由于受废钢资源的限制,冶炼高档次产品还是受到了制约,有没有新的工艺路线可走？沈文荣动起了脑筋。1997年在接待一位钢铁企业老总时，就此事讨论了起来，当沈听说这个厂的炼钢电炉与炼铁高炉相距不远时，一个崭新的工艺路线突然如灵光一样在头脑里闪现：能不能将高炉铁水直接装入电炉炼钢？他立刻将此方案提交技

沈文荣向上级领导汇报工作

术人员论证，并建议进行试验。不久，沈文荣打听到土耳其也有一家钢铁厂搞这样的试验，立刻让人搜集这方面的资料，并且亲自跑了好几家有高炉的企业考察。掌握各方信息后，沈文荣与班子商定：沙钢要建高炉，用于电炉热装铁水。1999年12月底，沙钢高炉顺利出铁，铁水热装电炉试验成功后，不仅大大提高了钢水的质量，而且还大幅度地加快了生产节奏，降低了电耗。据了解，像沙钢这样新建高炉配电炉，在世界上还是首例。

1999年，沈文荣提出"三年再建一个沙钢"的目标，后来，这个计划仅用18个月就完成了。

沙钢在1988年就大胆实施股份合作制改革，至1998年，职工干部已占有沙钢股权23.2%，2000年，沙钢又成功完成了企业改制。改制后的股权结构中，张家港市市属工业公有资产经营有限公司持股25%，沙钢职工持股会持股23%，在自然人所有的52%股份中，沈文荣以17.2%的股份排在第一，但他的职务仍由张家港市委任命。沈文荣因个人持有沙钢17.2%的股份，于当年进入了福布斯和胡润的富豪榜。该年沙钢成为国内最大的电炉钢和优质棒、线材生产基地。

据中国钢铁工业协会统计，沙钢2001年炼钢253万吨、轧材413万吨，完成销售收入112.98亿元，入库税金4.9亿元，实现利润6.5亿元，其中材产量、销售收入、利润在全国冶金行业分别位居第6、7、5位；综合竞争力在全国冶金行业位居第二，仅次于宝钢。

沈文荣虽然已将沙钢建成为中国最大的电炉钢、优质棒、线材生产企业，

但他"忘战必危"这根弦仍绷得紧紧的,他知道占领了板材这个高端,才能执钢铁业之牛耳,才能立于不败之地,当获悉蒂森克虏伯公司的子公司霍施钢铁公司要停产并准备整体出售设备的信息后,,沈文荣如获至宝,立即赴德实地考察。

霍施钢铁公司共有四家工厂,设备原值达 20 亿欧元,这 4 座工厂从烧结到出型材实际是一套完整的流水线,既有 80 年代的设备,也有 90 年代比较先进的设备,设计产能是 300 万吨。沈文荣盘算,把这套设备搬到沙钢去再进行技术改造,产能将翻番;在中国,迄今还没有几家企业具备生产汽车用钢的技术,因而存在取代昂贵进口汽车用钢的潜在市场。2001 年 10 月 28 日,蒂森克虏伯公司多特蒙德钢铁厂停产刚一个月,沙钢购买设备的协议即在张家港正式签署,以 2.2 亿元人民币买下蒂森克虏伯公司子公司霍施钢铁公司的全套设备。这个消息引来纷纷质疑,而沈文荣却胸有成竹,他将投资 150 亿元对买来的设备进行技术改造,建成年产 650 万吨的炼铁、炼钢、连铸、连轧项目。沈文荣还有一个想法,即 2001 年全球钢价处于低谷,是购买资产的绝好时机。德国人没有预见到 2003 年和 2004 年中国的需求把全球钢价推到很高水平,否则沙钢可能捡不到便宜。

沈文荣将此视为沙钢立于不败之地的大决战,他说:"这次是掏空家底又贷了款,我们是赢得起输不起啊!"2002 年,沈文荣导演的从莱茵河畔到扬子江边的钢铁厂大迁移壮举开始实施,仅到德国去搞拆卸工程的劳务签证就达 1000 多张。拆卸大军日夜奋战,拆一样标号一样,同时将编号传送到国内集团工程指挥部电脑上,几十万吨的设备海运到沙钢万吨级码头,千余人又发扬连续作战不怕疲劳的精神,轮番上阵搞安装调试,沙钢与国际著名企业奥钢联合作,技术改造方案也有条不紊地进行。技术改造后建成的这套板带材设备将使沙钢在 15 年内保持国际先进水平。2004 年 11 月,设备安装调试成功,几条钢前流水线全部提前投产。2005 年 6 月 18 日,在第一块板卷生产出来的前夜,沈文荣搬了个凳子坐在改造后的轧机旁边,神情专注、紧张,6 月 19 日,工厂一次性联动调试成功,生产出了沙钢历史上首批板卷产品。在场亲历这一幕的奥钢联自动化项目经理说:"是自己职业生涯中第一次有这样强烈的成就感。"

沈文荣说:"如果我自己建一个产能 650 万吨的工厂,需要 450 亿甚至 600 亿元,而购买改造只花了 150 亿元。"

沙钢与奥钢联合作,还采用世界最先进的能源优化系统,将高炉产生的低热值煤气全部回收,形成"二次能源"用于发电,年发电量达 20 多亿千瓦时,发电后产生的蒸汽再用于生产和职工生活,相当于关闭了 8 座燃煤小锅炉,每年节约原煤 3 万多吨,使炼钢实现"负能耗生产"。

一位外国记者写道:"蒂森克虏伯钢铁公司(又名"凤凰"钢厂,为纪念钢厂所在地多特蒙德从 1944 年轰炸后的废墟中崛起)是德国最大的钢铁企业之一,该企业的设备包括 60 米高的顶吹氧转炉,加工卷板长度超过 1 公里的热轧钢机、烧结机等,设备总重达 25 万吨,外加 40 吨详尽解释重组过程的文件。蒂森克虏伯公司表示,中国人的收购令当地人目瞪口呆,厂里突然出现的近 1000 名中国工人,在废弃的厂房内搭起临时宿舍,整个夏天,工人们一周工作 7 天,每天 12 小时。后来,一些德国工人和管理人员颇有微词,中国工人才被迫尊重当地法律,每周休息一天。单是中国工人的勤奋,就足以让德国鲁尔工业区的硬汉反省。可事情还不止于此。当地人注意到,中国拆卸队登上 40 米、50 米、60 米高处的无防护走道,攀爬扶梯和脚手架时,完全不用安全带。这一'景观'在当地媒体引起了轰动,德国广播公司德国之声记者在场的那天,看到一根细绳从 98 米高的赫尔德火炬烟囱顶上垂下,一个中国工人吊在绳子上。记者在新闻稿中问道:'中国杂技演员到城里来了吗?'到 2002 年底,中国人不到一年就完成了拆卸工作,比答应蒂森克虏伯公司的进度提前了一年,而比该公司的最初估计整整提前两年。在中国工人离开前夕,中国驻德国大使馆一位外交官前来对工人发表讲话说:'中国人在德国以洗盘子和开餐馆出名,我们的企业想在这里开展业务时,有时仅仅是为了约见对方一面,就得低声下气。但你们通过自己的工作,为中国人争了光!''凤凰'飞去,赫尔德区成了全球首批感受中国崛起惊人力量之地。此前,这个崛起的亚洲大国确实引发许多微震,但鲜有达到地震级别,引发地震的企业叫沙钢。"

沈文荣的举动震撼了德国人,成了西方媒体的主角,并认为他是中国力量的缩影。

沈文荣的憧憬则是沃尔夫斯堡设计的轿车仍将采用多特蒙德精湛技术生产的钢材,只是将钢材的整个制造流程移至长江三角洲。

正是因为购买了"凤凰"钢厂,沙钢的产能跃升到1000万吨级且意义非同寻常,甚至可以说是沙钢成长中最重要的一个分水岭。如果没有这一步,沙钢不可能在"十五"计划中把钢产量提高到千万吨级,也很难迅速改变高附加值板材一直空白的产品结构,进入长流程生产线的时间则也要延迟若干年;而早在2001年沈文荣的发展战略思想即开始考虑上长流程生产线,因为当时短流程用的原料废钢要1000多元一吨,而长流程用的铁矿石每吨才200元,更重要的是沙钢可以进一步优化产品结构,进入利润丰厚的板材市场。

长流程生产线需要铁矿石的稳定供应,为此,从2003年开始,沈文荣多次飞往澳大利亚、巴西等国洽谈,终于在2004年上半年成功参股澳大利亚必和必拓公司10%的股份,作为固定回报,该公司每年供应沙钢300万吨至350万吨优质铁矿粉。与此同时,世界上最大的矿石供应公司——巴西淡水河谷矿业公司也与沈文荣就资源和有关技术问题正式达成合作意向,每年将向沙钢供应300万吨的高品质铁矿粉。

2005年,沙钢集团钢产量突破1000万吨,销售收入超过400亿元,紧随宝钢、武钢、鞍钢之后,跻身于《英国金属通报》推出的全世界钢铁企业排名第22名。在完成对淮阴钢铁集团的收购后,沙钢集团2006年的产量将超过1400万吨。

沈文荣十分重视科技人才,并籍此建立新产品研发体系,优化产品结构,延伸产业链条。"十五"期间,沙钢开发高新技术线材、板材等产品61个,新产品销售收入累计达427亿元,新产品销售率达38.56%。目前,沙钢优质线材已形成10大系列100多个品种规格,市场占有率达35%以上,优质线材出口量居全国第一,出口建筑螺纹钢的高性能化升级换代全面完成,主产品从大宗建材向高碳钢、金属制品用优质线材、合金钢、不锈钢薄板、热镀锌板等高科技含量、高附加值品种转移。主导产品"沙钢牌"热轧带肋钢筋、高速线材等为"全国免检产品",所有产品均获ISO9001质量体系认证证书。

《中国冶金报》前总编辑艾桂林对沙钢和沈文荣非常了解,他说:"我在冶金行业干了一辈子,沙钢产能达1045万吨,简直不可想象。在焦化厂,6座高炉,见不到冒烟,像没生产似的,因为焦炉的副产品都回收了,而且生产的全部是干熄焦,这在全国冶金行业还是第一家;炼铁的3座2500立米的高炉,一年就建成投产了;炼钢的3座180吨大转炉,一般钢厂都没有;排放的煤气全部回收用于发电是沙钢最大的优势,发电厂一年产值达20多亿;90吨大竖炉,底下炼钢,上边装废钢预热,节省大量能源;现在650万吨的热卷板,虽然1米7的板材较多,但沙钢的质量好,仍很有竞争力;投资几十亿的5米宽厚板轧机也已经投产了,企业地位更提高了……。我所看到的这些,很令人感动。沙钢能发展,我觉得沈文荣是关键,他带领沙钢始终沿着正确的航向前进,看问题长远,胸怀比较宽广,副手、工人对他信任、尊重,没有他,沙钢不可能发展到今天这个程度。沙钢2006年搞到1450万吨,发展潜力还很大。如果你要了解中国从钢铁大国向钢铁强国迈进,沙钢是一个缩影。"

江苏沙钢集团建设的中国第二条5米宽厚板生产线

沈石声是《苏州日报》的高级记者,他与沈文荣打了30年的交道,看着沙钢一步步成长,他说:"沈文荣的成功不是偶然的,是他刻苦、勤奋的结果,他是当之无愧的研究员级高级工程师。计算机集成制造系统(CIMS)工程是国家863计划的高科技项目,1994年,这个项目的负责人找到冶金部,经联系大企业不搞,后来推荐他们找沙钢试试,当沈文荣听了CIMS工程首席科学家蒋劲松教授的说明后,认为是送金上门,结果共投资700万元在全国冶金行业首家实施CIMS工程,并成为该工程全国应用示范企业。1998年,沙钢这项工程通过了国家科技部的评审,在管理上迈出了新的一步,仅此一项,沙钢每年增收节支额可达1.3个亿。有人说沈文荣具有'科学、海绵和计算机'的头脑,'科学'是他懂科学技术,'海绵'是善于吸收知识,'计算机'是他的大脑既像硬盘能存储大量资料,又能筛选出于己有用的东西。还有一个例子,有一天厂里来了个'老外',接待的也不认识他是谁,但这个老外递上的不锈钢名片引起注意,有知者说,此人是马古斯,世界钢铁业公认的权威信息分析机构的董事长,发布全世界钢厂竞争力排序的《世界钢铁动态》(WSD)就是他负责的,请都请不到,赶紧通知沈文荣接待。晚上,马古斯向沈文荣问了200多个数据,沈文荣对答如流;次日,马古斯向沙钢总会计师核实这些数据,竟无一不符,马古斯惊叹不已,说自己跑遍全世界的钢厂,具有如此清晰数字概念的老总他没有见过,并称没有国家支持,搞到沙钢这样规模的在世界钢铁史上是唯一的,沈文荣是世界钢铁史的传奇人物。第二年,在马古斯主持的《世界钢铁动态》全球最具竞争力钢铁企业排名中沙钢名列第14位,中国入围世界级钢厂的仅宝钢和沙钢,WSD设20个指标,沙钢在自有矿山和没有上市两项得了零分,其余都是高分。"

对于沈文荣个人,沈石声称其是一个具有高尚情操的人。他说:"有一次,厂里一职工的儿子倒车时不慎将沈文荣80多岁的老母亲大腿撞成骨折,吓坏了,沈文荣得知后马上叮嘱不要为难人家。后来自己弟兄姐妹6个轮流服侍,那个撞他母亲的人跪在沈文荣面前请求原谅,沈文荣说你不是故意的,没让人家赔一文钱,这件事在厂里引起很大的震动。还有就是沈文荣的老母在世时,兄弟姐妹每年春节要吃年夜饭,这个聚会常常成了对沈文荣的声讨会,因为在厂里工作的弟兄姐妹没有一个能沾到沈文荣光的,像沈文荣的大哥,直到退休,一直在厂里用手推车拉轧钢机备件,他都没有给予特殊照顾,退休后,想卖点大米给厂里,沈文荣知道后也认为不妥而予以制止。"

沙钢董事局办公室主任李新仁说:"沈文荣做事很有原则,很正派,他对自己亲属这么做,下边掌握权力的人谁还敢动,在沈文荣身上,有毛泽东时代干部的影子。他对干部很严格,看上去严厉而不苟私情,但内心骨子里是很善良的。职工不管大小事,凡找到他的,没有不理不睬的态度,肯定有答复和表态。2003年有个中层干部发现尿血,要到上海手术,沈文荣知道后说,他是创业的人,做手术几十万,厂里都包下来,那位干部听说后很感动,说跟沈文荣干,哪怕死,也甘心。沈文荣是个工作狂,他没有任何个人嗜好,除了工作还是工作,谈话也是非工作不谈;谈人时,只谈工作表现,能否用,能否提拔,放哪儿合适。沈的夫人虽然名义上是江苏首富的夫人,但因母亲死的早,在家里是老大,承担母亲责任,当家很节俭,她洗衣服的水都舍不得倒掉,用来擦地板。沈文荣现在位置高了,但他依然很随和,有时出差,他不去饭店吃饭,就在大排档吃。他最恨的是不节约,最反感的是大家子作风。"

沙钢能管理好是沈文荣善于管理,他亲疏如一,令他人莫敢有恃而犯之。据说沈文荣没有亲手批过一吨钢材,也没有介绍一个关系户同厂里做生意,其无私和严于律己可见一斑。

沈文荣认为只有规模才是立于不败之地的根本,当沙钢做得很大了,他却不愿意丢弃小公司的好处,不愿意丢弃节约每一个铜板的传统。沈文荣现在终年仍是一身和名牌无缘的普通衣着,食堂里粗茶淡饭几分钟就能吃饱,依然居住在沙钢总部传达室旁边的公寓房内,自己则从早到晚以厂为家。有一次,香港著名冶金专家倪德麟跟沈文荣一同出国,沈照例买了经济舱,他块头大,挤得难受,就靠在走廊里。倪德麟问:"沈老板啊,你现在也是个不小的老板,干嘛这样亏待自己?"沈文荣坦然一笑:"能省点就省点,这些都无所谓的。"倪评价沈文荣是个"天生会赚大钱却永远也学不会消费"的"钢痴"。

问及为何在苏南小钢厂遍地开花又纷纷垮掉而沙钢却生存下来并壮大的原因,沈文荣说:"20世纪80年代苏南一个县就有40多家小钢厂,苏州有400多家,整个江苏省超过1000家,80年代末大约90%都倒台了,到了1996、1997年,又淘汰了一大批。这些钢厂开始时盈利空间都很大,管理好的、坏的企业都能生存,赚大钱,但很多企业没有考虑赚不到钱怎么办,缺乏风险意识,以为永远能赚,然后是分光吃净,急功近利,用最简单的方法生产,不进行技术更新,这是许多企业死掉的原因。沙钢的作法是通过艰苦创业原始积累赚到的钱,不分光吃净,还要用好,用在刀刃上,通过创新提高核心竞争力。我们就是抓住了这个,可以说每一个关头,都是将赚的钱基本留在了沙钢,引进设备,改进技术,提高自己,这个步伐沙钢从未停止过。钱用在刀刃上,就是高起点的改造,一步到位,不能小改小革年年搞,年年落后,永远同国际差20年,这等于花钱买落后,年年烧钞票。设备改造了,员工的思想也会起根本变化,等于改造了一批人,培养了一批人,为今后发展打下基础。"

沈文荣说:"国有企业的领导不乏精英,不是没有本领,但某些方面有局限;我的局限性是国家的支持少一些,没有那么多钱,有些项目对国家有利,想做,但没有能力做,这是影响到我决策的主要问题。在有了一点积累上项目的时候,我因为只有这么多钞票,又要办好,就只有动脑筋了。我们上90吨竖炉项目时,按炼钢厂厂房设计标准是 4500～5000 元/吨,开始是北京设计院设计,我要求降到 2500 元/吨,他们表示做不到;后来请江苏设计院设计,我提出用工字钢做厂房,他们设计造价 1560 元/吨,我还要求再降,最后是不到 1000 元/吨,现在这个厂房还在用。所以,我说要做设计的主人,不做设计的奴隶。按标准设计,设计院不承担风险,利益又最大化,当然他不愿意按你的要求做。所以,设计的浪费是最大的浪费。如果怕担责任,什么事都推掉,投资怎么控制? 我们 650 万吨只花了 150 亿元,人家搞要 300～350 亿元。当初我买克虏伯公司的钢厂时,有人到发改委说沈文荣从德国买了一堆废钢铁,发改委的一位领导说:'你不要担心,沈文荣像猴子一样精,他不会上当的。'如果投资控制住,建设过程中就产生效益了,控制不好就会亏,像我们 650 万吨这个工厂,评估就 620 亿元,现在给 650 亿元我不卖。有些同样花钱投资搞技术改造,在建设过程中,由于腐败要增加20%的成本,项目建成了,钞票也流失掉了。投资成本大的另一个因素是速度,不抓速度,投资成本会大许多。有一个厂上 100 吨电炉,1993 年就搞,到 1999 年才搞好,投产后亏了 3 年,我们同样的项目,当年建设当年投产,马上产生效益,5 年全部收回投资。速度快,要全力以赴推进。"

在沈文荣心中,最"有所谓"的是"沙钢发展"这根每时每刻都绷得很紧的弦,他在追求速度方面曾创造过 40 多个小时内走访 3 个国家、考察两个工厂的奇迹。他还创造了建设一个钢厂吨钢成本仅 300 美元的奇迹(世界有记录的最低吨钢成本是日本的 500 美元)。

谈及沙钢奇迹的另外一些因素,沈文荣说:"居安思危是非常重要的思想。同时,领导班子的稳定也很重要。像沙钢这样的 20 多年原有老班子基本稳定,在江苏找不到第二家。没有这个因素,怎么发展? 还有就是沟通很重要,我们始终坚持必要的会议制度,通过班前会等加强沟通。有人认为沙钢会多,但我认为,一个上万人的企业,工人与工人、领导与群众不沟通,步调怎么一致,一个不沟通的企业能搞好吗?"

沈文荣多年来一直坚持每天早晨 6 点 40 分在厂门口钢铁工人塑像前迎候员工,并当面给相关人员布置工作,可见他对企业沟通的重视和身体力行。沙钢集团员工心目中的沈文荣,"平易近人"是多数人的第一反应。

沈文荣2002年年底又登上了《福布斯》富豪商榜,一时引起社会的高度关注,他则对记者说:"我最大的乐趣就是工作,让沙钢进入世界钢铁企业20强是我的目标。过于追求个人财富是没有意义的,对个人财富的追逐从来都不是我的目标。"

谁是江苏首富?老一代苏商肯定是荣毅仁,新一代苏商会是谁?近年来富豪榜盛行,于是,在中国这个富裕的经济大省当上首富,也是人们有兴趣的话题。沈文荣在沙钢集团拥有29.98%的股份,沙钢现在如变现,恐怕低于650亿元不卖,那沈文荣的资产应该在100亿元以上,称得上是江苏首富了。面对媒体的一阵热炒,沈文荣却说:"其实我从来没有仔细算过我有多少财产,我只知道沙钢有多少资产。对个人来说,多余的财富都是社会的,我觉得这只是一个符号,我还是靠领工资吃饭"。

沈文荣一直以朴素著称,沙钢的办公楼也简陋普通。沈文荣说:"我们都是艰苦时代过来的,我们不追求办公桌的宽大、办公楼的宏伟,只要不影响工作就可以了。"在沈文荣的身上根本找不到一丝富豪的影子。沈文荣仍保持着质朴的本色,操浓浓的乡音,与他相处几十年的同事也说:"沈老板与30年前相比,没有什么变化,还是那样,一心扑在事业上,说干就干,雷厉风行。"

沙钢集团斥资近20亿元收购淮阴钢铁集团后,沈文荣将在特种钢领域占有一席之地,而对目前轰轰烈烈的国有钢铁企业主导的联合重组,沈文荣表示:"这只是我们的第一个收购对象。有些联合是假动作,因为谁也没有拿出真金白银。真正的并购是要拿钞票说话的,不拿钞票,起不了多大作用。"

从45万元到500多亿元,沈文荣说他30年来实际上是在不断地寻求着数字几何级递增的解题方法,那就是"用全身心的精力融入钢铁这个行业,去研究它、分析它。这是个还没有解完的计算题,要走的路还很长。"

沈文荣透露,今后五年、十年中,沙钢仍将不断引进国际钢铁前沿技术对现有装备进行改造,并将加大产品和工艺技术的研发力度,使沙钢现有装备及产能、效率及效益达到最大化。因沙钢目前在中国钢铁企业的排名已是第四、第五位,故会按照中国钢铁工业新的产业政策提高产业集中度,到2010年前十位钢铁企业的产能要占全国钢铁产能的五成以上的目标,充分抓住这个发展机遇,实施"十一五"发展规划的投资不会低于150亿元。他还说:"下一个 10 年,会着重考虑培养接班人的问题。"

1993 年,沈文荣当选为张家港市政协主席;1997 年,沈文荣任中共张家港市委副书记,当有人问及此事时,沈文荣谦虚地说:"在江苏,嘉奖出色的企业领导人,不是奖钱而是奖职务。我在政协的办公室坐了 3 分钟就再也没进去过,办企业太忙了。后来进入张家港市委常委,担任市委副书记,这些职务都是荣誉性的,从来没有领过工资,我一直都是企业家。"

2002 年沈文荣作为党代表参加十六大时说:"我即使成了首富,也是党的安排。"

当全国第一个民营冶金业行业组织——全国工商联冶金业商会 2006 年 6 月 26 日上午在京成立并选举沈文荣为首任会长时,他对记者表示:"我们要证明,企业家不仅能够办好企业,也可以办好商会、当好会长。"

（撰稿人　雷　建）

沈文荣简历

1946 年 2 月生,江苏沙洲县人。

1953 年 8 月~1959 年 7 月 江苏省常熟县锦丰新联小学学生;

1959 年 9 月~1962 年 7 月 江苏省常熟县乐余双桥中学学生;

1962 年 7 月~1965 年 7 月 江苏省沙洲县联兴村 3 队 副队长;

1965 年 5 月~1968 年 12 月 江苏省沙洲县锦丰棉花加工机械学校学生;

1968 年 12 月~1974 年 10 月 江苏省沙洲县锦丰轧花厂机修车间副主任,1974 年 4 月加入中国共产党;

1974 年 10 月~1984 年 4 月 任江苏省沙洲县锦丰轧花厂副厂长;

1984 年 10 月~1992 年 9 月 任江苏省张家港市钢铁厂党委书记、厂长;

1992 年 9 月~1996 年 6 月 任江苏沙钢集团公司总经理、党委书记,1993 年 2 月任张家港市政协七届主席,1995 年 12 月任中共张家港市委副书记;

1996 年 6 月任江苏沙钢集团有限责任公司董事长、总裁、党委书记;

1999 年 12 月兼任华东钢铁联合集团党委书记、董事长。

中共十六大、十七大代表;第九届、第十届全国人大代表;先后被授予省劳动模范、省优秀共产党员、全国"五一"劳动奖章、中国改革功勋奖章、中国创业企业家、全国优秀质量管理工作者、全国优秀民营企业家、全国劳动模范等。

沈文荣语论

1

钞票对我只是一个数字，人的价值在于为社会多做贡献。

2

企业要对得起老百姓，该交的税要交，这是企业的社会责任。

3

慈善事业能多做就多做，但企业家不是慈善家，企业家做事业，受益的是整个国家和社会。把经济搞上去，是最大的慈善事业。要区分好慈善家和企业家的概念，不要哗众取宠。

4

我只知道做事，只知道把工作做得更好。

5

股权转让要有利于我们企业的发展，要符合国家的产业政策和宏观经济政策。我们欢迎国内、国外知名的钢铁公司来诚意合作，同时我们也会根据沙钢的发展需要，兼并重组有关企业，增加钢铁产业的集中度。我们欢迎国内外最优秀的企业来参与合作，二流企业不要，这是我们一个很重要的态度。怎么算最优秀？在技术、管理、创新等各个领域都优秀，与我们的合作能够取得共赢、双赢。

6

从长远的角度来看，中国钢铁工业没有18%～20%的产品出口，就成不了钢铁强国。如果中国钢产量达到3亿吨，能不能有5000万吨出口，这是衡量我国能否成为钢铁强国的重要标志。

7

辉煌的业绩离不开职工们的"铁人精神"。

8

沙钢历史上就是集体企业,我到80年代末的收入还只有800~1000元。1989年前后,公司的资产有一个多亿时,我们就进行股份合作制改造,2001年,我们在股份合作制的基础上,形成规范的股份制公司,把产权明晰了。目前的股份比例要求一把手多一点,是要你对这个企业负起责任来。转制,就是要用经济杠杆加强你对企业的责任心,但这个股权不是家里箱子中的钞票,随心所欲,想拿就拿;我能把一个车间拿走吗,不可能的,这个数字是理论上的数字、纸面上的数字、令人咋舌的数字。

9

贪图享乐的不配做沙钢人,从我做起,沙钢上下必须为下一步的发展继续加速资金积累。现在讲艰苦奋斗,不是说大家要饿着肚皮穿破衣服,而是讲钞票要用在刀刃上,是讲少花钱多办事,办好事。我看,沙钢的工资奖金,以大家没有后顾之忧为限,我们永远不能搞"吃光用光"属于自然经济的落后的东西,因为中华民族百年来的历史注定了我们是必须拼命去抢时间创大业的一代人,我们想逃都逃不脱,临阵脱逃,也可以,但我们会被子孙后代骂。同志们,什么是党性? 什么叫政治? 我看,我们党员干部永远带头艰苦奋斗,就是最大的党性、最大的政治。

10

我从来不相信中国人比外国人笨,我们要立足于更高的技术层面,再搞一次中国冶金史上的创新。

11

我们要成为强者,首先精神状态上必须是强者,要摆正国家、企业、个人利益之间的关系,首先就要摆正我们干部和群众之间的关系,办公楼破旧一点,我看是个好事,这样,大家自然而然会多到基层去转转,看看。什么是我们需要的精神状态? 还是那句老话:特别能吃苦,特别能耐劳,艰苦奋斗才能创大业。

12

为了沙钢能有这么一天,我们已经准备了很长时间了。

13

炼钢先炼人。

14

既然是个共产党员,就要把生死看透,一个人,吃喝玩乐,混混日子是几十年;尽可能多干点工作,给国家、给子孙后代留下点东西也是几十年,这个几十年,等到闭上眼睛的时候,要没有遗憾才行。你们夸奖我是创业英雄,不敢当啊,一个人,尤其是手上握有权力的共产党人,一不谨慎,就会变为狗熊。

15

长期以来,人们总是习惯于把开拓先进生产力的重任寄托在国有企业身上,我认为,民营企业也完全能担当此任。对于现代企业来说,只有敢做先进生产力的开拓者,才能在全球的竞争中占有一席之地。

16

如果不与时俱进,过去的高起点也会变成低水平。

17

机器设备可以搬走,但专利搬不走。先进的技术必须用自主的专利予以固定,才能形成自身的核心竞争力。

18

在改革开放的20多年当中,有许多成功的企业,也有许多企业就在我们身边倒下了,一个企业最关键是要在困难的时候能够顶得住,而在顺利的时候又不能对自己估价过高,一个企业要发展30年、40年甚至100年,一定要有一个冷静、清醒的认识,这当中企业的决策者就显得非常重要。一个好的企业领导者应该时刻保持责任心、认真负责的态度和一步一个脚印的态度。

19

沙钢自创业到现在没有花过政府一分钱投资,全靠自身积累,在某种程度上可以这么讲:沙钢能够炼成,市场的熔炉是最关键的因素。

20

我个人的动力主要来自这样一种朴素的想法,干一行爱一行,认准了一个行业就应该做到最好。

21

当年是无设备、无图纸、无人才,是在"三无"下发展,面对境况艰难,幸好未有放弃;当年更为自己定下目标,并逐一去实现,这就是生存和成功必须具备的条件。

22

搞企业,满足现状、固守摊子是没有出息的,只有通过确定更高更新的发展目标,才能永保活力。

23

钢铁业是典型的规模经济产业,上连矿产资源业,中连煤炭、运输、电力行业,下接流通领域。所以我们的商会不光只面对钢铁行业本身,而是在整个行业层面建造一个大家讲话、碰头的平台,办一些大家需要的事。

24

一个企业,往往是人家做不到的,你做到了,你就有了超越别人的竞争力;别人能做到的,你也做到了,不能叫竞争力。有些事情企业规模小的时候做得到,产量高了、规模大了却未必能做得到了,比如岗位责任制,企业都有,制订容易,落实起来却是很困难的。企业管理是硬功夫,它是在企业独特的思维方式和企业文化的基础上形成的。

25

创业之初,往往容易艰苦奋斗,因为什么也没有,要创业只能艰苦奋斗,发展到一定阶段,能否坚持艰苦奋斗,不因时代变化而改变、放弃,就难以做到了。

26

企业的技术设备谁都可以引进,但是最应该首先引进的是企业精神,谁也不会找一个外人帮助建立这些精神,要适应改革开放的形势,更需要这些东西。企业文化的内涵包括:企业理念、企业精神、办厂宗旨,这些文化扎根于企业的土壤中,没有企业文化的企业是不会生存下去的,否则大厦建起后会倒塌的。

27

艰苦奋斗不能量化,但实实在在,它是企业的一种内在动力。沙钢的企业理念很简单,我们的决心就是我们的资源,我们的信念就是我们的未来。

28

沙钢如果没有生产水平的高档次,就没有竞争力。规模化生产能够调动市场,专业化生产能提高质量。当企业的生产能力不是最大时,就必须以一种产品争取单打冠军,争取局部地区优势,掌控市场,同时要考虑社会需求有多少,起码看看方圆 500 公里内有多少需求。

29

我们购买股份的钱都是东借西凑出来的,或者拿股权做抵押从银行贷款。我现在想的最多的就是怎么还亲朋好友的债。改制实际上是一本算不清的账。

30

外国记者说我讲话不像一个企业家,而像一个共产党员,我就是一个共产党员,就要像共产党员一样讲话。

31

浙商有三个特点:一是吃苦精神大,敢于离土又离乡,经常一个人背着背包出去创业;二是创业精神强,胆子比较大,敢于突破各种框框,抓住机遇实现大发展,较早完成原始积累;三是团队精神好,比较容易合作经商,制订统一的游戏规则,一人有困难大家帮助。

浙商的优点往往就是苏商的缺点:苏商团队精神不行,搞一个项目,十几个人讨论来讨论去,就是决定不下来;苏商胆子不大,冒险精神差,创业精神不如浙商;很多苏商信奉"好也好,差也好,离开家乡都不好",离土不离乡意识非常强。苏商低调做事,不事张扬,扎根本土;浙商敢于冒险,赚暴利。苏商老实有余,冒险不足。苏商往往一个产业做到底,在一个地方做大做好;浙商成功后,往往到外省去做,复制一个企业。苏商做事认真,不浮躁,认真执行合同,社会影响好,有较大的发展空间。建议苏商学习浙商优点,发挥苏商优势,勇于把企业做大做强,创造苏商自己特有的企业文化,完成自己的历史任务,创造自己的经营业绩和良好形象。

32

从20世纪90年代开始,随着中国经济体制的逐步改革,像我这样从一个党的干部逐渐演变成为一个民营企业家的人很多。我想我这样的人和那些白手起家的私企老板大概有一个不同,我没想过自己要当什么富豪,有了这些"理论上的资产"也没有什么感觉。当初我只是作为一个党员,面对改革的年代、面对贫穷的家乡,当共产党鼓励一部分人先富起来的时候,我需要带头来做。我领导沙钢只是想如何在竞争中求生存、求发展、争取主动,想办法什么时候能够把沙钢办成江苏省最大的钢铁企业,然后成为华东地区最大的钢铁企业,再成为中国最大的钢铁企业之一。为了这个目标,我成了一个工作狂,没有节假日,年初一的时候我从来都不回家,为什么?我觉得自己是一名党员,应该起到表率作用。很多人说我不懂得生活,我同意,因为我深感现在最重要的是研究如何工作。

33

现在沙钢已经是冶金行业民企第一,但我们与国内领先的国企与国外领先的企业比,我们还有很大的差距。

34

在社会主义市场经济条件下,技术创新无疑是企业的生存之本、发展之源。创新,就是紧密结合企业的实际,以强烈的超前意识、竞争意识和发展意识,高屋建瓴、科学决策,采用全新的装备和生产技术,开发高科技含量、高附加值的新产品,开辟新的市场空间,实现从未有过的生产要素的新组合,从而求得更大的企业效益和社会效益。

35

一个成功的企业,参与国内市场竞争不是最终目的,敢于参与国际市场竞争,主动迎接中国加入 WTO 后的挑战才是真正的考验。

36

我们是完全靠自己发展起来的,对米塔尔这个全球第一,如果给我像它们那样的金融支持,我也能干到 5000 万吨,甚至更多。

宋 志 平

有人说,如果要书写新中国的建材史,不能不提及宋志平,这位企业界奇才和中国建材行业的领军人物36岁执掌北京新型建筑材料总厂帅印,使这个举步维艰的大型建材国企焕发出勃勃生机,成为我国新型建材领域的龙头企业。之后出

中国建筑材料集团公司董事长、党委书记宋志平

任中国建材集团总经理,用五年时间使这个陷入困境的企业发展成为我国建材行业的领导者。他用一系列强有力的举措推动了整个中国建材行业的重组整合进程,并以其在多年实践中形成的企业经营理念和灵感给这个行业的众多企业家带来许多新的启示,他对建材行业的变革、整合、促进更是功不可没。中国建材工业协会张人为会长评价宋志平"勤学习,善谋略,团结人,不怕难,求完美"。

2007年岁初,在北京紫竹院南路中国建材集团总部,宋志平抽出一个小时时间向记者简要介绍了自己的人生经历和经营理念。他说:"每个国家在经济起飞的过程中都会产生一些杰出的企业家,像美国的洛克菲勒、哈默,日本的松下幸之助,韩国的金宇中等等。不管这些企业家最终是成功还是失败,他们都是成熟的企业思想家,有独立的意识,并形成企业的特质和特殊的竞争力,所以,我认为企业最大的核心专长是企业家特有的思维模式和灵感,他们的思想、勇于开拓的精神和献身的果敢,是推动一个社会发展的主要力量。因此看一个企业,不能仅仅看它的规模,更深刻的要看领导这个企业的

企业家的思想。"

宋志平 1956 年 10 月出生于河北省深泽县,22 岁从河北大学化学系高分子专业毕业后,分配至刚刚开始兴建的北京新型建筑材料总厂(简称总厂),时为 1979 年的 9 月。

总厂是当时国家投资兴建的我国最大的新型建材生产工厂,隶属于原国家建筑材料工业局,曾广为世人瞩目,邓小平曾视察了在紫竹院南路建造的新型材料试验房。宋志平说:"从小平同志视察紫竹院南路新型材料试验房开始,我国的新型建筑材料事业才有了发展。"

承载着邓小平寄与很大期望的、占地 1 平方公里、投资 2 亿元的北京新型建筑材料总厂从 1980 年开始动工建设,引进了一条年产 2000 万平方米的石膏板生产线和年产 16300 吨的岩棉生产线,初次创业解决了中国新型建材的有无问题。当时正值我国改革开放初期,基本建设方兴未艾,经过引进、消化、吸收进口设备和技术,总厂以纸面石膏板为拳头产品,掌握了核心技术,并拥有了国内最大的市场占有率,成为当时国家建材局树立的种子厂、样板厂。

宋志平 1979 年分配到总厂后,先做技术员,然后做推销员。10 年里,伴随着企业的成长,宋志平一个台阶一个台阶地从业务员升为副科长、处长、销售副厂长,这一段时间在市场中的历练,成为他此后管理生涯的宝贵积淀。他对记者说:"10 年的销售生涯,走了万里路,也真正体验了做企业的艰辛和每一分钱的来之不易,有了对'钱'的理解;还有就是对'人'的理解,摆正了自己和别人的关系。对'钱'和'人'的理解,对我日后的人生起到了基础性的指导作用。"宋志平常讲他做推销员时的一些经历,他说:"我是在无数次的被拒绝中学习做事的道理的,也懂得了吃企业这碗饭的不容易。"

20 世纪 90 年代初,随着我国社会主义市场经济体制初步确立,作为一家传统的国有企业,总厂依循传统的计划经济的管理模式,对于市场并没有清晰的认识,种种弊端日益显露出来,1990 年前后,企业跌入了徘徊不前的低谷。由于没有明晰的发展方向,企业呈现的一方面是产品在市场上供不应求,另一方面是管理滞后,人浮于事,不能发挥企业的生产能力和各种优势。1993 年初,企业处于建厂以来最为困难的时候:营业收入连续五年徘徊在 1

亿元左右,企业帐上流动资金几乎空了,银行也不愿再给予支持,全厂2000名职工,人均年收入低于北京市职工的平均水平。是年1月,宋志平被任命为该厂成立14年来的第8任厂长,而时年36岁的他也成为这个企业历史上最年轻的领导者。

宋志平是1月16日上任的,1月底是春节,节前这段时间他没有动作,主要是思考怎么做。他对企业的基础优势和未来发展趋势进行了仔细分析,机敏而睿智地意识到制约企业发展的深层原因,是在于怎样才能使员工热爱企业和激发出员工的积极性、主动性和创造性。春节后的第一次班子会上,宋志平用一个上午的时间讲了他的经营思想和经营理念。他指出:国家把这个企业交给我们,把这两千名员工交给我们,我们没有理由不做好,虽然面临着一些困难,资金紧张、员工收入过低,但这些都是暂时的、表面的困难,经过我们的努力,一定要交给国家一个好端端的企业。目前我们的根本问题是要树立员工对企业的信心,因为"没有比员工对企业有信心更重要的事。"宋志平诚恳而又充满豪气的一席话深深震撼和感染着每一位班子成员,大家共同的感觉是,这个年轻人值得信任,在他的领导下,企业的困难局面一定可以扭转。

企业管理的现实不能脱离社会和文化孤立存在,在计划经济体制中产生的国有企业,在生产产品的过程中,也往往同时"生产"出与市场经济不相适应的许多弊端。总厂亦不例外,因为管理的原因而导致企业竞争乏力的问题在宋志平上任时已非常突出。他当时有一篇文章指出,这个国有大型企业因为陈旧的观念、落后的管理而面临困境,要摆脱困境,必须从根本上转变观念,进行市场化改造和加强基础管理工作。

宋志平认为,国有企业面临的问题大致可分为3类,A类是全社会解决了企业才能解决的事,如社保等;B类是要经过努力才能做好的事,如"三项制度"改革等;C类是企业的基础性问题,包括财务管理、现场管理、生产管理等。企业必须下大力气做好C类事情,努力做好B类事情,对于A类问题,只要做个促进派。基于这种思考,宋志平把企业文化建设作为切入点,开始了重振总厂的信心工程。宋志平首先着手重塑北新形象的"两园工程"——花园式工厂和花园式生活区的建设。他带领干部员工将"BNBN"金光闪闪的企业标识高高地镶嵌在主楼最醒目处,工厂原来封闭的大门改造一新,充分体现出总厂的开放精神,在厂前区,国旗、厂旗、安全旗被彩旗簇拥着,展示着全体北新员工爱厂和无往不胜的奋斗精神;接着,清除厂区内所有的违章建筑、杂草和垃圾,生产车间则做到窗明几净、物料摆放整齐,使生产环境焕然一新;他进而着手改善生活环境,使员工解除后顾之忧,不仅更加安心工作,而且振奋了精神,增强了干劲。在此基础上,宋志平下大力气清理企业内部一些最突出的问题,带领员工转变观念,苦练内功,大力推行企业管理改造。他将日本的"5S"管理理念引入总厂,塑造了一个全新的现代企业形象。他倡导推行ISO9000体系认证,使之成为企业质量管理的基石,之后又实施了ISO14000认证,建立了规范的环境管理体系。在做好这些基础性工作的同时,他带领财务负责人到银行拜访,诚恳地介绍企业的发展思路,获得了银行的理解和支持。这一系列重大举措很快取得明显成效,在宋志平担任总厂厂长的当年,就使企业的销售收入创下历史最好水平。

1993年底,在为大修后的石膏板生产线点火时,面对全厂员工的殷殷期盼,宋志平深情地讲出了自己的心声:"我最想点燃员工心中的火。"火象征着光明,火能够释放热量,火预示着希望。随着熊熊烈火在石膏板热烟炉中腾腾燃烧,国企积习所造成的员工的冷漠渐渐消融,热爱企业的涓涓细流不断汇集。

正所谓"百川异源而归于海,百家殊业而成于治",通过"苦练内功",班子还是那个班子,员工还是那些员工,但经营思想变了,凝聚力强了,企业面貌亦大变。1994年底,企业实现了15年来销售额首次突破3亿元、利润过千万大关。当时达到3个亿,总厂干部、员工都觉得很了不起了,而宋志平却认为,这仅仅是起步,他有着更高、更远的追求。

任何一个发展中的企业,必须是不断的"否定之否定",如果不摒弃旧的思维定势,建立适应市场的全新理念,不在管理上创新,不突破固有理解问题的框框,就会毫无发展前途并逐渐走向衰败。宋志平最初的成功系其采取了一系列的创新活动,重塑了"三个信心",即客户对的企业、银行对企业的信心和员工对企业的信心,一举打破了僵局。宋志平基础层面的大量管理思想也是在这个时期形成的,或许可以这么说,他对该厂的最大贡献,是重建了这个企业的价值观。

宋志平不仅自己是一个充满激情的奋进者,而且还是一个善于调动员工激情的领路人,其企业价值观思想体系中的人本思想是一大特色。他说:未来竞争中取胜的根本是什么? 思来想去,还要归结为一个字,即构成企业主体的人。所以,我们必须建设优秀的企业文化,塑造优秀的员工队伍。宋志平特别赞赏日本企业的"家"文化,亦将此定为总厂的企业文化,他说:"新时期企业被推向市场,员工也一同被推向市场,企业是独立竞争主体,同时又是乘载员工的一条船,只有大家齐心协力,这条船才能启动。员工的收入、福利、荣辱都已和企业紧紧联系在一起。在这条船上,陆地习惯必须改变,恩恩怨怨都应抛弃,只有万众一心才能乘风破浪。"

企业的变革,最终是围绕着人进行的。宋志平在担任企业主要领导的 10年间,始终倡导"以人为本"的管理思想和文化理念,他通过建立"三个信心"和启动"以厂为家"的企业文化,极大地提高了企业的凝聚力和向心力,为企业顺利推行各项管理与制度改革,为企业核心竞争力的形成夯实了基础。

1997 年,总厂将一个个体现着企业文化精髓的小故事编辑成了一本书《北新——我们的家》,在人民大会堂举行了隆重的首发式,中国企业管理协会、中国企业家协会会长袁宝华同志亲临首发式并讲了话。

宋志平对记者如是介绍自己的特点:①我是一个学习型的人,做企业不是可以无师自通的,是学习和实践相加,应该向别人学习,向书本学习,在实践中提高,用心行事;②领导企业这么多年,心态比较平和,没跟部下红过脸,没跟上级叫过苦;③我是温和而不懈怠,要求自己把每件事作好、每一天的事作好;④我的性格是主张和谐做事、理解他人,企业的快速发展,同我这种个人原则和立场有关;⑤我是一个乐意行动和创新的人,也喜欢换个角度看问题,探讨用新的模式解决已有问题;⑥注意捕捉机会,使企业充分利用引进的机会,顺应市场经济的快速发展。

宋志平还认为,抓管理就是要学习用管理的语言来实现对话,未来竞争从根本上是学习能力的竞争,企业学习能力的提高,关键在于构筑学习型组织,这对于企业核心竞争力的营造是十分重要的。他说,一个企业要快速进步,需要有一个不断进取的团队,这就需要有很多自我超越的人,能自我超越的人是不断学习、追求工作尽善尽美的人。因此,他提出要"像办学校一样办企业"，着力将企业构筑成一个学习型组织。他自己在繁忙的工作之余获得了武汉工业大学工商管理硕士和华中理工大学管理博士学位，还从企业选送了70余名管理干部到清华、北大、华中科技大学、武工大等高校学习MBA，在原国家经贸委指导下在企业开办了"企业高级管理人员MBA培训班"，并与华中科技大学共同开办了"机电一体化"硕士班，为企业培养了大量的管理和专业人才。

1994年底，总厂被确定为原国家经贸委百户现代企业制度试点企业，宋志平敏锐地察觉到这将成为企业发展的一个重要转折点，他领导企业加快推进现代企业制度的建立。1996年3月，总厂改制成为国有独资的北新建材（集团）有限公司（简称北新集团），宋志平任董事长。1997年6月，北新集团独家发起北新集团建材股份有限公司（简称北新建材），在深交所挂牌上市，募集资金2.6亿元。

中国建材香港上市仪式

上市使北新集团成功地从产品市场进入了资本市场，而这，无论对企业的管理者还是管理模式都提出了新的挑战。宋志平带领他的领导团队调整心态，又一次经受住了这场考验。在接受上海证券报专访时，宋志平向记者坦露心声："上市之后，我一下子进入了一个新的参照系，也就是说我要对自己的价值观进行脱胎换骨的改变，要将自己过去的追求'任务型'转化为追求'效益型'，即追求企业的利润最大化。过去我本人常以'社会人'自居，而今天作为上市公司的'掌门人'必须首先将自己转化为一个'经济人'。也只有创造更多的效益，才能获得投资者的理解和支持，企业才能真正籍上市公司的孵化器功能而快速成长起来。"通过上市，北新集团发生了脱胎换骨的变化，产生了适应市场经济的创新机制和竞争机制。同时，从根本上促进了企业规范运作及科学管理水平的提高。宋志平亦提出"没有比投资者对企业有信心更重要的事"，明确要求企业在发展中更加追求稳健发展和规范运作,追求企业的利润最大化,以良好的业绩来回报投资者。宋志平真诚地对投资者说:"把我的真心放在你的手心",这是他完成从传统国企领导向上市公司经营者角色转换时的内心独白。付出必有回报,上市后,北新建材实施的规范运作,多次受到中国证监会的表扬,并顺利实施了两次配股。

在资本市场投资者的强有力支持下,宋志平适时调整了企业的发展战略,加快了北新建材的技术创新和发展步伐,为充分发挥石膏板产品的市场领导优势,兴建了第二条石膏板生产线,使产能增长了一倍,还引进日本最新的生产技术兴建国内规模最大的矿棉板生产线,完善和扩充了产品体系。实施相关多元化战略使企业的产品种类由原来的三大产品发展到十大产品系列数百个品种,极大拓展了企业的生存空间。随着国家产业政策的调整和作为支柱产业的住宅业的迅猛发展,与之具有高度关联性的建材业必将迎来新的发展机遇。宋志平敏锐的目光及时捕捉到这个具有时代意义的历史性机遇,提出要"迈向住宅产业化新时代"。宋志平的雄心壮志吸引了日本住宅及钢铁制造业巨头的目光,新日铁、三菱商事、丰田汽车三家世界500强锁定北新建材为合作伙伴,与北新建材合资成立了北新房屋有限公司,建设了中国第一个房屋工厂。宋志平随之郑重宣布在国内建设10个住宅产业基地,并马不停蹄地开始建设苏州、涿州等工业园。北新建材总部被国家建设部命名为国家住宅产业化基地。

正当宋志平以只争朝夕精神带领北新建材阔步前行的时候,2002年3月,宋志平被任命为北新建材的上级公司中国新型建筑材料(集团)公司(简称中新集团)的总经理。宋志平在离开北新集团时满怀深情地对年轻干部们说:"我在这个企业做了十年一把手,给大家留下了设备、厂房、汽车等有形资产,但是我觉得留给大家更宝贵的是'北新建材'这个无形资产,希望大家要倍加珍爱。"正是凭借这宝贵的无形资产,宋志平的继任者率领北新建材继续前行。如今的北新建材,已从当年不到一亿元的销售收入发展到2006年收入过百亿元,成功实现了"中国石膏板大王"之梦,成为居中国第一、亚洲第二的石膏板供应商和中国第一的矿棉板供应商。

中新集团是1984年经国务院批准设立的国家级建材行业管理公司,旗下拥有包括北新建材在内的 200 多家全资、控股和参股公司，以及建材行业的 8 家设计院所，大部门企业是从原国家建材局陆续划入的，众多公司涉及建材行业诸多门类，摊子铺得很大，但问题也越积越多，债务包袱已经成为公司当时无法逾越的困难。此外，多年的松散型管理使集团缺乏凝聚力和向心力，经营持续恶化，濒临严重危机。

从北新建材到中新集团，宋志平的舞台大了，但他面临的困难更大，仅 21 亿元的逾期债务就非同小可，因而有一位老领导不无担忧地说："志平掉进泥淖中去了。"然而多年基层企业的锤炼造就了宋志平自信、豁达、乐观、开朗、知难而上的性格，加之高超的处理危机的能力，使宋志平虽身处重重困难之中，却能坦然、从容应对。

如何让集团具有向心力、凝聚力和亲和力？宋志平依然以重塑企业文化为切入点。多年的企业管理经历使他认识到，国有企业中有些结构性矛盾是客观存在的，只要大家从"和"字出发，遇事多想别人和大家，就能处理和解决好诸多问题。于是他倡导"待人宽厚、处事宽容、环境宽松"，提出要建设"中新一家"的"三宽"氛围，培育"诚信务实、团结向上"的企业精神。他倡导的文化理念不仅获得集团上下全体干部员工的一致认同，也得到中新集团相关单位的认可与欢迎。

2002 年底，宋志平通过大规模债务重组，获得了债务人的理解与支持，将 21 亿元逾期债务问题化解，每年减少了利息费用约 7000 万元。2003 年他又与海南航空公司成功重组了问题较多、存在重大金融风险的中新集团财务公司，使其走上了正常运行的轨道。当年年底，通过实施有效重组，将中新集团控股的 A 股公司中国玻纤从一个问题公司转变成业绩良好的上市公司。扫清这些棘手问题后，宋志平可以轻装上阵谋划全局了。

敢于直面问题，善于果断地解决问题，这是宋志平的与众不同之处。他常讲："在其位就要谋其政，看到问题不能总是纠缠于过去，而是要面对，找出解决问题的办法，未来看可能不是最优的方案，但只有让这些长期困扰企业发展的问题划个句号，我们才能甩掉包袱轻装前进，不然就永远陷在问题堆里。"正是这种不回避的务实态度使宋志平总能够成功跨过一个又一个看似不可逾越的障碍，走得越来越远。

在化解历史积存风险的同时,宋志平认为确立清晰的发展方向是中新集团的当务之急,他召开战略研讨会,请来了建材行业的专家名流,发动全体干部、员工建言献策,谋划企业未来的发展方向,明确企业的战略和主业。宋志平说:"作为大型产业集团,必须制定一条清晰的适应自身发展、适应市场、适应国情、适应国际变化的发展战略。这一战略不仅要让领导知道,也要让每一位干部员工都知道。"

在充分研讨的基础上,宋志平对中新集团的定位做出准确的界定,他指出:集团公司作为控股管理型公司,主要实施战略管理、资产管理、组织管理、资本运营;子公司要突出主业,强化企业核心竞争力,做大业务规模和提高盈利水平。在管理方式上,集团公司以部门职能管理为基础,充分发挥出资人作用,对子公司管理做到合理授权、规范运作、管理高效。之后,明确了集团公司的发展战略是求新求强,将中新集团建设成为集科研、设计、制造、流通为一体的、以新型建筑材料为主导的国家级大型综合性建材和住宅产业化集团。宋志平在现有资源范围内对所属企业进行业务重组,建立了新型建材及住宅产业、化学建材、水泥、复合材料、玻璃、国际贸易、科研设计及金融等八大业务平台,明确了各平台核心企业的主营业务和发展方向,实现业务之间的优势互补与市场协同。

2003年3月,国资委提出要积极推进国有经济布局和结构调整,加快培育和发展一批具有国际竞争力的大公司大企业集团。宋志平认为,中新集团作为国资委管理的大型中央企业,作为建材行业的国家队代表,应当责无旁贷地按照国资委的要求,做大做强。4月23日,对宋志平、对中新集团、对中国的建材工业来说都是一个不寻常的日子。这一天,中国新型建筑材料(集团)公司正式更名为中国建筑材料集团公司(简称中国建材集团)。这并不是一个简单的公司名称的变更,它向外界准确无误地传递着这样一个信号,就是宋志平要依托这个金字招牌和平台,将中国建材集团打造成为我国建材行业中规模最大,具有很强控制力、影响力和带动力的大型央企。随着集团名字的变更,宋志平进一步明确中国建材集团的发展方向是贯彻实施可持续发展战略,善用资源、服务建设,坚定不移地走新型工业化道路,以资产重组为主要方式,迅速推进新型建材、水泥、复合材料、化学建材等产业平台的业务整合和资源配置,加快国家级业务平台建设。

宋志平的想法获得了国资委高层的肯定。2004 年 12 月,在国资委大力支持下,中国建材集团一次性重组两家央企,原直属国资委管理的中国建筑材料科学研究院和中国轻工业机械总公司同时并入中国建材集团。中国建筑材料科学研究院创建于 1950 年,是国内建筑材料与无机非金属新材料专业最大的综合型研究机构和技术开发中心,建院以来,共完成国家和行业科研项目 2600 多项,获省部级以上奖项近 500 项,其中国家级奖励 100 余项。中国轻工业机械总公司是全国成套机电设备甲级单位,是目前唯一能为食品、造纸行业提供成套设备和全套生产线的大型国有企业,总资产超过 15 亿元。这样两个在行业内有一定影响的央企进入中国建材集团,使中国建材集团的综合实力大大增强,极大地提升了集团的科技研发能力和装备制造能力。

宋志平顺势对集团的发展战略做出新的调整,在原有八大业务平台的基础上,形成了轮廓更加清晰的建材制造、科研设计、成套设备和工程服务以及建材进出口和商业流通三大战略业务单元,使中国建材集团成为一家主业更加鲜明的产业集团。

有了明晰的战略之后,需要紧紧跟随的就是强有力的执行。宋志平为中国建材集团绘制的远景蓝图成为集团上下数万员工的共同方向,近年来,中国建材集团的发展气势如虹。

2006 年 3 月 23 日,中国建材集团精心打造的建材制造业务单元的核心企业中国建材股份有限公司(简称中国建材)在香港联交所成功上市,一举募集资金 21 亿港元,顺利进入国际资本市场,为未来发展打通了一条畅通的资金渠道。

成功的背后必定有着鲜为人知的艰辛和付出。中国建材自成立至上市仅用一年时间,从确定上市目标到实现上市目标也仅用了两年时间。这两年中,宋志平领导的上市团队克服了难以想象的困难,付出了超常的努力:在中国建材集团系统内进行了大规模业务重组,并对进入上市公司的企业全部进行公司制改制,这涉及下属企业数十家;构筑了轻质建材、水泥、玻璃钢制品和复合材料以及工程服务四大业务板块,每个板块的核心企业都有着清晰的业务方向,在业内占有举足轻重的地位:在水泥业务领域,构建了淮海经济区内最大的水泥生产商;在轻质建材业务领域,构建了中国最大的石膏板生产商;在玻纤及玻璃钢制品业务领域,是世界第四、亚洲最大的玻璃纤维生产商和中国最大的玻纤薄毡业务规模;在工程服务业务领域,核心企业参与了国内近50%平板玻璃生产线的设计和建设,并在国际市场有较强的竞争力。

与大规模重组同步进行的,是工程浩繁、夜以继日的上市准备工作,其中最令宋志平难忘的则是上市前的路演。2006年3月6日,中国建材在香港召开首次投资者午餐会,正式拉开上市路演的序幕。会上,第一次与中国建材管理层见面的投资者们共同聆听了路演团的精彩故事,在发言末尾,宋志平充满自信地说:"中国建材的故事,是一个稳健经营的故事,是一个业绩优良的故事,是一个行业整合的故事,是一个快速成长的故事。"中国建材管理层对行业的深刻理解和出色表现、公司良好的业务组合和突出的投资亮点深深折服了投资者,管理层路演一开始即受到全球机构投资者和个人投资者的热烈追捧和高度认同。此后,在短短8天时间内,路演团足迹遍及香港、新加坡、伦敦、纽约、波士顿、旧金山,共召开近60多场投资者见面会和2场记者招待会。随着路线的不断延伸,承担此次股票发行任务的券商摩根士丹利的信心也不断增长,与此同时,中国建材股票的发行价格也逐渐提高,最终投资者认购倍数超过50倍,香港散户认购达到537倍,成为当时大陆企业在香港首次公开发行股票(IPO)表现最优秀的股票之一。

知悉中国建材香港上市获得巨大成功,国资委副主任邵宁十分高兴地说:"中国建材有良好的业务基础和优秀的管理团队,国资委对中国建材的长期稳定发展非常有信心。"摩根士丹利亚太区主席莫瑞森先生(Alasdair Morrison)在上市后的祝捷晚宴上说:"中国建材H股上市是摩根进行的最成功的项目之一。以宋志平主席和曹江林总裁为首的管理团队在路演中的出色表现,中国建材独特的市场地位和优异的财务表现,以及团队的远见和能力,得到投资者的广泛认同,使我们的合作取得了重大成果。"

上市后,当中国建材的员工们还沉浸在这来之不易的成功喜悦之时,宋志平却已经感受到了因此而带来的巨大压力。在上市后的第一次总裁办公会上,面对公司的各位高管,宋志平意味深长地说道:"上市妙不可言,也苦不堪言。过去我们只与自己相比,取得一点进步就很高兴,而上市使我们进入一个全新的参照系,我们面对的将是具有专业素质的国际投资者,我们要与国内外优秀企业相比,我们必须交给投资者一份满意的业绩报表,唯有如此,我们才能够在今后的发展中源源不断地获得来自资本市场的强力支持。"

正是这种对投资者高度负责的态度,使宋志平不可能停下脚步,他要把中国建材做得更大、更强。上市第一年,中国建材业绩稳步增长,全面兑现了上市前对投资者的承诺,也再次用事实印证了摩根高层对中国建材的评价:"说到做到"。

中国建筑材料集团有限公司董事会试点工作会议

中国建材的境外上市只是实施了宋志平关于中国建材集团整体发展战略的第一步,而这是关键的一步,它为宋志平加快推进行业内的资源重组奠定了十分坚固的基础。宋志平认为,作为建材产业集团,中国建材集团要走一条重组资源、低成本扩张的发展路线。我国建材行业规模已经足够大,水泥和玻璃占全球产销量近一半,因此首要考虑存量整合,增加行业集中度。作为中央企业,中国建材集团在这方面具有得天独厚的条件,宋志平特别强调指出,中国建材集团的发展和扩张是靠联合、低成本扩张、资源重组来进行的。

在上市推进过程中,北新建材增资控股了国内石膏板规模最大的山东泰和以及矿棉板业务与自己比肩的苏州天丰,使中国建材的轻质建材业务板块一举成为国内第一。上市后仅仅 100 天,中国建材就动用国际资本市场获得的宝贵资金,成功实施了我国建材行业迄今最大的收购案,并购了全球最大的徐州海螺万吨级水泥生产线,新增水泥产能 400 万吨,赢利能力大幅提升,进一步巩固了在淮海经济区的行业、市场主导地位。这一并购案也为中国建材集团进一步实施低成本扩张起到了良好的示范作用。

2006 年 12 月 18 日,中国建材集团又与洛玻集团签署了战略合作协议,这是我国建材行业迄今为止规模最大的一次国内企业间形成的战略合作。

洛玻集团是世界公认的三大浮法玻璃工艺技术之一——"洛阳浮法玻璃工艺"的诞生地，拥有13条浮法玻璃生产线，年产玻璃2100万重箱，其19毫米以上超厚玻璃和1.1毫米以下电子用超薄玻璃的生产居国内领先地位，是国内惟一能够生产0.55～25毫米优质浮法玻璃的特大型玻璃生产企业，同时拥有中国中西部地区最大的加工玻璃生产基地。对于中国建材集团这一打造玻璃制造平台、完善产业链的重大战略步骤，中国建材工业协会张人为会长给予了"中国玻璃工业发展中意义深远的一件大事，对中国建材工业的产业结构调整和发展必将产生重大而深远影响"的高度评价。

中国建材股份有限公司的一位领导说："宋总提出的'中建材一家'体现了他的为人处事风格，也反映了他希望中国建材集团要成为一个大家庭，要具有很强的凝聚力、向心力和亲和力的愿望。"中国水泥协会会长雷前治用"为人宽厚、处事宽容、环境宽松"评价宋志平。"三宽"说到底是以人为本，尊重人，理解人。正是由于宋志平的为人处事，使得很多企业愿意加盟到他的旗下，像河北鑫磊建材股份公司是河北省一家明星水泥企业，创业者申海群是全国"五一"劳动奖章获得者，在地方改制时，申海群找到了宋志平，宋志平和申海群父子促膝谈心，还一同跑矿山、下车间。申海群说，宋总的信任让我铁了心加盟。宋志平认为，吸纳一个好企业，最重要的是能得到一个创业者、一个企业家。在洛玻集团的中层干部大会上，宋志平给大家讲了他的"三宽"和"三力"原则：中国建材集团是一个待人宽厚、处事宽容、环境宽松的企业集团，加盟这个集团的企业不分先后，都是企业平等的一员；集团虽然是重组联合而来，但是企业是一个有亲和力、向心力、凝聚力的集团。他的讲话赢得了200多名中层干部的热烈掌声，最终在洛玻集团的职代会上，两大集团的重组方案获得全票通过。

宋志平说，要充分发挥集团资源聚合优势，追求集团内各成员公司的协同效应。中国建材集团的成员在实践中越来越多地感受到集团在市场上的整体效应，越来越多的受益于各成员单位的协同效应。尤其是在最近的国际化进程中，中国建材已开始在国际上得到认同，极大地增强了各子企业在国际市场上的竞争力。

在宋志平对中国建材集团发展的设想中，国际化也是重要一步。宋志平认为,建材行业是资源、能源高度依赖型行业,中国的资源和能源相对紧张,所以中国建材工业的国际化路线,应该从过去重视产品出口转向成套装备和成套技术出口,进而在海外设厂的新的发展战略,中国建材集团正在按照这种战略的要求积极践行。2006年,中国建材集团实施国际化战略取得了丰硕成果,合同额超过百亿元。2006年9月16日,在世界名城迪拜,中国建材集团成功举办了盛况空前的中东推介会,来自阿联酋、沙特、巴林、约旦、卡塔尔等20多个中东及周边国家和地区的近200名客户云集迪拜,与中国建材集团企业代表团共商合作。这一天,中国建材集团一举签下了5亿多美元的大单。

地处欧亚交界的土耳其,经济建设飞速发展,水泥需求增长迅猛。2006年,欧洲第一大水泥企业海德堡,与土耳其第一大财团萨班吉准备合资兴建一个大型水泥生产项目,中国建材旗下的南京凯盛一举中标,开创了发达国家水泥公司第一次选用中国建材集团成套装备的先例。宋志平远渡重洋,参加了动工仪式。在与当地人士的交流中,他说,中国建材集团是一个走和谐发展的国际化路线的企业,中国建材的国际业务秉承三个原则:一是与驻在国当地公司密切合作,二是能对驻在国经济发展作出贡献,三是要与驻在国人民友好相处。萨班吉的水泥项目,中国建材集团将土建和安装工程分包给当地公司实施,并在一些关键部件的采购上实行全球采购,以确保整套装备的运行质量。中国建材集团的这些做法,赢得了土耳其业界的高度赞誉,土耳其的最大媒体《自由报》以"昔日竞争对手,今日合作伙伴"为题,报导了这一中国公司与当地公司进行成功合作的消息,受到了中国驻当地使馆和经济参赞处的一致肯定。

综观宋志平无往而不遂并究其成功之道,深感古人"遍知万物而不知人道,不可谓智"这句话,对于一个企业领导者而言有多么深的含义。宋志平恰因其有爱人之心、知人之智、用人之能,所以他能够积众人之力而无不胜,聚众人之智而无不成。

2006年10月11日,国资委召开中国建材集团董事会试点工作会议,国资委副主任邵宁为集团外部董事颁发了聘书,宋志平——和外部董事正式签订合约。6位外部董事的到位,是中国建材集团在建立和完善公司制度和公司法人治理结构进程中的一个里程碑。宋志平从总经理转为任董事长,为此他表示,德鲁克《管理的实践》提出,管理能力是稀缺资源,所以董事长要站得高,要将主要精力用于把握企业全局和长远利益,企业的重大决策有赖于董事长去做。

中国建材集团被国资委确定为16户大型董事会试点企业之一,是从2005年开始进入国有大型企业董事会试点的,已历时一年。在宋志平看来,这一年是具有特殊意义的一年,就他个人来说,也标志着他的战略思想从管理向治理的转变。对于公司治理,宋志平有系统、深入的研究,他说:"治理时代企业以防范风险、提升公司价值为目的,而管理时代企业的三要素是'质量、服务、价格',治理时代的要素是绩效和公司价值;治理时代强调董事会、监事会和管理层的制衡,管理时代强调的是内部控制;治理时代要求公司管理透明化,管理时代有关情况相对封闭;治理时代要树立以股东利益最大化为核心价值观。"

宋志平主政中国建材集团以来,主要经济指标以每年50%以上的速度递增,营业额从2002年的30亿元增至2006年的206亿元,目前总资产额200亿元,员工总数逾40000名,全资、控股、参股企业200余家,其中下属子集团控股4家上市公司、参股12家上市公司。

2004～2006年是国资委对中央企业负责人第一个业绩考核任期,在2006年度集团工作年会上,宋志平总结这三年来企业的总体情况时说,在这三年里,中国建材集团实现了跨越式发展,在国资委2006年按照销售规模的排序中已上升到前六十多名的位置。我们完成了大规模债务重组,化解了潜存的经营风险;清晰了发展战略,明确了经营主业;完成了清产核资;实现了主业资产海外上市。他接着说:在看到成绩的同时,更要清醒地看到我们的差距、任务和应承担的责任。中国建材集团距离国资委的要求,距离在行业里应承担的责任,距离一个有较强国际竞争力的大公司的战略发展目标,还有大量的工作要做,任重而道远。

对于未来,宋志平有更高的追求,他说,中国建材集团要充分发挥央企在建材行业里的引领作用,为建材行业落实党和国家的科学发展观、发展循环经济做出应有的贡献,在科技创新、资源节约,节能降耗、环境保护等方面发挥中央企业的攻坚作用;要成为行业第一名,具有国际竞争力,成为中国建材行业的国家队代表参与到国际竞争中去,这是我们的历史使命;要把企业打造成为有自主创新能力、有品牌、为股东创造价值的、规范运作的好公司,也包含为社会做贡献、为员工创造幸福的职责和目标。

宋志平再次明确了中国建材集团的战略目标,他说:"我们的战略是什么呢？是'科技创新'、'大建材'和'国际化'。我们的战略目标是什么呢？是成为中国最大的建材综合性制造商和全球最大的建材综合服务商。要达到这样的战略发展目标,需要集团在科技创新上要有新突破,在企业重组上要有大举措,在国际化上要迈开大步伐。"

宋志平对记者说:"做企业家也是人生的一种选择,而作为一个带头人,要永远以面向正前方的姿态,不懈怠、不停留、不沉沦。事业是一个过程,只有面向前方一直去做才能成功,企业家要具备如此人生态度,才能带好一个团队。我崇尚法国哲学家笛卡尔的那句话,忙的蜜蜂没有悲伤的时间。"

（撰稿人　雷　建）

宋志平简历

1956 年 10 月 出生于河北省深泽县。

1974 年 4 月～1976 年 12 月 河北省深泽县插队,任生产队长、干部、技术员;

1976 年 12 月～1979 年 9 月 河北大学化学系高分子专业学生;

1979 年 9 月～1995 年 10 月 分配到国家建材工业局北京新型建筑材料总厂工作,历任技术员、处长、副厂长、厂长等职务;

1993 年 9 月～1995 年 9 月 武汉工业大学工商管理学院管理工程专业在职硕士研究生;

1995 年 10 月 任中国新型建筑材料(集团)公司副总经理兼任北京新型建筑材料总厂厂长;1996 年 3 月总厂改制后任北新集团董事长、党委书记兼总经理;

1996 年 9 月～2002 年 5 月 华中科技大学管理科学与工程专业在职博士研究生;

1997 年 6 月 兼任北新集团建材股份有限公司董事长;

1998 年 12 月 任中国新型建筑材料(集团)公司常务副总经理(兼);

1997 年 9 月 当选中共十五大代表;

2002 年 3 月 任中国新型建筑材料(集团)公司总经理;

2005 年至今 任中国建筑材料集团公司董事长、党委书记,兼任中国建材股份有限公司董事局主席。同时担任中国建材工业协会副会长、中国城市经济学会副会长、首都企业家俱乐部常务副理事长兼主任、武汉理工大学管理科学与工程专业博士生导师。

被授予"全国 500 名企业创业者"、"全国优秀青年企业家"、"首都'五一'劳动奖章"、"全国建材行业优秀企业家金雁奖"、全国建材行业劳动模范等荣誉;是中国企业联合会、中国企业家协会联合认证的首批高级职业经理,并连续两届被国务院学位委员会任命为全国 MBA 指导委员会委员,曾获得中国企业联合会、中国企业家协会颁发的"全国优秀企业家金球奖"与"中国创业企业家"奖;荣获第四届(2008)"袁宝华企业管理金奖"。

宋志平语论

1

机会总是给有准备的人。

2

没有比员工对企业有信心更重要的事,没有比客户对企业有信心更重要的事,没有比投资者对企业有信心更重要的事。

3

一个企业团队要紧的是要有绩效文化、敬业精神和专业化态度。

4

企业的逻辑是成长的逻辑,企业要做大更要做强,做大需要企业家的魄力,做强需要企业家的耐力。

5

企业已经从管理时代进入到治理时代,这对企业的管理团队提出了和管理时代不同的要求,其中最重要的就是要树立以股东利益最大化为核心的价值观。

6

管理是教育,要像办学校一样办工厂。一个团队需要不停地进行再教育。管理者的责任不在于挑选优秀的员工,而是要把普通的员工培养成为优秀的员工。

7

做企业"小胜靠智,大胜靠德"。企业要重视"三力",即向心力、凝聚力和亲和力,企业家要做到"三宽",即对人宽厚、处事宽容、环境宽松。要想强大,一要忠诚,忠诚于事业、忠诚于团队;二要勤奋,比别人付出更多的辛苦才能比别人强大;三就是要战胜自我。

8

任何一个有远大理想的企业都不会轻易满足于现状,不断的拓展、不断的扩张是成为强势品牌乃至国际品牌的必由之路,但只有做强做大才有可能立足于国际市场。

张　和

大连冰山集团党委书记、董事长张和

张和是我国现代工业制冷产业的奠基人和开拓者,他领导的大连冰山集团,已经发展成为中国最大的工业制冷设备生产企业和最大的制冷成套设备出口企业,许多产品的技术水平雄居世界颠峰并在市场占据主导地位,2005 年成为辽宁省、大连市装备制造业首家销售额突破百亿元的企业。

张和 1938 年生于辽宁省法库县,毕业于沈阳工业大学,24 岁大学毕业即分配到大连冷冻机厂(简称"大冷", 冰山集团的前身),1984 年接掌帅印。这位总工程师出身的企业家儒雅而不失精明,谈吐简捷明快,思维缜密。他说:"'十五'期间,我经常告诫下属,夹着尾巴做人,叼着草根干实事,少说多做,讲多了草根就掉了。"

闷头苦干的结果,张和使冰山集团发生了巨变,21 年销售额增加了 169 倍,曾任大连市市长的薄熙来夸他"天时不如地利,地利不如张和。"

张和回忆道:"大学毕业时,朝夕相处的同学们要分手了,那时我就暗自下定决心,十年以后见高低。毕业后的志愿是老老实实钻研技术,写几本机械专业的书。到工厂后,我接触了大量的实际问题,在实践中由于理论与实践相结合,使自己的技术水平得到了很大提高和充实,我将在实际工作中遇到的技术问题进行整理,空余时间就埋首图书馆查阅资料,几年下来这些技术资料积累了好几箱,可惜'文革'时都失散了。"

"文化大革命"打碎了张和的梦想,知识分子被称为"臭老九",技术没用了,将来干啥也不知道了。在劳动锻炼中,张和苦读了党史、政治经济学、哲学、辨证法等方面的书,获益匪浅,不仅自己的世界观初步形成,并能用辨证的方法观察问题,他谓之坏事变好事。

在下放劳动的过程中,不甘寂寞的张和给工人和下放的干部们办了个黑板报,后来又发展成为一个油印的小报《战地黄花》,并练就了一手漂亮的蜡笔字。他用哲学的观点宣传感人的劳动场面,领导发现了人才,于是调张和到市委新闻班学习一年,后来当上了大连冷冻机厂的宣传部长。在宣传部长任上,恰值那时提倡干部、党员要读《国家与革命》、《德国古典哲学》、《法兰西内战》、《矛盾论》、《实践论》等七本书,身为宣传部长的张和由于承担宣讲之责,必须熟读这些著作,他甚至能将毛泽东的"两论"背下来,由此使自己的马列主义理论水平有了很大提高。改行的张和,领导看他是70年代入党的,认识问题和处理问题有一定的理论水平,于是又让他当党办主任兼厂办主任。

粉碎"四人帮"以后,张和的思想发生了转折,他说:"大学毕业后想和同学们十年以后见高低,但在技术方面的抱负没能如愿,结果,在下放劳动中,通过写点小故事,经历了当宣传部长、党办主任的过程,得到的东西是系统地学习了马列基础知识,但是自己所学的专业技术却丢掉了许多年。思来想去,感觉自己对工程技术还有基础,当初想在专业技术领域大干一场的雄心还没泯灭,应该重返技术队伍。而且,自己对马列主义、毛泽东思想基本的东西也有所掌握,对事物,尤其是方向性的问题看得比较准,今后在把握大方向的问题上绝不会犯愁了。"

张和回到技术队伍后,担任总工办主任,后又提为副总工程师。在这个阶段,他的一项重要工作是搞企业的发展规划,他在冰山集团的四十余年中,经历了制定"六五"到"十一五"企业发展规划的全过程,其中,除协助参与了"六五"规划的制定外,其余规划都是他亲自制定的。张和指出,企业发展规划的重中之重是产品规划。

张和说:"大学毕业后两年,被借调到机械局搞行业规划,那时年轻,工作热情高涨,全国各地跑,两年写就的行业规划报告,领导连看都没看一眼。我觉得在局里工作太空,那里决定一件事情很慢,不适合自己的性格。"后来几任大连市市长要调他到政府任要职,张和都没同意。

1984 年 10 月,张和被任命为大连冷冻机厂厂长。多年后他得知,当初在组织部门摸底时,厂里80%的人同意他当厂长,20%的人同意他当书记。

张和说他上任后放了"三把火":

1)重组领导班子唯才是举。7 个厂级领导,他留了 4 个老的,选了 3 个新的,3 个新领导中一人争议很大,此人是工程师,平时有点刺头,但张和认为他搞销售有一套,对产品性能都很了解,口才也很好,是个人才。另一个新领导是西安交大毕业,原任厂里的总工程师。中层干部他只免了一个办公室主任,此人嗜酒,形象欠佳,其余一个未动。

2)组织全厂职工讨论 1985 年年度计划。张和说:"进入市场经济了,我们存在什么问题,什么是致命的问题会影响企业的发展是我要求讨论的重点。按理说,1985 年的计划,老厂长已经讨论定下了,我执行就是了,为什么还要重新讨论呢? 这是因为我已经胸有成竹,我深知这个企业的大问题是质量问题,质量问题又是落后的装备问题造成的;此外,企业管理涣散,刺头多、不干活的多,你要完成一个超额的计划,只能拼设备,质量肯定达不到要求。所以,经过讨论,我将年度计划削减了30%,机械局的局长很支持这个决定,说就按你这个思路干,不能以拼设备、降低质量为代价完成高指标。"

3)重视工程技术人员,提高其待遇。1985 年上半年,张和将所有工程师的待遇提高至比照副科级,将十几个工程师提拔为中层干部,从而大大调动起了工程技术人员的积极性。

张和接掌帅印后,并没按常规出牌,他削减了前任的计划,没有急功近利的举动,而更多的是为企业今后的大发展打基础,他知道成就事业像解题一样必须一层一层做。

张和制定了"明白、拼命、忠诚、创新、廉洁"十字企业精神,其中,"明白"含义深远,什么都"明白"了,企业就没有不"明白"的地方了,"明白"更反映了张和凡事必要"明白"和不苟且的行事风格和个性。

张和从 1985 年的全市第一家进行总承包到他 1992 年实现"仿三资",主要目的是争取更多的利润留成用于企业的技术改造,充实自有流动资金。

大连冷冻机厂是日本人 1930 年始建,解放后成为国企,至 1984 年张和任厂长时,仍是一个名不见经传的小型冷冻机厂,产品单一,年销售不足4000万元,总资产不足5000万元,净资产不到2000万元。

同其他老国企一样,由于吃惯了"大锅饭",干多干少一个样,劳动纪律涣散。企业要发展,必须要进行大刀阔斧的改革,而每闯一步,都困难重重,张和说:"我们这一代人,确实担负着改革开放初期的开拓者之责,既要有智慧,又要有胆略,干大事、处理大的问题,胆略更要大于智慧。在改革中,我想没什么可怕的,自己一身清正、廉洁,就不怕别人说三道四。"

张和进行了一系列大刀阔斧的改革。

在工资发放方面,过去开支,要由财务部门提几麻袋的钱,分成小麻袋到工段,工段再分到班组,由班组长装成小纸袋,而且要签名领取,在签名的时候,经常发生如果某人发现比别人少拿了几块钱,就闹将起来,人与人的矛盾有时几年解不开。张和实行了全体职工工资一律从银行拿,工资是保密的,你只知道自己的,没必要知道别人的。

中层干部以上,全部实行了年薪制,人事制度全部改为聘任制。

在分配制度改革方面,主要解决了干多干少一个样,不干活就不给钱。张和先拿三个车间搞试点,上不封顶下不保底。试点中,三车间的一个工段长按老经验认为,上边的规定一定是说说而已,不必当真,还是四平八稳地干,结果,按新办法,别的工段长收入都过了千,他只得八百,于是到车间主任那大闹,还罢工一天。事情告到张和,经查属实,张和不仅同意撤换这个工段长,而且还召开全厂大会,当场宣布撤了这个工段长任命了新的工段长,显示了改革的决心。

解决了干多干少一个样后,张和又着手解决干好干坏一个样。他将工资构成分为三大块,质量占40%,成本占30%,数量占30%。

张和的这一系列改革措施夯实了企业发展的基础,使企业管理水平有了质的提高。

世界上最杰出的企业和企业家无一例外都会灵活运用"宽严并济",所谓"严",就是任何人都要不折不扣地严格执行纪律,"宽"就是丢下绳子勒住而又掌握控制绳子适当放松的技巧。张和说,有一个开吊车的女工,经常不上班,所以拿的工资很少。这位女工找到车间主任,抄起烟缸就砸过去,按规定,应该开除,但张和感觉还是个认识问题,又考虑这个女工家里生活比较困难,自己也承认了错误,后来就做车间主任的工作,将这位女工调到了别的车间工作,后来这位女工一直干得很好。

张和说:"我们这一代人正赶上改革开放国有企业从百分之百的计划经济向高度竞争的市场经济转型的过程,担当了改革开放初期执行者和开拓者的角色。我认为,冰山集团二十几年能发展到今天,关键是改革开放的结果,国企不改必死,不开放也必死。冰山集团发展中很重要的一个方面是一直坚持改革,在辽宁省、大连市始终跑在前面,我们第一个实行了厂长负责制,第一个承包经营,第一家进行股份制改革,这个过程,走过来看似简单,但做起来非常不简单。"

张和讲述了其中的一个改革过程。90 年代初,张和到南方出差,发现那里冒出一个什么"仿三资",他很觉新奇,于是登门探其究竟,听人家讲了一大通,原来就是把所得税55%变成优惠政策的27%。张和于是给市政府打了个报告,也要求实行"仿三资",魏富海市长一看报告大怒,拍着桌子说:"张和要干什么? 这是带头闹税,前一段承包已经让给他不少了,叫他来!"厂里的人惊慌失措地赶紧给正在日本考察的张和打电话说:"魏市长火了,说你闹税,说你就是想把五十五的税整到二十七,让你赶紧回来,否则同市政府的关系会处不好"。张和说:"不用慌,我还有好几件事没办,等办完了回来后就找魏市长。"从日本回到大连后,张和就给魏市长秘书打电话求见,没过两天,秘书即电话通知张和下午三点到市长办公室。魏市长见到张和,仍余怒未消,张和对市长说:"我向您汇报南方国企'仿三资'情况,真正的合资企业所得税是15%,'仿三资'的是27%,你让我这一块,我可以有把握将一个'大冷'变成10 个'大冷',一个'大冷'的税即便是55%,一年才缴你500 万,5 年才2500 万,如果我十个'大冷'给你纳税,是不是比55%多得多。"魏市长一听有理,马上将经委主任等相关领导找来说:"张和的报告我同意了,马上就办。"张和说:"在市长支持下,后来何止 10 个'大冷',是 200 个'大冷',各方面都翻了几番。"

在国企领导体制改革方面,张和也有创新。

张和在领导冰山集团的实践中,认为国企坚持社会主义方向是大的基本原则,具体来说就是党的建设必须坚持,工会的作用必须坚持,反腐倡廉必须坚持。而在现实工作中张和却发现,党政两套班子合不到一起,一研究党务,行政部门的人睡大觉;一研究生产经营,党委、纪委的人睡大觉。而国家在改革开放中,又提出以厂长为中心,为了解决两心变一心,将班子拧成一股绳,张和请示市委组织部进行试点,实行一人"双职双责",即董事长、总经理兼党委书记,纪委书记兼人事副厂长,党委副书记兼工会主席等,实行以后,党建、生产、决策都顺畅了许多,效果很好。1993年江泽民总书记视察冰山集团时,张和汇报这一情况后,总书记很高兴。后来在党的十四大明确了企业领导班子要"双向进入",即党委书记可以当董事长,董事长可以做党委书记。

从1984年底开始,刚上任不久的张和即频繁带领技术人员出国考察,深入细致地调研世界先进制冷技术,几乎每月一次。在考察中,一般厂家出于技术保密只让你在样品室看一看,这样很难对它们的核心技术有实质性了解。后来,张和便采取买产品的方法,让厂家详细介绍其产品的技术性能。张和率技术人员利用两年时间集中对发达国家进行了行业调研,耗资数百万元,他深知这笔钱花得非常值。同时,他还投资组织全国制冷业专家,研究制冷业的产业链,编撰了《当代世界制冷机水平》、《当代世界制冷工艺装备水平》两部书,这些工作使张和对世界行业情况、主要厂家情况、技术情况等了然于胸。张和还先后派出由公司领导、中层干部和销售人员组成的调查组,分15批奔赴全国各地,遍访26个省、自治区、直辖市的62个市、地和145个县以及200多个乡镇,对这些地区的制冷设备需求情况作了全面调查。

张和说道:"我上任20多年,没有发生过一次决策失误。"在企业管理中,一把手的工作,唯一不能让他人分担的是决策,决策正确,能成就千秋大业;决策错误,则会损失惨重甚至粉身碎骨。没有发生过一次决策失误的企业家,简直就是神。张和为什么没有发生过决策失误,因为他是用科学的方法去决策。张和的决策方法中最重要的一条是重视调研,而且他的调研不是蜻蜓点水式,是非常扎实的调研。当一个决策是建立在这样的基础之上时,出现失误的概率就小多了。张和不仅重视调研,而且能在充分掌握情况数据的基础上,用他的哲学头脑进行分析综合,于是产生了他的战略决策,使他非常清楚地知道自己的企业今后的发展轨迹。从战略至上的角度,调研是基础工作,没有调查研究,就没有正确的战略决策。

张和说:"改革后的问题是开放,在竞争激烈的市场环境中,不合资合作,不实行开放根本不行。在开放方面,我走了几步棋,第一步是领着大家伙到国外搞调研,使我们对国际制冷行业、产品水平非常清楚。有人批评我出国像逛大街,不下车间,我很清楚,如果我不出去,不掌握国际水平和发展方向,企业就要完蛋。从90年代初到现在,我们一共搞了32家合资企业,谈判中,我们对世界情况了如指掌,哪个国家有什么,什么东西是先进的,都清楚得很。搞合资我有几条原则:一是跳跃式原则。我们有的产品与国外相比差距最少50年,一步步跟你永远赶不上,所以我要合资就一定要能达到世界先进水平。二是我要与世界500强合资。三是合资的产品必须有强大的技术后盾。"

张和的第一家合资企业做得很辛苦。1986年5月,张和率团到日本三洋公司和德国的林德公司,从两家公司各买回100台小型压缩机,装配后投放市场,经一年后比较,确认三洋为最佳合作目标。目标确定后,张和即两次赴东京三洋总部,但都吃了闭门羹,因为见不到高层,合作无从谈起。张和于是动脑筋搜集三洋高层的资料,看能否找到突破口,他查到三洋社长黑河力和副社长仓桥,早年都求学于旅顺工业大学,而厂里一位姓曲的工程师亦毕业于旅大,通过曲工,又找到了大连理工大学的一位与三洋社长、副社长是同班同学的教授,于是,1988年冬,张和在东京三洋总部,通过同学相聚,顺利说服了三洋社长到大连合作办厂。

虽然接触到三洋的高层十分不易,但在具体合作办厂的谈判中,张和却依然坚持其凡事要"明白"、不苟且的个性,在股比、技术转让费比例、引入机型等方面双方反复讨价还价,直至1992年8月,双方才在棒锤岛宾馆签署协议。日方原计划这个厂三年建成

为农产品深加工装备的真空冷冻干燥设备

投产,但张和却要只争朝夕。他亲临现场指挥,结果生产厂房仅 8 个月即完成,在 1993 年 3 月实现了投产,当年即盈利 700 余万元。此举震惊了日本三洋公司并大喜过望,认为与张和的合作前途广阔,紧接着相继合资成立了大连三洋压缩机、大连三洋冷链、大连本庄化学等 13 家公司。

三洋电机株式会社社长井植敏参观后甚为惊讶,他认为与冰山集团合资建厂的速度之快,投产后盈利效果之好,管理水平之高,在全球均可称得上一流,甚至比日本本土的一些企业还好,他邀请张和到日本给三洋高层领导讲课。80 年代初,日本管理第一、产品质量第一的风潮令美国人自认办企业世界无敌的信心大为失落,重拾信心的关键是拥有超过日本管理和技术水平的企业。所以,张和的贡献,不仅仅是企业取得了好的效益,而更重要的是说明中国人的管理水平亦不输他人。

此后,张和一发不可收拾,相继与日本富士电机、美国英格索兰、德国林德公司等世界 500 强大公司联手成立合资企业,资产总额从 4000 万元达到过百亿元,集团的主要产品囊括工业制冷成套装备、农副产品深加工成套装备、食品流通领域冷冻冷藏成套装备、中央空调成套装备、石油化工装备等。目前集团产品中75%已达到国际同行业先进水平,25%达到了国内领先水平。张和的 32 家合资企业无一亏损。"冰山"品牌被国家认定为中国工业制冷空调行业唯一的驰名商标,也是国家重点支持的出口名牌。2005 年"冰山"牌螺杆制冷机又被评为中国名牌。冰山集团的工业制冷产品国内市场占有率达60%,冷冻冷藏产品国内市场占有率达70%。"冰山"已经可以代表中国制冷行业的顶尖水平,与进入国内市场的美国、欧洲等国际著名大公司抗衡。

在资本和资源都充沛的情况下,张和并没有分神于多元化,仍执着于将主业做大做精,他说:"我国工业制冷起步于五六十年代,是个新兴工业,这个产业发展空间非常大,应用特别广,从高端的国防到民用,没有不用冷和热的,我下决心一定要攀上这个领域的高峰。这个产业将来还会有很大发展,所以,我没有必要分散精力于另外的领域。"

为达到在一个领域做精的目的,张和在引进的同时,同步抓紧进行消化吸收和自主创新,通过自主研发与引进技术相结合,他还实现了产品结构的调整,拥有了一大批适应市场需求和变化的高科技含量、高附加值的产品,企业的核心竞争力大大增强,经济效益快速增长。目前大连冰山集团拥有一个国家级技术中心,三个博士后工作站,一个设计研究院及合资企业研发中心等。以国家级技术中心为核心,建立了决策、执行和操作层层次化的技术创新组织体系。

目前,日本三洋在张和说服下,将压缩机的研发中心搬到了大连,这是国外大公司在本土外建立合资研发中心的首例。张和说:"三洋将研发中心搬到大连,不是感情问题,是利益问题,因为这样可以直接面向市场,研发成本低,获利更大。"

张和还说:"我们同国外合资,对方必须有高科技水平,同三洋合资溴化锂冷冻机时,我坚持必须是最先进的 C 型,为说服他们,费老大劲儿了。许多合资项目吃亏,就亏在不掌握对方的技术产品情况。"

张和在自主创新、科技开发方面累计投入经费 8 亿多元,2005 年又拿出 1700 万元,提升制冷压缩机及应用技术等试验系统的能力和水平,以满足技术研发升级的需要。适应市场需要而进行产品结构调整是研发的重要目标,研发的新产品有 500 多项,其中在开发消费类产品、农产品深加工用的制冷设备等方面获得很大成功,集团两大类、五大成套、十大系列的主导产品,彻底扭转了单一依靠投资类产品唱"主角"的局面。

为满足国家重点工程——"西气东输"工程需要,冰山集团成功地赶制了大型低温分离器,保证了"西气东输"工程的顺利进展,受到曾培炎副总理及省市领导的高度赞扬,显示了张和多年来培植起来的冰山集团的研发实力。

张和说:"很多国企负责人总是喊缺钱,总是抱怨不给贷款,我认为缺的不是钱,更缺的是技术,如果你没有技术,给你钱你能干什么?一些人认为国企是机制问题,我说不对,是体制问题,体制不改,机制改不过来。"

张和认为企业发展的主要矛盾是人的问题,有了人才,才能在技术上领先,技术领先的产品才有竞争力,许多制冷企业就是因为缺乏技术而被有技术的企业挤垮。张和是爱才如命的人,他愿意倾万元"买"本科生,百万元"买"博士后,他说,人是冰山得以发展至今的绝对主因。2001 年,一名清华大学制冷专业的博士后被张和相中,博士后的要求不复杂:北京、大连各一套房子,以及爱人在大连的工作,张和答应了,"买!"由于房子的所有者不能是企业,张和以自己的名义买下了两套总价超过100万元的房子。他和老伴一起去北京时,把房子过户到了博士后的名下,因为工作成绩已经显现。

在合资办企业的过程中,先引进技术,然后制造产品、销售产品,这样搞下去,张和认为企业没有生命力,到2000年以后,便要求合资企业都要成立技术开发部或研发中心。冰山集团的技术中心现有技术人员2000余人,均为大学本科以上学历,其中硕士研究生和博士就占21%,已形成以年轻技术带头人为骨干,大学本科以上人员为主力的人才队伍。为了提高工程技术人员的业务能力,冰山集团每年都选派200~300人到国外深造和参观考察。

为了加快技术中心的创新步伐,张和还加强与高等院校和科研院所的交流与合作,与北京华商设计院共同开发全热氨融霜冷风机产品;与英国伦敦城市大学继续合作,每年派出3~4人赴国外研发分部学习深造,联合进行新型环保制冷剂的应用研究及新型高转数螺杆机组设计工作;与清华大学合作开发真空冷冻干燥装置;与大连理工大学力学系合作,对压缩机机体强度应用有限元应力分析软件进行了重新核算、优化设计工作,推行计算机辅助工艺软件的应用工作,并在公司机械加工事业部推行精益生产方式等。冰山集团还开发出利用海水、湖水、城市污水、工业冷却水等资源,将低位能转化为高位能来作能源的大型水源热泵机组,该机组可为大型建筑群提供集中制冷、供热,技术已达世界领先水平。这种水源热泵可节省电力消耗50%以上,大连市政府对这个项目高度重视,已经正式批准在大连的星海湾、小平岛、大连湾等进行成片供热、制冷实验,如果成功,对我国节能功莫大焉,因为建筑能源消耗占总能源消耗60%。冰山集团还开发出采暖、空调、热水器功能为一体的户式中央空调设备,它全年可节电50%,2007年可投入生产,将成为冰山集团"十一五"期间又一主导产品。

张和领导冰山集团的重大转折,是他成功地实施了资本运作。

1992年下半年,国家对国有大中型企业实行股份制试点,大连市在选择试点企业时开始没有"大冷",张和便径直到大连市市委,要见曹伯纯书记,秘书挡驾,张和便同秘书激烈交涉起来,曹书记听见后开门出来,张和即递上名片说:"我是'大冷'张和,就讲10分钟。这次分给大连的上市额度是5000万元,我想全要,但上市的企业没有我。上市公司要符合五个条件:(1)国企;

(2)工业企业;(3)三年连续盈利;(4)发展前景好;(5)班子好。这5个条件我都符合,但听说你们要把上市的额度给不符合要求的企业,那我非要上告你不可。"曹书记说:"我还不知道这个事,慢慢来,我了解一下,但要通过办公会讨论决定。"后来在办公会上讨论时,反映出来的情况是找到门上去动员上市的企业都不愿干,它们觉得自己干得挺好的,有吃有喝,上市了以后还得财务公开,觉得很麻烦,不愿意上市;有的企业倒是抢着想上市,但是又不符合上市的条件。曹书记说:"我听说'大冷'愿意干。"市长接话说:"'大冷'这么积极,又有发展,为什么不让上?"于是确定了让"大冷"上市。

在上市问题上,张和知道对企业有多么重要,但是其他领导想不通,为了取得领导班子的支持,张和费尽周折,请厉以宁到企业讲课,说服了大家。1993年,"大冷"的生产经营主体部分被改制成大冷股份有限公司,"大冷"股票于1993年12月8日在深圳证券交易所挂牌交易,成为大连市第一家上市的工业企业。股份制的实施,使企业的产权由过去单一的国家出资,变为国家、法人和个人多个出资者,形成了投资主体多元化,为国有企业解决历史遗留的体制性矛盾、实现制度创新,奠定了良好的基础。

1992年,张和兼并了亏损的大连通用机械一厂;1993年,兼并了濒临倒闭的大连保温瓶厂;1995年兼并了大连开关总厂,整体收购了大连第二印染厂和保温瓶配件厂;1996年,大连耐酸泵厂、大连橡塑机厂和金州重型机械厂并入冰山集团,实行强强联合。并购重组,使企业实现了低成本扩张,促进企业不断做强做大。

1996年5月,依据《中华人民共和国公司法》,大连冰山集团公司改制为大连冰山集团有限公司,成为国有独资公司,由市政府授权企业进行资产经营。公司建立和完善了法人治理结构,成立了董事会、监事会,将过去由一人兼任的董事长和总经理,改为由

填补国内制冷空白的 JZ510 型螺杆压缩机

两个人分别担任,做到决策层与执行层分开,实行董事会领导下的总经理负责制,形成董事会、监事会、经理层各负其责、协调运转的领导体制,张和担任董事长。

2001年,原大连橡塑机厂也改制为股份有限公司并上市,使股份公司形成了多个投资主体。

按照国家"债权转股权"的政策,1998年,集团下属的金州重型机械厂、耐酸泵厂、开关总厂、保温瓶厂等4家企业实行了债转股,将这些企业改制成为有限责任公司,华融资产管理公司成为持股1.86亿元的股东。冰山集团还对下属的第一制冷厂、技术中心等中小企业,实行股权转让,组建经营者持大股、集团参股的有限公司,由国有企业改制成民营企业。

对长期为集团做配套的近20家乡镇企业,张和拿设备做投资,实行控股或参股。过了几年,有些小厂发展了,一看当初张和拿几台旧设备参股,如今占了总资产的80%,就想不通怎么都成他的了,还有一位讲师在乡镇企业管理学习班上,拿此当案例,说"冰山是靠剥削乡镇企业发展起来的"。张和听到后找到那位讲师所在学校的校长说:"我拿鸡蛋生小鸡,鸡又生蛋,就这么滚起来的。你那个讲师,连投资回报率都不懂,我看他也不懂《资本论》、经济学。"

在资本运营方面,张和说:"我们这一代人确实是摸着石头过河,既要敢想敢干,又要有智慧有眼光。面对当前的市场经济,我们企业经营者不仅要懂商品经济,更要学会资本运营。我们是从1995年后开始搞资本运营的,作为主要经营者,经营的是资本,不能把主要精力放在商品经营,考虑商品经营是副职的事。"

20多年来,张和获得过辽宁省劳动模范、全国优秀企业家、国家首批20名创业企业家之一、终身企业家等数不清的荣誉,而最让他引以自豪的荣誉是朱镕基的表扬。

1997年8月的一天,省里来电话让张和当晚立即赶到沈阳参加省委、省政府的重要会议,要求带上企业概况材料和发展设想。到了沈阳后,才被告知是次日朱镕基总理要听国企改革的汇报,每人发言限10分钟。张和没用秘书代劳,当晚自己写发言稿。第二天上午向朱总理汇报时,前5个人的发言,有的没说到点子上,被总理顶回去了;有的厂长外行,被总理插话问住了,越紧张越答不上来,一时会场气氛有些紧张,轮到闻世震书记宣布张和发言,他精确地用3分钟讲了企业概况,5分钟讲了这几年干了哪些事,最后的两分钟讲了改制后从5个方面进行的资本运营如何将几千万变成几十亿。朱总理听后高兴了,他说:"我们在座的有些企业领导,如果像张和这样,何至于此!张和同志才是一个真正的、不带引号的企业家。"

（撰稿人　雷　建）

张和简历

张和,男,1938 年 12 月 27 出生,籍贯:辽宁省法库,学历:大学,毕业学校:沈阳工业大学,职称:高级工程师、高级经济师,现任职务:大连冰山集团有限公司党委书记、董事长。

1957 年~1962 年 沈阳工业大学读书;

1962 年~1974 年 大连冷冻机厂技术员、工程师、技术科长;

1974 年~1979 年 大连冷冻机厂办公室主任、党委办公室主任;

1979 年~1980 年 国家经贸委企业管理培训班学习;

1980 年~1984 年 大连冷冻机厂总师办主任、总工程师;

1984 年~1992 年 大连冷冻机厂厂长;

1997 年 6 月~9 月 中共中央(北京)党校学习;

1993 年~1999 年 大连冷冻机股份有限公司董事长、总经理;大连冰山集团有限公司党委书记、董事长、总经理;

1999 年至今 大连冰山集团有限公司党委书记、董事长。

张和所获主要荣誉称号如下:

1986 年~1987 年度获大连市特等劳动模范;1989 年荣获全国优秀企业家;1990 年、1994 年、2003 年分别荣获辽宁省劳动模范称号;1995 年获辽宁省、大连市优秀科技实业家;1997 年被朱镕基总理称为"张和是一个不带引号的企业家";1998 年荣获大连市名人称号;2002 年荣获首届中国创业企业家称号;2003 年荣获"全国机械工业明星企业家"称号;2004 年荣获全国首批高级职业经理人资格;2006 年荣获首批"大连市企业家科技创新奖";2006 年荣获国际高级职业经理人资格。

张和语论

1

有了一批自主的知识产权的核心产品,同时也有一大批引进消化吸收再创新的一批高端产品,我觉得这是冰山集团之所以发展到今天的关键所在。

2

要强化企业的文化建设,将企业的经营方针及时的传达给员工,将大家的思想统一起来,更有效地发扬全体员工的团队精神。

3

中国加入 WTO 以后,许多国家都认识到世界经济全球化,市场在中国,这就给我们带来了极大的合资合作的新机遇。但是,它还有不利的一面,那就是一些大公司来中国办企业,独资的多,合资的少。这种现象的产生其中原因很多,我认为最主要的就是人和。只有两国工作人员的通力合作才会把合资企业进行到底。

4

冰山集团首先通过合资实现了产品结构调整。公司缺的不是资金,而是先进的技术。在与外企合作中,可以提升产品技术等级,实现产品更新换代,实现产品结构调整。其次,通过合资,借鉴国外先进管理,建立现代企业制度,实现管理创新,将决策层与经营层相分离,董事长负责资产管理部、战略发展部、审计监察部三个部门,其他部门都由总经理管理。

5

在引进技术的基础上消化吸收再创新——大连冰山集团用自己的实践证明:将这句话付诸实践,对于企业而言意味着同行的尊重和市场的认可。

6

一个企业、尤其是合资企业,如果没有自主研发能力,就会不得不经常向外方购买更新的技术;这样一来,企业在市场面前就会十分被动,也无法实现真正意义上的发展壮大。因此在对外合作过程中,冰山集团要求每一个合资企业必须建立中方自己的研发中心,集团每年要把销售收入的5%作为自主创新经费。依靠不断自主创新,冰山集团研发成功了空调真彩液晶触摸式计算机技术,比国外同类产品提高效率20%,而成本却降低了10%。该技术被反向输出到国外,并史无前例地向外方收取了2%的技术提成费。

7

股权分置改革完成后,大冷股份将一如既往地做好各项工作,努力开拓国内外市场,提升公司的经营业绩,争取给股东带来更多、更好的投资回报。在上市后的12年间,我们已经做到了;今后,我们将做得更好,回报各位投资者的厚爱,承担起振兴民族工业的历史重任。

8

企业作为经济组织,其行为的出发点和归宿必然是效益的最大化。在谋求利益最大化的同时,更要关注企业的长期发展。尤其作为一个大型企业集团,其发展的目的更注重长久的生存而不仅是暂时的利润最大化。企业要长久的生存和发展,就必须注重企业文化建设;建设有自身特色的企业文化成为每个企业的口号,冰山集团自然也不例外。

9

能够把不同的人群融合为一个有机的整体,形成一个融洽的社会,起主要作用的是文化。企业作为一个特殊的社会群体,核心的因素是人。如何把分散的人的意志和行为统一到企业发展的需要,需要文化作为纽带来维系。冰山集团作为一个以资产为纽带,具有多元产权关系的企业集团,集团所属的各个公司,在各自的发展过程中,也需要一个统一经营目标,一个强大品牌来促进企业的发展,企业文化建设在维系人与人关系的同时,在企业与企业的关系方面,也发挥了纽带作用。

10

以统一品牌为目的的企业文化建设可以比喻为一棵大树的成长。在冰山这棵大树上,每个企业、每个班组都是不同的枝叶,为冰山的枝繁叶茂提供养份,生产果实。各个枝干间彼此分别,又汲取共同的营养,自身发展的同时,大树也不断生长,生生不息。当然,除了大树自身的发展,还要有员工的嫁接、修剪,以产生更好的果实和更强的抵抗能力,经受市场的考验。

11

我爱才,所以痛恨养活庸人。

12

思想觉悟、企业向心力当然很重要,但是必须让员工看到一个实在的现在和未来。

13

冰山集团"明白、拼命、忠诚、创新、廉洁"十字精神是冰山人自己创造的,不是抄袭来的。明白,就是每个人都要明明白白地干,要当业务尖子、要技术过硬,不同岗位要有不同的"明白",大家都干"明白"了,企业就没有不"明白"的地方了。拼命,就是要一心一意扑在事业上,敢争第一。忠诚,就是对企业和事业要忠心耿耿,即使在企业遇到困难时也与企业共患难、力挽狂澜。创新,就是要不断地攀高,永无止境。廉洁,就是要大家都讲廉洁,都监督廉洁。

14

新型工业体系将产业分成三大类:先导产业、支柱产业、特色产业。其中的支柱产业应当是能够带动地区经济发展的产业群体,应当具有产业总量大、产业链较长、产业贡献较大,具有较强的产业竞争力等。我们就是把自己的产业当作支柱产业对待,在产业链上做足文章。

15

我们是从计划经济生产型过来的,后来学会了商品经济经营型,本来这已是一个了不起的跨越了。但我们很快又感觉到,企业要跨越式发展,仅靠商品经营型不行,因为商品经营型只能使企业滚动式发展,而滚动式发展是不能真正做大做强的。必须走重组、收购、兼并的路子,于是我们就学会了资本运营。

16

一个企业没有研发能力哪能行,尤其是合资企业,10 年以后我们再买一个技术,5 年以后再买技术,今天引进一个技术干了一段时间,然后市场再需求,我们再去引进,再花钱买技术,这样下去我觉得这个企业是必死无疑。

17

将近 20 年来,企业党委就是围绕着解决冰山集团发展问题不断地加强党的建设和思想政治工作,没有党员这支队伍起保证作用,我看,就没有冰山集团的今天。

18

办企业离不开党委这班人,让他们到国际水平的展会上开开眼,回去就知道怎么对职工进行思想政治工作了。如今,冰山集团的干部任命是党管干部与市场考核干部相结合,不会抓市场的干部是不称职的干部。

19

国有企业重任在肩,我们不仅要对大连的经济发展做出我们应有的贡献,还要为我国民族工业走出国门、走向世界做出我们的贡献,冰山集团不仅要成为中国最大、最好的制冷企业,还要成为世界一流的跨国公司。

张 瑞 敏

海尔集团首席执行官张瑞敏

张瑞敏,山东省莱州市人,他是中国改革开放以后的第一代企业家,每年到他创办的青岛海尔公司学习取经者达数十万人,因而他可谓在 20 年间对中国社会和企业影响最大的企业家,同时他又是在西方最知名的中国企业家,位居《财富》中文版中国商界领袖排行榜之首。

张瑞敏人生最大的转折和他的企业家生涯始于 1984 年,是年底,他从青岛家电公司副经理任上被派往下属冰箱厂任厂长,他回忆当初并不愿去,但如不去就没人去了,因为他已是一年内被派去的第四位领导,前三位都被赶了回来,而就任当天迎接张瑞敏的是 53 份请调报告及早 8 时上班 9 时下班和他需要首先禁止在车间大小便的局面。

张瑞敏当时曾对夫人说:"你要作好思想准备,在那里如果干不好,可能也回不了公司了。"他甚至留下了 1984 年时厂里的照片和录像,为的是万一干不下去好证明那么差的地方谁能干上去。这证明了张瑞敏时处背水一战的境地,他必须一博。

以张瑞敏的素质和能力,收拾这样一个烂摊子绝无问题。其人不吸烟、不喝酒,言谈举止显深厚修养且谈锋犀利,一位张的老朋友喻其像成熟的谷穗,总是深深地低着头,他自称从小即喜欢静思考,做事求稳,不争一日之短长,做事有目标,不达目标不走神。

在张瑞敏进入冰箱生产领域之时,冰箱严重供不应求,但张瑞敏却手执铁锤并命令流泪的工人共同将 76 台次品冰箱砸成废铁,这轰然一击砸醒了全厂的质量意识,亦显示出张瑞敏超人的睿智与果敢。

有人问张瑞敏最初的管理经验从何而来,他不加思索地回答:"从长期担当被管理者而来,在被别人管理时,体验最深的最大的问题是没有一种信任……"。历来,对人性的深刻理解是成就大事业者之必备素质,从此亦可看出张瑞敏受命危难并能够站稳脚跟就不是偶然的了。

1984 年到 1991 年底,张瑞敏利用 7 年时间做了两件事,一是老老实实只干冰箱一个产品,二就是抓质量创名牌。实际上,张瑞敏是利用 7 年时间夯实了基础,盖多高的楼就得打多深的地基。

张瑞敏非常欣赏 GE 的经营之道,即一个产品如果在同行里做不到前三名的位置就要卖掉。

德国的冰箱技术救活了海尔和张瑞敏,张瑞敏的功绩则是不仅借鉴了其技术,亦借鉴其管理经验并因地制宜加以利用。

当海尔崛起时,人曰传奇和神话,张瑞敏则说:"没有传奇,没有神话,海尔只是把简单的事认真干了 20 年。什么叫不简单,能够把大家都公认的非常简单的事,千百遍地做好就是不简单;什么叫不容易,能够把容易的事认真做好,就是不容易。"

一个从计划经济时期走过来的中国企业家,能够有如此眼光,无异于将中国的企业管理水平从奴隶社会一下子提升到了现代社会。

1995 年,成立 80 年的日本松下公司派员参观海尔空调器厂后表示震惊,说在海尔这样的企业介绍松下的管理,感到紧张和信心不足,松下得加油干,不然就赶不上海尔了。这说明当时的海尔在某些产品的生产软硬件方面已可与像松下这样的世界顶级家电公司一较短长了。

同年,张瑞敏经过历时 10 年的第一次创业成功,提出二次创业的口号,此时,海尔已成为全国家电第一品牌。二次创业的目标是创中国的世界名牌,进入世界 500 强。对于为什么要二次创业,张瑞敏的解释是"停滞不前就会落后于人,自取灭亡。"

回顾这 10 年的冰箱产业,初始一轰而起,很快产能严重过剩,许多企业倒闭或转行,当时风行的如雪花、万宝等品牌很快被人们遗忘,而新兴的更大的冰箱企业如科隆等野心勃勃扩充规模,欲独食这最后的蛋糕,这不能不令张瑞敏产生极强的危机意识,继而做出多元化和二次创业的决断。

从战略管理的角度,企业至少必须回答三个问题,即发展方向是什么,生存和发展的空间在哪里,用什么优势累积企业的核心优势。张瑞敏深知,国际化道路几乎是他唯一的选择。对于国际化,他对下属的要求是没有做与不做的考虑空间,而是只能考虑如何国际化,他还强调,不出去就死定了,出去可能死,也可能活,对此,没得选择,更不能讨价还价。

有许多报道,说张瑞敏之所以热衷于国际化,是因为他 1984 年到德国,人家说中国只会制造鞭炮刺激了他立志要在国际市场上打响中国品牌,实际上经过这么多年国内外商场历练的张瑞敏,对于如此重大的战略选择,决非一时冲动之举,他是经过了长时间的十分理性的缜密思考和权衡利弊得失后才作出决定。

张瑞敏做出这一国际化二次创业的决定,尤其是将国际化的突破口选在美国、欧洲这样的高端市场,令许多人担忧和不解,风险当然是显而易见的。到一个陌生的最成熟的国际市场直接与跨国公司较量,品牌、资金实力等都是大问题。以当时国内市场情况看,中国民族的白色家电与外国名牌并驾齐驱,那么在国际市场上,中国产品还是可能与之一较短长的。如果中国的产品能在美、欧站住脚,那么再到其他国家和地区,就能形成高屋建瓴之势。

有一博的可能性,剩下的就是勇气、决心和行动力了。张瑞敏对此深感担忧,他说:"现在最大的问题不仅仅在于企业本身的基础比较差,更要命的是畏难情绪,面对国际化的大企业,中国的企业没有实力与它们较量,首先,就把自己摆在了羊的位置上,结果只有被狼吃掉,如果把自己变成狼,还可以拼搏一番。"

对于难和易,有人舍难求易,有人舍易求难,这是一个十分重要的选择,张瑞敏值得关注之处是他经常选择舍易求难。

舍难求易稳当,能马上见到眼前的利益,舍易求难风险大,短期见不到利益,但起点高、目标远大,一旦成功必成非常之业。所以,张瑞敏认为企业家首先应是哲学家,他熟读老子之经,喜欢辨证地分析问题。

在国际化的过程中,在与国际大企业的竞争中,张瑞敏坦言感觉是中国企业连小学都没毕业,他认为这就是差距,是摆在中国企业面前的问题,即怎么样在短时间赶上的问题。当然,更大的感受是又到了一个新的起点上,需要重新学习,重新找到路。他说,虽然路很长,但一旦找到路,就不怕路远。他还感悟到,我们唯一与跨国公司能竞争的是创新精神,也只有靠创新精神缩短与跨国公司之间巨大的距离。

张瑞敏如是解释其国际化的思路:在全球化运作的能力方面,我们的对手有着我们所不具备的全球市场网络和全球化竞争的素质。我们之前已经做了很多探索,我们将上一个阶段叫做国际化战略阶段。国际化战略和全球化品牌战略有很多类似,但是又有本质的不同,国际化战略阶段是以中国为基地向全世界辐射,但是全球化品牌战略阶段是在当地的国家形成自己的品牌。

海尔实施全球化品牌战略至少要过三道坎儿:

第一道坎儿就是从入围资格到进入决赛圈。

现在的中国企业在全球化、国际化的市场上有没有资格都是一个问题,更不要说参加决赛了。就像奥运会一样,你要参加跳高,可能入围标准是2米,你现在才跳1.8米,连入围资格都不够。入围资格首先是解决布局的问题。海尔在全世界有30个制造基地,要想在全世界都布满了,那还需要很大的力度。到中国来的外国企业,它们在全世界都布局完了,中国是它进入的最后一个市场,它可以利用原来上百年的积蓄、上百年的力量把中国的市场做好。我们只有20年,集中这点小小的力量要进入那么多的世界市场,是一种制约。所以后边的路还很长,也非常艰苦。从企业的全球化竞争力上看,我们要提升产品的竞争力和企业运营的竞争力。

产品的竞争力包括产品的质量和产品的研发。在质量方面,是在大批量、多品种、新品多的情况下,仍能满足不同国家、地区用户的需求,只有这种满足全球化要求的质量保证体系,才可能进决赛圈。研发也是一样的,有可以参与竞争的基本素质才可能入围,如专利、标准等,但是到国际市场这只是一个基本条件而已,或者说这只是一个竞争的必要条件,但不是充分条件。充分条件是必须把这个专利转化到市场差异化的产品上。

要参与国际竞争很重要的是企业运营的竞争力。归结起来就是三个流:物流、资金流、信息流。这三个流海尔在中国做得很好,到国际上也还有差距,说到家还是企业的竞争力,要有产品的竞争力和营销的竞争力,体现的是系统整体的能力。国外市场有决赛资格的只是几家垄断企业,要挤进去就要做长期的努力和奋斗。

第二道坎儿是进入决赛后,从机遇利润到双赢利润。

有的企业可能刚刚过了入围的资格,进入决赛还不行;有的企业进入决赛,但是竞争力还不行。如果进到决赛了,那不是目标,还有第二道坎儿就是利润问题,因为进入决赛不等于有利润,没有利润赔钱进去,最后还要退出来,所以必须做到从机遇利润到双赢利润。

第三道坎儿是要从单一文化转变到多元文化,实现持续发展。

海尔原来的企业文化是植根于中国传统文化当中的,但是到国际上去又有不同。到国外去,文化的差异很大。比如欧、美,就是一种休闲文化;到日本去,日本人对你很恭敬,但是日本人没法接受海尔的文化;当然在东欧、中东,有些文化差异也给海尔带来很多新课题。

所以,海尔现在制定了新的企业精神和工作作风,其目的就是适应全球化品牌战略的发展。

由此可了解张瑞敏对于海尔国际化是考虑得十分周全的,对困难、应对方案、前景以及每一步怎么走都思考得比较充分。

张瑞敏在 2005 年圣诞节发表了海尔实施全球化品牌战略的宣言,他在宣言中说,海尔一个新的战略发展方向,即全球化品牌战略,我们 2006 年开始实施,这不仅是对海尔,对全国的企业界都是一个新的课题,我感到已提前进入了攻坚战。

1999 年 4 月 28 日,美国海尔贸易有限责任公司正式在联合国大厦举行揭牌仪式。过了两天,4 月 30 日,海尔将 3000 万美元投资美国南卡罗莱纳州,建立了海尔在海外的第一个工业园。在此之前,海尔分别在菲律宾和马来西亚投资建立公司。在美国创建工业园的这一刻起,应是张瑞敏下定决心

坐落在青岛市高科技工业园的世界第四大白色家电制造商海尔集团总部大楼

将海尔打造成国际化大企业的开始。工业园奠基仪式开始,国歌奏起来的那一刻,张瑞敏说自己真的是"非常非常激动"。迄今为止,海尔已在全球30多个国家建立本土化的设计中心、制造基地和贸易公司,全球员工总数超过五万人;2005年,海尔品牌产品的出口和海外生产销售达28亿美元,16年来,平均增速为63%。在美国纽约、意大利米兰、日本东京,在法国巴黎机场的高速公路边,甚至在印度的一些小城镇里,都可以见到"Haier"这个熟悉的标志。

销售产品只是其全球化最基本的欲望,海尔希望打造的,是确立在全球各个市场上的主导品牌地位。海尔通过设计、制造、销售的"三位一体"本土化来实现"三融一创",即融资、融智、融文化,创出本土化名牌。现在,海尔在美国、欧洲都已立足,那里的消费者已把海尔当作当地化的品牌。比如在欧盟四国,海尔冰箱率先通过A+能耗标准,欧洲的消费者购买一台海尔冰箱,可以领取政府最多100欧元的补贴。在东南亚,海尔已分别在马来西亚、泰国、孟加拉、越南等国建立工厂,在新加坡建立贸易公司。在印度这个南亚竞争最激烈的市场,海尔虽然没有设立生产基地,但已发展到近3000个销售网点。截至目前,海尔已进入了印度10大经销商中的8家。

张瑞敏仍认为其国际化进程困难重重,他说,我们从20世纪90年代初已经出口产品到国际市场,在国际市场上风风雨雨十几年的时间,我现在的体会就是必须走出去,但打拼过程当中我体会到在国际市场竞争中取胜是难上加难,中国企业和国外的跨国大公司比较起来有着非常大的劣势。

第一个劣势是后到的劣势,我们是一个新手,或者换句话说,他们差不多已经算是研究生,甚至是博士,我们却只能算是小学刚毕业,差距非常大。

第二个劣势是不能用金钱换取空间。在中国的很多跨国大公司,都是为了占据中国市场进行战略性亏损,如果我们在世界各地也采取这一种战略显然拿不出这么多的金钱,所以说用时间换取空间我们来不及,没有人给你时间;用金钱换取空间我们没有它们那种资金的积淀。

张瑞敏认为,尽管很艰难,但中国企业不能只是"窝里横",还是必须走出国门,参与国际市场竞争,要把国内市场的优势转化为国际市场上自主创新的品牌。他有一个八个字的体会,叫做"无内不稳,无外不强"。中国企业都想走出去,如果你在国内市场上没有竞争力,也不可能走出去,但不到国际市场永远不会做强。

以实际行动去创造一个中国的世界名牌,张瑞敏可谓历史第一人,他代表中国的企业界勇敢地迈出了历史性的第一步,这划时代的第一步不论成败都应永垂青史。

海尔全球化品牌战略的第一步,应该说已经达成,即在国际上有了相当的知名度,但是下一步会比较艰难。

联想的杨元庆与张瑞敏对此有争议,联想花 11 亿美圆买下 IBM,杨的观点是国际化买牌子更值,张的观点则是国际化要创自己的民族品牌。

创国际名牌可以说是所有企业家的梦想,大宇当排名世界 500 强第 36 位时,金宇中却说他终身的遗憾是未能创造一个像照相机一提起就是加能、汽车一提起就是奔驰那样的国际名牌。大宇的轰然倒塌,印证了张瑞敏的话,一切资产都是负债,唯有品牌是资产。运作品牌对企业而言是个战略问题,单独的品牌宣传是一颗颗散落的珍珠,其发出的光芒是一点点的,而品牌的战略运作,则是一串珍珠,它发出的光芒是一片片的。中国的企业,单个的品牌宣传往往都是成功的,但整合起来就不行了。这是与国际名牌最大的差异,海尔的全球化品牌战略必须重塑品牌才能成功。

品牌是"虚功",张瑞敏经常强调无形的东西比有形的东西更重要,即老子所云"天下万物生于有,有生于无"。现代的商战,有形的大家都差不多,竞争转向如品牌等无形。画家黄宾虹年轻时一高人指点他"实者易,虚者难",黄牢记一生,并于"虚"处着力,终成大师。

张瑞敏是企业家中少有的"饱学之士"。"海尔学不了,"很多考察过海尔的人都这么说,"因为海尔有个张瑞敏,张瑞敏是唯一的。""唯一的"张瑞敏有人说在于他是一个集古今智慧的思想者,一个儒化的现代企业家。的确,张瑞敏是一位颇有思想的企业家。在创造"海尔神话"的实践中,他不断整理、升华自己的思考和经验,凝成了许多富有哲理的经营理念,并把这些经营理念物化在实践中,创造出一个又一个的奇迹。他推崇的三本书是《论语》、《孙子兵法》和《道德经》,他说:"老子帮助我确立企业经营发展的大局观,《论语》培育我威武不能屈、贫贱不能移、勇于进取、刚健有为的浩然正气,孙子帮助我形成具体的管理方法和企业竞争谋略。"他相信"海纳百川,有容乃大",早年迷恋于中国传统文化,这给予他创业很大的精神支持。

张瑞敏总是站在一个更高更深的思想和文化境界去思考问题。香港一位记者访问张瑞敏时,问他作为一个企业家首先应具备何种素质,张瑞敏想了想回答道:首先要具备哲学家的素质吧。张瑞敏沉静的品格正是基于他的哲学修养。

张瑞敏非常推崇老子的《道德经》,曾经读过无数遍。他说,一个企业没有文化就等于没有灵魂。在老子《道德经》中,无形就是灵魂,他认为"道生一,一生二,二生三,三生万物"。万物的根源是道,而道恰恰是非常重要但看不见的东西。对《道德经》张瑞敏还有一点感触也很深,就是柔胜刚。他说:"它说明了一种转化的过程,弱可以转强,小可以转大,问题是你怎么来看待。做企业你永远处在弱势,如果你能把自己放在一个弱者的位置,你就有目标可以永远前进。"

在张瑞敏的办公室,新近上排行榜的书大多能在书架上找到。他对《第五项修炼》评价很高,认为21世纪的企业应该是学习型的团队,其标志就是企业领导人要能够超越自我,员工们每个人都要不断学习、提高,要保持清醒的头脑,学习非常重要。

张瑞敏认为每一个海尔员工都应该不断提高自身素质,不做木桶最低的那块木版,要使海尔集团这支联合舰队成为名副其实的、真正素质高的战斗集体。在治学体验上,张瑞敏崇尚传统,认为中国的经、史、子、集包含许多门类,特别是管理科学的知识,值得认真研读。

美国一家报社记者采访时问张瑞敏:你在这个企业中应当是什么角色?张瑞敏回答:第一应是设计师,在企业的发展过程中使组织结构适应于企业的发展;第二应是牧师,不断地布道,使员工接受企业文化,把员工自身价值的体现和企业目标的实现结合起来。

张瑞敏是海尔的精神领袖。他创办了海尔,从接手一个亏空 147 万元的小厂起步,20 年后将企业的年销售额发展到上千亿元。海尔文化的源头是张瑞敏,像一位老师带领一群学生,这群学生信奉老师的真知灼见,把老师的话当作教诲,反复领悟,再创造性的发挥。

海尔集团成为被正式写入哈佛案例的第一个中国企业,张瑞敏也成为登上哈佛讲坛的第一位中国企业家,这正是由于海尔独特的文化、独特的管理和独特的市场理念吸引了世界一流的工商管理学府;瑞士洛桑国际管理学院为海尔做的市场链案例已被纳入欧盟案例。

张瑞敏在管理实践中创造了富有中国特色、充满竞争力的海尔文化

海尔的管理模式,张瑞敏曾明确提出,海尔的目标是借鉴西方和日本的管理经验并与中国实际结合,创中国的世界名牌。管理中国企业只能用中国式的管理模式。他的管理模式的公式是:日本管理(团队意识和吃苦精神)+美国管理(个性舒展和创新竞争)+中国传统文化中的管理精髓=海尔管理模式。

海尔从干部到员工有这样一个共识:一个企业要永远向前发展,必须有自己的企业文化、理念和行动纲领。如同张瑞敏所说:"所有成功的企业必须有非常强烈的企业文化,用这个企业文化把所有的人凝聚在一起。上百年的企业,不知道有多少东西都变化了,唯独它的企业精神百年不变,这非常能够

说明问题。所以企业文化的核心就是企业精神,企业精神就是企业灵魂,而这个灵魂如果是永远不衰、永远长青的,企业就永远存在。"

张瑞敏这样定义企业文化:"企业发展的灵魂是企业文化,而企业文化最核心的内容应该是价值观。外来人员到海尔来看到的一般是文化外层即海尔的物质文化。海尔将企业文化分为三个层次,最表层的是物质文化,即表象的发展速度、海尔的产品、服务质量等等;中间层是制度行为文化;最核心的是价值观,即精神文化。一般参观者到海尔最感兴趣的是,能不能把规章制度传授给他们,其实最重要的是价值观,有什么样的价值观就有什么样的制度文化和规章制度,这又保证了物质文化不断增长。"

在与惠普总裁普拉特谈话时,张瑞敏对海尔的企业文化有一个更深入的总结:"海尔的企业文化最核心的部分是体现对两部分人的尊重:对员工的尊重,对顾客的尊重。世界上最无价的东西就是人心,是花多少钱也买不来的,要赢得别人的心,只有拿自己的心去交换,这跟谈恋爱的道理一样。"

管理大师升华到极至时,对管理理念的表述竟然也简洁到极至。韦尔奇对领导作用的表述是:"我的工作是为最优秀的员工提供最广阔的机会,同时将资金作最合理的分配,投入到最适宜的地方去。"张瑞敏则说:"一个企业的领导就是两件事,一是拿主意,一是用好人。"

(撰稿人　雷　建)

张瑞敏简历

1949 年 1 月 5 日出生于山东莱州市,1995 年获中国科技大学工商管理硕士学位,高级经济师;中共十四大、十五大、十六大、十七大代表,2001 年荣获全国优秀共产党员称号,为中共第十六届、十七届中央委员会候补委员。

1984 年,出任青岛电冰箱总厂厂长;

1995 年,荣获"中国经营大师"称号;

1996 年,荣获美国优质服务科学协会授予的终身荣誉"五星钻石奖";

1997 年,荣获《亚洲周刊》颁发的"1997 年度企业家成就奖";

1998 年,先后应邀登上哈佛大学、瑞士洛桑国际管理学院、沃顿商学院等世界一流大学的讲坛;

1999 年,被英国《金融时报》评为"全球 30 位最具声望的企业家"之一;

2000 年,改任首席执行官(CEO),成为中国家电业第一位 CEO;

2001 年,当选"中国经济年度人物",并成为"中国经济年度人物公众奖"惟一得主;

2002 年,荣获国际联合劝募协会"全球杰出企业领袖奖"和"最佳捐赠者奖",荣获首届中国创业企业家并受到表彰;

2003 年,在"感动中国 2002 年年度人物"评选活动中成为惟一获此殊荣的企业家;

2005 年 4 月《财富》杂志中文版评选张瑞敏为最具影响力的商界领袖之首,其给出的理由是:张瑞敏是在西方最知名的中国企业家,他逆流而上的策略,引发了全球商界和管理学界的关注。评语说:无论从哪个角度说,张瑞敏都是中国商界最具影响力的人物,他用 20 年的时间,将海尔打造成全球第四大白色家电厂商。海尔不仅成了中国家电的第一品牌,也是在全球范围内为人知晓的、为数不多的中国品牌。作为中国最早进行国际化实践的企业家之一,张瑞敏以超越常规的胆量在美国建厂,并在细分市场获得成功,成为在西方世界中最知名的中国企业家。

张瑞敏语论

1

什么叫做不简单？能够把简单的事情天天做好，就是不简单；什么叫做不容易？大家公认的、非常容易的事情，非常认真地做好它，就是不容易。

2

坚持每天提高1%，70天工作水平就可以提升一倍。

3

企业说到底就是人，管理说到底就是借力。

4

作为一个领导，你可以不知道下属的短处，却不能不知道下属的长处。

5

世界上最无价的东西是人心，要赢得别人的心，只有拿自己的心去交换。

6

企业家只有两只眼睛不行，必须要有第三只眼睛。要用一只眼睛盯住内部管理，最大限度地调动员工积极性；另一只眼睛盯住市场变化，策划创新行为；第三只眼睛用来盯住国家宏观调控政策，以便抓住机遇，超前发展。

7

要给用户意想不到的惊喜。

8

事前反复研究，慎之又慎；一旦做出决策，必须坚决执行，不容含糊。

9

在新经济时代，什么是克敌制胜的法宝？第一是质量，第二是质量，第三还是质量。

10

我们不过分地在现有市场抢占份额，而是去另创造一个市场，即另做一个蛋糕——另做一个蛋糕独享。

11

与狼共舞,必须自己成为狼,而且变成"超级狼"。

12

有缺陷的产品等于废品。

13

我们不是"居安思危",而是"居危思进"。

14

每一个人都是责、权、利的中心,"人人是经理,人人是老板",把每个人的潜能都释放出来。

15

我能在冬天的严酷环境中生存下来,就能在春天最漂亮。

16

永远战战兢兢,永远如履薄冰。

17

卖信誉,而不是卖产品。

18

能者上,庸者下,平者让。

19

抓反复、反复抓,抓重点、抓提高。

20

核心竞争力是什么?我认为是在市场上可以赢得用户忠诚度的能力。

21

在位要受控,升迁要竞争,届满要轮换,末位要淘汰。

22

部下的素质低,不是你的责任;但不能提高部下的素质,是你的责任。

23

说了,不等于做了;做了,不等于做到位了。

24

对员工忠诚,员工反过来就会对你忠诚;对员工负责,员工反过来就会对你负责。

25

在互联网时代,企业生存的关键是速度。

26

下棋找高手。

27

生产一代,研制一代,构思一代。

28

盘活企业,首先盘活人。如果每个人的潜能都发挥出来,每个人都是一个太平洋,都是一座喜马拉雅山,要多大有多大,要多深有多深,要多高有多高。

29

"日事日毕,日清日高",每天的工作每天完成,而且每天的工作质量都有一点儿(1%)的提高。

30

人人是人才,赛马不相马,给每一个愿意干事的人才以发挥才干的舞台。

31

打价值战,而不打价格战。

32

否定自我,创造市场。

33

领导者的重要工作之一就是预测变化,规划未来。

34

市场永远不变的法则,就是永远在变。

35

只有淡季的思想,没有淡季的市场。

36

永远比对手快一步。

37

我想引用罗斯福的名言来回答你:"我们唯一害怕的只是我们自己。"

38

高标准,精细化,零缺陷。

39

企业强大难,保持长盛不衰更难。

40

"鲶鱼效应"——通过内部竞争机制,把每个人的活力激活起来(挪威民间传说:渔民捕捉的沙丁鱼通常很难活着返港,偶尔一次发现有一艘船的沙丁鱼全活着返回。秘密是原来里面有一条鲶鱼,它的存在使沙丁鱼们惊恐万状,左冲右突,结果反而都保全了性命)。

41

人无我有,人有我优,人优我奇。

42

顾客的难题,就是我们开发的课题。

43

没有十全十美的产品,但有百分之百的服务。

44

求才,识才,容才,用才,培才,育才,护才。

45

天下难事,必作于易;天下大事,必作于细。成也细节,败也细节。

46

斜坡球体理论:企业在市场所处位置,如同斜坡上的一个球体,需要强化内部基础管理,才能产生强有力的止动力。

47

领导在与不在,企业照样良性运转。

48

管理有模式,无定式,这是管理的艺术性和科学性。

49

智力比知识重要,素质比智力重要,觉悟比素质重要。

50

企业文化培训有三个层次:企业精神文化,企业制度文化和企业物质文化。

51

企业只有一项真正的资源——人。

52

在任何时代,能满足人最深层、也是最本质需要的不是金钱和物质,而是自我价值的发现和实现。

53

要么不干,要干就要争第一。

54

一旦你产生了一个简单的坚定的想法,只要你不停地重复它,终会使之成为现实。

55

海尔的价值观是什么? 只有两个字,创新。

56

素质究竟是什么? 是一种自我的约束能力。

57

计不在多,而在高。

58

改善是无穷的。

季 克 良

中国贵州茅台酒厂有限责任公司董事长、总工程师季克良

季克良被称之为国酒茅台的"灵魂人物"和"精神领袖",67 岁的他已是第 5 次延期任职,新华社 2006 年 7 月 21 日专电报道了季克良将继续担任中国贵州茅台酒厂有限责任公司董事长、党委副书记、总工程师,贵州茅台酒股份有限公司董事的消息。

茅台酒是"国酒",具有政治、经济上的双重意义,而季克良被贵州省委认为是茅台酒厂的一块"金字招牌",是贵州省的宝贵财富。季克良给多数人留下的印象是一位既儒雅又谦和的老者,这种骨子里的儒雅和谦和,让人在肃然起敬中又有一种很亲切的感觉。季克良在接受《时代人物周报》的访问时说:"我不希望我继续干下去了。我有一个很幸福的家庭,而且现在,我又有了一对让我很喜欢的孙子,我很想天天和他们在一起。"

1939 年农历三月初五,季克良出生于江苏南通县的一个乡村,生父叫顾锡爵,3 岁因家贫,被过继到了娘娘家,改姓季。刚过继到季家时,季克良的生母难抑眷念,竟日日晚上举着火把,赶 5 里夜路至季家屏息隔窗而望,未闻儿子哭声始回。季克良 9 岁时,生父和养父决定,即便把谋生的仅有一点田地卖掉,也要供他求学读书。1959 年,季克良考取无锡轻工业学院发酵专业,刚入校门,即逢全国"自然灾害"时期,老家没有了音讯,家庭接济全然断绝,后从表姐信中方知,母亲病重,哥哥死了,顾家房子也被一场大火烧光……季克良每月有 13 元的助学金,只够吃饭,为了买些必备的参考书,他便经常利用假期到工地抬石头、拌灰浆,每日可赚 1 块 5 毛钱,晚上就住在农家的厕所里。大学 5 年里,季克良一直担任班主席,并担任过系学生会委员,以优异成绩大学毕业。

1963 年全国举行了第二届评酒会,曾是首届评酒会冠军的国酒茅台因质量问题(后被认为是因为评酒方法不科学和人员未经培训所致)痛失冠军宝座,这件事引起了周恩来总理的重视,要求选拔、培养受过良好大学本科教育的同志,长期跟踪研究茅台酒的生产工艺特点和规律,以保证茅台酒的质量稳定,于是身为发酵系尖子的季克良和未婚妻徐婆被选拔分配到了茅台酒厂。

1964 年 9 月,茅台镇上分配来了唯一两位来自江南的本科生,刚刚从无锡轻工业学院毕业的 25 岁的季克良和未婚妻徐婆。回首四十余年的风雨历程,如今已是满头白发的季克良充满感情地说:"是茅台成就了我,是茅台的事业成就了我。"

季克良临来茅台前,年已七旬的养父没有阻止,生父家还为他和徐婆壮行。从贵阳到茅台,几天的行程,汽车走在峭壁凿出的盘山道上,越走越偏僻,越走越荒凉,望着脚下滚滚的乌江,有恐高症的季克良和徐婆不禁心悸腿软。经数日跋山涉水刚到茅台酒厂住在招待所的当夜,迎接他俩的竟是一躲在徐婆床下的窃贼,响动将她惊起,窃贼遁去,是夜季克良和徐婆在昏暗的灯光下久久默然相对,深感前途渺茫,然又想到因为学了发酵这个专业,又能分配到知名度那么高的茅台酒厂,即使再艰苦也要坚持下去。

季克良初到茅台酒厂时,工厂完全是一个山旮旯儿里的手工作坊,生产、生活条件很差,从搬运原料、投料、蒸煮、制曲、堆积发酵到包装,全靠手工操作。不少工人为了改善生活条件,还得自己养猪种菜。然而从进入茅台酒厂不久,季克良就发现,茅台酒的制作工艺与他在学校学的、书本里讲的并不一样,为了获取第一手资料,季克良跟班作业,仔细观察投料、蒸煮、制曲、堆积发酵的每一个过程,并虚心向老师傅求教。后来季克良还给母校的一位教授写了一封信,一一指明了在教材中介绍茅台酒工艺方面应该改正的地方。

　　茅台酒之神秘在于其独特的香气成分。1915年的巴拿马万国博览会上，一只茅台酒罐不经意摔破，流出的茅台酒散发的特有酱香令举座皆惊，并使茅台酒捧回金奖。茅台酒的香型被列为"酱香型"，而"酱香"是中国最有民族性的香型。记得在20世纪80年代初，笔者接待日本著名酿造微生物专家横冢保访华，他说，世界上基本的味道有4种，即酸、甜、苦、辣，但亚洲人还有一个离不开的味是酱味，酱味是中国人创造的，以后流传到了日本。所以，茅台酒是中国白酒之最重要和弥足珍贵的香气宝库。有人说造茅台酒比造原子弹还困难，实际上这句话完全是事实，因为在科学技术如此发达的今天，科学家虽然发现了许多茅台酒的香气成分，但不明了的地方仍然很多，包括茅台酒香气产生的非常复杂的生物化学过程。1981年11月，中国工业微生物工程奠基人陈陶声教授对笔者说，在世界发酵工业方面，大部分是日本领先，日本主要是研究从中国传去的酿造产品，但我们在这方面远不如日本搞得深入，我们现在要扭转的是下力量把祖先传下来的东西的秘密揭示出来，比如茅台酒的香气到底是什么东西，我们还仅局限于分析出有什么酸、什么酯，全部的秘密还不能揭开，我今年82岁，可能在我100岁时能够取得突破性的进展。难怪季克良刚到茅台酒厂时颇有"独上高楼，望断天涯路"之感，他对徐娑说："对于茅台酒的生产，我们十年之内没有发言权。"

　　季克良来到茅台后，就开始了他致力于揭示茅台酒传统工艺神秘面纱的万里征程，在研究探索的过程中，不断提出新的技术理论，挖掘茅台酒的潜质。

　　1964年至1966年，季克良参加了中国科学院、轻工业部主持的茅台酒试

季克良在品酒室

点研究,揭示了茅台酒堆积发酵的特点,使其成为茅台酒生产操作的重要规程。

1965 年季克良做出了一件对全国白酒业影响深远的大事,他在是年泸州召开的名酒协作区会议上,发表了《我们是如何勾兑酒的》,将李兴发摸索出的茅台酒的勾兑经验进行了科学和系统的归纳和总结,论文回答了白酒为什么要勾兑和如何勾兑的问题,最早提出对白酒的香型进行区分,为白酒分香型评比做了原始启蒙和基础性促进,使白酒的勾兑既是理论与实践的融合,又是与艺术的完美结合,这是中国白酒生产工艺史上的一次跨越,成为中国酿酒史上的一个里程碑。此成果得到会议的充分肯定,各白酒厂纷纷仿效学习,在全国掀起了勾兑热潮,促进了白酒质量的稳定提高。

1966 年“文化大革命”开始,季克良夫妇被下放到车间跟班组劳动,拉车、上甑、人工扬糟、制曲,还当过记录员,一干就是三年。季克良忆及那段时光时说:“在车间时劳动强度很大,现在我有 150 斤,那个时候只有 108 斤,一个知识分子要去干这么重的活,确实承受不了,但是我一点没有怨言。我感到通过‘文革’时期的锻炼,增长了很多知识,而且是书本上学不到的知识。我后来当领导时,感到这一段经历是非常非常重要的,所以现在好些工人讲,那老头儿什么都会,你瞒不过他的。”

1972 年尼克松访华,而后,法国总统蓬皮杜、日本首相田中角荣相继访华,茅台酒厂相继勾兑了“尼克松访华专用酒”、“田中角荣访华专用酒”、“蓬皮杜访华专用酒”,由于刚刚打破了外交的坚冰,世界各大媒体纷纷报道了访问情况,也写了很多花絮,特别是尼克松、田中角荣品评、评价茅台酒的趣闻,不断见诸报端,在世界上形成了一次茅台酒热。

1973 年初,季克良恢复从事技术工作,他结合茅台酒传统工艺,用自己掌握的专业知识对现有生产工艺进行了比较系统的梳理和研究,这些基础科学工作反映在他撰写的一系列论文中,对茅台酒的质量提高和规范化生产起到了基础性和关键性作用。

季克良 1974 年撰写的《提高茅台酒质量的点滴经验》,对高温堆积、高温入池、延长窖底发酵时间等茅台酒酿造工艺提出了具体要求,得到了企业上下的高度评价和普遍肯定。

1978 年,季克良参加了与贵州省轻工科研所共同进行的对茅台酒香气成分和香型的研究工作,新分析出茅台酒香气成分数十种,初步揭开了茅台酒香型的奥秘;后又参加对"茅台酒香气及制曲、制酒主要微生物"的研究,分析了茅台酒香气成分的构成和茅台酒酿制过程中主要微生物的区系分布,取得了大量数据,形成了科学的理论。

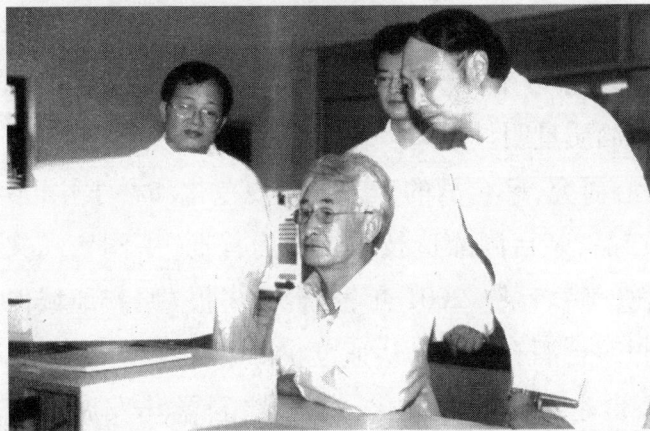
季克良在技术中心

1979 年,通过对茅台酒堆积发酵特点的研究,归纳出茅台酒的十大生产工艺特点,总结出影响茅台酒生产的 21 种因素及提高酱香酒质量 10 条措施,季克良撰写了《提高酱香型酒质量的十条措施》,起草制定了《茅台酒标准》,对茅台酒用曲、制曲、水分等问题作出了科学界定,使茅台酒生产工艺更加科学、合理和规范;而《白酒的杂味》《茅台酒的电导与老熟》《加强企业管理和提高产品质量》等多篇论文,则对茅台酒的香味与其酿造工艺和自然条件之关联进行了理论分析和研究;他还提出《提高茅台酒质量的九条经验》,极大地保证和提高了茅台酒的生产质量,为茅台酒规模化生产提供了技术保障,也为企业的持续稳定发展打下了坚实的基础。

1981 年,季克良起草并在全厂推行《茅台酒生产操作作业书》,使茅台酒厂的生产开始步入正规化轨道。

季克良说:"茅台看起来是个传统企业,但个中好多神秘工艺还不为人们所认识,其实茅台酒的工艺也是现代生物工程技术的应用,生物工程这个概念很宽,人们利用环境的微生物,那么就有怎样能够把好的留下来,把不好的弃掉的问题。我们在世界上独一无二的地理环境中生产出这么好的茅台酒,这本身就是件很不容易的事。环境微生物这么多,这么复杂,温度变化,微生物菌群就随着发生变化,因此,茅台酒的生产工艺本身就是一种科技。"

季克良 1981 年由生产技术科科长升任副厂长、工程师,1983 年任厂长,

1984年通过全国评酒委员考试,以第12名入选。

1985年,季克良参与和组织了轻工业部下达的大容器贮酒(酱香型)项目研究,该研究项目通过了国家级鉴定。

1988年季克良归纳出茅台酒十大生产工艺特点,提出了发酵微生物适温宽和充分繁殖是茅台酒品质细腻、协调、丰满的主要原因。1989年,他还彻底解决了解放以来二次酒"掉排"的问题。

1994年,季克良针对自1962年以来一次酒酸度高的情况,总结了提高一次酒质量的11条经验,使茅台酒质量明显提高。

经过季克良近30年的潜心研究,茅台酒的工艺日趋规范化和科学化,形成了独一无二的工艺技术和产品,茅台酒酿造技术被列为首批"中国食品文化遗产"和"中国非物质文化遗产"名录。2001年,茅台酒申报"原产地域保护产品"成功,同时他主持申报茅台酒有机食品认证也获得成功。

多年来,季克良对国酒茅台生产走向标准化、规范化、科学化发展的道路,功不可没。季克良的抱负是一辈子当工程师,钻研技术,从来没想过要当厂长、董事长、总经理、书记,他的夫人徐婪也不无遗憾地说:"我觉得搞行政工作,对他个人、对国家都是损失,确实是这样,直到现在我还这样认为。"

国酒茅台长期处于供不应求的局面,1951年至1953年,政府赎买、没收和接管了3家私人烧房"成义"、"荣和"、"恒兴",投产第一年产茅台酒75吨。1953年,正式成立贵州茅台酒厂,此后一段时间,茅台酒厂处于曲折徘徊的发展状态。20世纪70年代,方毅副总理让茅台到遵义搞异地实验,于是把茅台酒厂的一位老厂长和好几位曲师、酒师都调到遵义去,而且把茅台的酒甑、曲子甚至泥土都搬去,结果是生产出的酒质量确实非常好,但和茅台酒比还有明显的差距,所以茅台酒的扩产只能在原地想办法。到1977年,茅台酒的年产量达到750吨,1978年首次突破了千吨关,但距毛泽东主席1959年提出的"万吨茅台"的期望仍相距甚远。在此期间,各级党委和政府千方百计为茅台的发展创造条件,茅台酒扩改建工程均列为贵州省重点建设项目,省领导亲自挂帅。季克良任厂长后,以很大精力投入到茅台酒厂的改扩建工程,他参加了1200吨填平补齐改扩建过程,如参与了二车间的工艺平面设计和主持了新增800吨的扩改建工程上马,克服了地质条件复杂、基础设施薄弱、厂区大面积处滑坡地带等严重困难;还参与了 1975 年的万吨规划设计等工作,并起草了一系列工艺规程、质量标准和管理制度,为茅台酒在不断扩产中保证质量打下了坚实的基础。1991 年,茅台酒产量首次突破 2000 吨大关。

1992 年,邓小平同志南巡后,茅台酒厂进入快速发展阶段。"八五"期间,季克良进一步实施技术改造和扩建,完成建设工程量相当于前 42 年的总和。1996 年,茅台酒年产量达到 5000 吨。

1997 年 1 月,季克良被任命为中国贵州茅台酒厂(集团)有限责任公司董事长、总经理。1998 年,来势凶猛的金融危机在东南亚全面爆发,当时还处在计划经济体制下的茅台酒厂面临前所未有的困难,产品滞销,企业生产经营一度陷入困境,季克良又被任命为党委书记、总工程师。季克良说:"过去我们只要有开票的,有收钱的,有发货的就行,不需要跑市场的。在金融风暴来以前,茅台酒厂是车水马龙,就是每天批条子,转一个条子就不得了,那时卖一箱酒最多能赚 1000 块钱,所以批到 3 箱就是 3 千块钱,批到 10 箱就是万元户,排队的人多的不得了。但 1998 年的时候,却门可罗雀,没有人来了。"

以季克良为首的公司领导班子,认真分析了面临的各种困难和形势,决心带领茅台毅然迈入市场经济的快车道,彻底转变"酒香不怕巷子深"的以产品为导向的传统思维,树立以顾客满意为导向、以顾客和市场为中心的现代营销理念,推进市场营销体系建设,在经销商和营销网络方面,则本着选择最好的为原则,并要求采取多种形式为顾客提供方便、快捷、周到、细致的服务。

在新形势下,企业转向以市场为中心,季克良等集团领导都亲自深入到销售一线,并且在全厂招聘营销员,有近 30 名中层干部奔赴全国 20 多个城市搞销售,机制的转变,使全年的销售任务在 5 个月内完成了。季克良称从大学毕业分配至茅台后的 30 余年,多数时间是从事或主抓技术、生产工作,出去也是搞学术、生产交流比较多,自此以后花在市场调研方面的精力却远远超过了前者。

国酒茅台在市场发生突变的情况下,能够很快力挽狂澜,扭转局面,与企业领导班子能够顾全大局、以身作则、团结向上、敢于面对挑战、勇于实践密切相关;员工们忘不了,在茅台镇通往外界的崎岖山路上,德高望重的季克良与公司其他领导昼夜往返奔波的情景,多少次,见到他们踏着夜色出差归来,第二天一大早,却又见到了他们忙碌的身影。为了企业,这个班子在季克良的带领下,实行厂务公开、民主决策,坚持让所有的重大决策都经过职代会"过滤",坚持倾听各种不同意见,尽可能避免失误的发生。

"九五"期间,作为茅台集团最高管理者的季克良,仍坚持快速发展,投资5.6 亿元进行了新增 2000 吨茅台酒生产能力及辅助配套生产系统的建设。到 2000 年,茅台酒产量达到 6030 吨。

2001 年,贵州茅台成功上市。对于上市,季克良说:"如果要圈钱的话,我不需要通过这样的办法,我可以向银行贷款,我可以发行债券。我也晓得监管力度很大,婆婆很多,个个都是我的婆婆,但做大、做好是我的目的,不是为了个人。所以有人监管对我们肯定有好处的,我也很愿意,也希望通过这个来加强我们的管理。"

倍受关注的"十五"万吨工程在世纪之交举行了盛大的奠基仪式。2003年茅台酒终于在季克良手中实现了万吨宏伟目标,为了达成这一毛泽东、周恩来提出的目标,季克良和茅台酒集团的上上下下奋斗了 40 余年。季克良不无欣慰地说:"我在我的岗位上,实现了茅台酒的产量过万吨,实现了国家寄予的厚望,这是很不容易的一件事,也是值得高兴的事。虽然这也是靠着几代人前赴后继才把它完成的,功劳是大家的,但毕竟是在现在实现的。"

2006 年底,贵州茅台酒股份有限公司的股票市值进入了中国股市 1000多家上市公司前 10 位左右,而 2006 年中国的股市如果以"茅台年"相称,亦并不为过。"贵州茅台"股票自 2001 年在上海上市以来,面对数年熊市,股价仍上涨近 5 倍,成为沪深两市"第一高价股",受到投资者热烈追捧,2006 年一年之内即有多个涨停板,"贵州茅台"的市值一年更增值近 400 亿元,是全年营业利润的 10 多倍。截至目前,"贵州茅台"市值已突破 900 亿元,是上市之初的 10 倍多。季克良说:"这个排位老实讲我都没想到。"

"贵州茅台"股市奇迹的大背景,是茅台创造的经济增长奇迹。从 1999年至 2005 年,茅台集团在连续 7 年跨越式发展的基础上,2006 年,茅台集团的跨越更趋强劲,销售收入、上缴利税等主要经济指标均保持了两位数以上增长;茅台酒生产供不应求,在全国许多销售市场竟至断货。"始终把产品质量视为企业的生命,把质量工作当作企业最主要的工作来抓,这是茅台最见效的法宝。"季克良如是认为。

美国《商业周刊》的评估表明,在中国价值最高的 20 个品牌中,茅台品牌的价值为 13.2 亿美元,排名第 8。

1998 年不利局势对季克良触动很大,他认为要适应市场变化,必须转变观念,必须树立"以市场为中心,生产围绕营销转,营销围绕市场转"的思想观念。季克良深有感触地说,一个"变"字,彻底"解放"了"茅台"。过去,数十年一贯制,茅台几乎都只生产 53 度一种度数、500 毫升包装一种规格的茅台酒,而今天,已有针对不同地域、不同口味、不同层次、不同消费习惯、不同消费能力的 38 度、43 度、33 度三种低度茅台酒,包装也分为 1680 毫升、1000 毫升、500 毫升、250 毫升、50 毫升、二套装、三套装、礼盒等好几种;同时,推出 15 年、30 年、50 年、80 年等陈酿茅台酒,实行普通茅台酒"年份制",出厂年份不同,价值也不同。目前,统一装修、设计、标志、服务规范、指导价的 670 家"国酒茅台专卖店",成为许多大中城市商业黄金地段的一道靓丽风景,国酒茅台的市场营销和服务体系已基本建立和完善。

到 2006 年,即"百亿集团"目标提出后的第三年,茅台的产量达到了 13800 多吨,年均增长 1100 多吨;年销售收入达到 60 亿元,3 年内基本实现了翻番。作为一个传统产业,一个老企业,一个处在行业竞争非常激烈的企业,贵州茅台正在稳步推进。季克良相信,再经过 4 至 7 年的努力,茅台集团一定能够实现"百亿集团"的发展目标。

在经济效益稳定、快速发展的同时,季克良认为企业应主动承担社会责任,他带领公司全体员工投入大量资金积极参与社会公益事业,出资修建了茅台大桥和青茅公路,捐资兴办了茅台镇"国酒希望小学",向贵州江口县每年投资 30 万元解决农村饮水难问题等。在安置就业方面,2000 年以来公司向社会招工 2814 人,安置退伍军人 250 多名,接收大中专毕业生近 300 名。在环境保护方面,投入 5000 多万元用于公司周边生态环境保护和对赤水河茅台镇上下游水质进行定期监测;还建成废水收集处理系统、锅炉烟尘和二氧化硫脱硫除尘一体化处理系统;将酒糟再利用生产出饲料和有机复合肥;新增绿化面积50000多平方米,使厂区被批准为工业旅游企业,成为黔北红色旅游线上的一个亮点。

季克良谈到自己晚年最快乐的事,一是茅台酒实现了万吨产量,再就是看到茅台酒厂的这些年轻时吃了不少苦的退休工人们,晚年能过上如此快乐悠闲的日子,他称这使他感到无比的欣慰。这位20世纪60年代的高级知识分子,远离故乡,心甘情愿一辈子守在贵州一个偏僻的小山沟里,与国酒为伴,精心守护着这民族的火种,其执着令人肃然起敬,因此,他被茅台员工誉为"茅台守望者"。70年代中期,王朝文当省长时,对他说:"老季,委屈你了!"邹开良和省轻工厅厅长邱栋臣,专门先后到江苏农村去看他的父亲。1964年,季克良刚到茅台不久,饭票被偷了,是工人们三两二两地给他凑了饭票;2001年他的脚受伤住院后,很多老工人闻讯去看他,听说他的伤重,有的工人还流泪了,这些往事都令季克良难以忘怀。季克良年轻时因家庭困难曾要求调离,改革开放后有不知多少人对他许以厚禄,北京也要调他任高职,但贵州对人才的这份热情和厚爱,茅台这片热土的神奇,最终留住了季克良。

如今,季克良这位外省大学生已在他毕生奋斗的茅台酒厂成长为中国白酒行业的参天大树,他是中共十五大、十六大代表,获全国"五一"劳动奖章,中国酿酒工业协会授予他"中国酿酒大师"最高荣誉称号。然而,怀旧之感,常笃于暮年,季克良此生最感遗憾的是家国不能两全,他说:"我养母是1967年去世的,生母是1970年去世的。当时,养父、生父都70多岁了,孤零零的没人照顾。当初养父母领养我,亲生父母关照我,两家全力供我读书,当然是希望老有所养。我的两个哥哥比我大20多岁,我又是家里惟一走出农村吃皇粮的,老人们都希望我回去照顾。如果说此生还有什么最让我难过的事,那就是对老人们不能尽一份孝心,不能在他(她)们生病时守护一旁,端水喂饭,报答养育之恩。养母是过世了我才赶回去的,那时从茅台到南通乡下,要五天五夜。亲生母亲病重时,还赶回去照顾了一个礼拜,但老人家已经失去知觉了。我亲生父亲去世是1983年,当时刚宣布我当厂长,厂里实在太忙,没有办法回去,没能看最后一面。养父是1988年过世的,也只能赶回去为老人家操办后事。"说起这些心头之痛,季克良早已忍不住眼圈发红。

忠与孝、国与家,自古两难全。42年弹指一挥间,季克良这位满头银发、年近古稀的老者,为了国酒茅台之事业,还在青山对峙、赤水中流的茅台镇耕耘着、奉献着……真可谓"衣带渐宽终不悔,为伊消得人憔悴"。写到这里,笔者深深吸了一口气,仿佛闻到了从黔北大山里飘来的茅台酒特有的酱香。

(撰稿人　雷　建)

季克良简历

1939 年 4 月 24 日出生于江苏南通；

1964 年 9 月从无锡轻工业学院食品发酵专业毕业后，到贵州茅台酒厂工作，先后任生产科副科长、副厂长、工程师；

1983 年 11 月～1985 年 3 月 任贵州茅台酒厂厂长、工程师；

1985 年 3 月～1987 年 4 月 任贵州茅台酒厂总工程师；

1987 年 5 月～1991 年 3 月 任贵州茅台酒厂常务副厂长、总工程师（正厂级）、高级工程师；

1991 年 3 月～1996 年 12 月 任贵州茅台酒厂厂长（法人代表）、党委副书记、总工程师（副厅级、后升为正厅级）、高级工程师、茅台酒 2000 吨/年扩改建工程指挥部副指挥长；

1997 年 1 月～1998 年 5 月 任中国贵州茅台酒厂（集团）有限责任公司董事长（法人代表）兼党委副书记、总经理、总工程师（正厅级）、高级工程师；

1998 年 5 月～1999 年 11 月 任中国贵州茅台酒厂（集团）有限责任公司党委书记、董事长、总工程师、高级工程师；

1999 年 11 月～2000 年 8 月 任中国贵州茅台酒厂有限责任公司党委书记、董事长（法人代表）、总工程师、研究员；贵州茅台酒股份有限公司董事长；

2000 年 9 月至 2004 年 8 月 任中国贵州茅台酒厂有限责任公司党委书记、董事长（法人代表）、总工程师；贵州茅台酒股份有限公司董事；研究员；

2004 年 8 月至今 任中国贵州茅台酒厂有限责任公司党委副书记、董事长（法人代表）、总工程师。

季克良中共十五大、十六大代表；贵州省七届政协委员，贵州省九届、十届人大代表，贵州省第八次党代会代表。全国第四、五届评酒委员，国家白酒评委专家组成员，中国白酒协会常务理事，中国食品工业协会常务理事，中国轻工业联合会第二届理事会理事、常务理事、副会长，贵州省企业管理协会常务副会长，贵州省酿酒工业协会会长，江南大学董事会副董事长，天津科技大学教授、博士后导师，茅台酒厂（国家级）技术中心主任。1990 年获贵州省有突出贡献的优秀专家,1991 年获国务院特殊津贴,1992 年评为国家级有突出贡献的中青年专家、获全国"五一"劳动奖章,被聘为香港国际食品博览会国际评酒主评委,1994 年获全国轻工业优秀企业家、全国 500 名最大企业创业者,1995 年被评为全国劳模、全国食品工业优秀企业家、首批中国经营管理大师、中国商界十大风云人物,2002 年被评为首届中国创业企业家,2007 年获第三届"袁宝华企业家管理金奖"。

季克良语论

1

加强技术进步和科技创新是茅台集团强化核心竞争力的重要手段。数十年来,茅台人对技术进步的追求从未停止过,在优化茅台酒生产工艺、稳步提高茅台酒质量等方面取得了一定的成果。茅台酒的研究从粗犷阶段到精确科学阶段,从感官辨别到理性分析,是一个从必然王国向自由王国过渡的渐进过程。

2

没有钱不行,钱多了也不是好事,知识和技能才是终身的财富,是绑架不去也偷不走的,是终身受用的"永久牌"财富。

3

企业的成功不会只有一个模式,否则就不存在经营成功和失败的问题。一个企业的成功和失败,当然可以借鉴,但必须根据企业的实际情况来制定发展战略。

4

国酒茅台确实有提价的空间,但我们绝不凭价位而是凭品质来体现身价。我们主张,产品定价一定要讲究规矩,譬如普通茅台酒的价格,一定要让一般收入的老百姓也能消费得起,要让他们感到真正物有所值。

5

我国一位著名的科学家说得好,"创新精神是科学精神的重要组成部分,继承也是科学精神的组成部分"。没有继承,就缺少厚积薄发创新发展的根基;而没有创新,继承便会变成一种沉重的"积压",失去生命的活力。

6

我为什么要留在茅台这么多年,首先要感谢党的教育,这是发自内心的,决不是套话。我们这一代人是党培养的,是党一手培养了我,从中学念到大学都靠助学金,我怎么能讨价还价? 祖国需要是我的第一志愿,这在当时决不是一句空话。

7

我一听到国酒两个字,就感到肃然起敬。1935年,1936年红军经过这里的时候,喝了茅台酒,又用茅台酒来擦伤,治好了很多红军战士的病。1949年中华人民共和国成立的时候,就用茅台酒作为国宴酒,所以后来叫国酒了。

8

为了钱、为了待遇而跳槽,我感到人格受不了,我认为这个人格最主要。

9

我的性格是比较软的,但是工作起来不怎么软,看准的事情不会动摇。

10

一把手对于企业的确重要,他既要懂生产营销,更要善于放手让班子成员干事、干成事。就现在而言,一把手的作用主要是制定规划(包括战略、方针、目标)和用干部(包括选拔干部、任用干部)。当然,一个人不可能是全才,只要他能根据企业的实际做出科学的、切合实际的、通过努力能够完成的规划,并能充分发挥分管人员的作用,依靠全体员工的努力实现目标,那么,他就应该是一位好的一把手。

11

市场经济发展的客观规律已经证明,在充满极度变数的市场条件下,发展机遇往往与风险并存。惟有坚持科学发展观,才可能有效地规避因为盲目发展而可能导致的风险。

12

人才太重要了,什么事都要人去干,干的好干的不好就看人才,可以说茅台集团最宝贵的财富,是她拥有在中国白酒行业首屈一指的技术队伍和营销队伍,这是一支包括大量技术人才和营销人才储备在内的专业技术力量,堪称中国白酒的"梦之队"。

13

企业主要负责人要有综合管理的能力。如果你不懂怎样解决某个问题,你就得用好你手下的人。大家互相学习,取长补短,才能够把企业搞好。对于自己,我不敢说是这样的人,但我感到自己的品德还是比较好的,我不妒嫉人才,而且能充分发挥大家的极积性。

14

茅台酒是白酒，在中国的所有白酒里，它的工艺是独一无二的。茅台酒生产工艺时间很长，从原料到商品出来，起码得 5 年，这是与其它白酒不一样的地方。

15

一个伟大的企业家应当把做实业和搞资本运作完美组织在一起。

16

面对如此强劲的发展势头，我们首先考虑到的还是"确保质量"，品质是企业的生命，是产品的生命，我们的销售临近告罄的最终原因就是为了确保质量。按照营销学的逻辑，坚持产销平衡并严格管理，使效益永远服从质量，才是企业长治久安的法宝之一，我认为茅台集团做到了。

周 厚 健

周厚键领导的海信集团,在竞争激烈的中国家电产业已占有一片天地,他并因2000年和2005年两度成为CCTV中国经济年度人物和获第二届(2006)袁宝华管理金奖而备受瞩目。技术人员出身的背景,使人们认为周厚键的成功是得益于技术立企,他自己则说"我其实就是一个身上稍带铜臭味的商人,"他站在母校山东大学邵馆的讲台上以胶东普通话向学生们这样介绍自己,透过眼镜片,他扫视了一眼台下的学生和老师,又接着说:"不过,请注意,商人只是我的职业,而不是我的人品。"

周厚键,山东牟平县人,1957年8月出生,祖辈曾为牟平远近闻名之富商

海信集团有限公司董事长周厚健

大贾,有7个姐姐,他是家中惟一男孩。周厚键1976年下乡插队,一年半之后,顶替父亲进厂当了车工,曾获得"青工标兵"称号;1978年,以优异成绩考入山东大学无线电系,1982年7月毕业,被分配到青岛电视机厂。

1982年,大学生在青岛电视机厂已经不希罕了,周厚健去之前,厂里已经有几十个大学生,到厂后周厚健被安排到车间当技术组长。1983年3月他调到技术科,由于解决了困扰全厂的一个新产品技术难题,之后从技术科调到了设计科任副科长。

1986年,由于周厚健升任厂长助理,故开始如饥似渴地研读管理方面的书籍,他一直将读书看作是提高自身管理能力的手段,在实际工作中,周厚健

也深切感受到了学习管理科学的重要性。如他负责技改投资,投资管理的知识让他知道要先计算投资回报时间,然后再评估该不该投资。

周厚健1989年9月任副厂长,1990年任常务副厂长,先后分管技术、财务、人事、生产等。1992年正值中国彩电业的第一个"冬天",周厚健受命出任青岛电视机厂厂长。

周厚健给人的最初印象是随和、谦逊,像一个温文尔雅的工程师。他说:"别人觉得我性情柔和,这只是看到我的表面,我其实是一个性格很强硬的人,恰恰不柔和是我最大的缺点。"古人谓"大将之材必见贤若不及,从谏如顺流,宽而能刚,勇而多计",周厚健不愧是大将之材。他上任后,首先对德行有问题的人开刀,开除了近20个偷物料的人;为将技术开发人员的工资提高到一线工人的3倍,他把厂研究所独立了出来;对供销人员,则大幅奖励,大幅淘汰,收入拉开档次,这一切在厂内引发了"地震",年收入高于周厚健的人愈来愈多。干部从147人减到99人,并送山东大学培训经营管理,周称要做他的手下,就必须先读好书;在进行住房分配时,老员工愤怒了,因为发现许多小字辈不仅薪水比他们高,分配的房子也比他们宽敞。周厚健却在会上说他高兴有人为房子的事找他,这说明改制的目标实现了,拉开收入的差距,引起少部分人的不满意是正常的,希望这些人通过更努力的工作来证明自己,周厚健还说,体制性的问题必须用体制来解决,管理的优势永远无法弥补体制的缺陷,我在农村人民公社呆过,我知道那时候的人们是以怎样的心态去对待工作的,一句话就是"磨洋工"。

作为一个国企管理者,面对长期形成的吃"大锅饭"的局面,周厚健可以苟且顺应,安习所见,但他深知企业宽之必亡,若励精图治,则必严之乃治,不能柔懦,并善用宽严之道,即宽以济猛,猛以济宽。周厚键敢于出手,用新制度解决旧制度带来的弊端,企业得以大治,亦为日后企业大跨越发展奠定了坚实基础。

在经营方面,周厚健1992年上任后即提出不追求黑白电视机的销量,第二年就提出上大屏幕彩电,并实现当年见效、当年收益、当年还清银行贷款;还是在这一年,周厚健预感到人民币还要贬值,故分别从南方和北方抢先购置了一批材料、显像管,是年人民币对美元的黑市价炒到11.6元,此举使企业节省了近5000万元成本,全年获利润8000多万元。

早在 1994 年，周厚健即提出"以资本家眼光看待资本与市场"，始尝试资本运营，分别以"异地划拨"、债权变股权方式一年之内"吃下"多家企业，海信全都控股，实力大增。

其中，海信淄博电子有限公司是在原淄博电视机厂基础上以投资控股方式组建的，该厂是原电子部彩电生产定点企业，生产双喜牌黑白电视机，年产量不足 4 万台，企业负债近 8000 万元，濒临破产；新公司正式成立不到 10 天，日产量就比原来提高了一倍以上，周厚健用正常投资的20%获得了一个年产25 万台电视机的生产规模。采用同样的模式，自 1994 年起，周厚健以重组资产为纽带，形成了跨地区、跨行业、跨所有制组成的海信控股公司或全资子公司多家，用不足 3 亿元的投资控制了近 30 亿的资产。

在彩电供不应求的 20 世纪 90 年代初，扩大企业规模一般的做法是铺摊子，走内涵式扩张发展道路，但周厚健认为那样做投资大、收益慢，弄不好有被拖垮的危险，故决心走资本经营的路子，依靠资本运营实现企业的低成本扩张，成功地走出了一条资本运营与产品经营紧密结合的发展之路。

1993 年，海信技术研究所做出了变频空调是未来趋势的分析，得到周厚健的认可。1994 年 4 月，周厚健开始和日本三洋公司谈判向海信输出变频空调技术问题，一直谈到 1995 年 8 月，三洋公司才终于同意。

1994 年 8 月 29 日，"海信集团暨海信电器公司成立大会"召开，这标志着由 7 个全资子公司、7 个控股公司、多个参股公司组成的跨行业、跨地区、跨所有制，集科、工、商、贸于一体的青岛海信集团公司，开始以全新的姿态迎击市场经济的大潮。

1995 年 2 月，周厚健接任青岛电子仪表工业总公司董事长、总经理，青岛海信集团公司总裁，青岛市电子行业管理办公室主任职务。周厚健被赋予了一些政府职能，实际是要他代管原青岛市电子仪表局下属的困难企业，解决下岗员工的就业问题。在此情况下，周厚健不得不投资近 5 亿元做起了劳动密集型的第三产业，因为他要安排上千人的再就业。

1996 年 3 月 26 日，彩电巨头长虹突然宣布降价18%，这个中国彩电业的第二个"冬天"令一大批企业从此一蹶不振；同年 7 月，周厚健在北京人民大会堂宣布：海信不参与价格竞争，要以高科技、高质量、高水平服务，创国际名牌的发展战略应对长虹的降价。周厚健私下说："我不跟它，一跟就进入了它的逻辑，死定了。"

1996 年 4 月，海信投入 4 亿元的变频空调基地破土动工；1997 年 4 月 17 日，第一台变频空调下线投放市场，该产品年贡献利润达 1 亿元以上。

1997 年海信成立计算机公司，此后周厚健桌上的 IT 类书刊也日渐增多，反映了他欲在信息产业里争得一席之地。

1997 年 4 月 22 日，经周厚健奋力奔波，海信电器 A 股股票上市，融资 4.2 亿元。海信上市虽然很成功，但周厚健却将他的 1997 年定义为"最差"的一年，因为在这一年里，海信从原来的单一公司变成了集团公司，但管理并没有跟着改变。周厚健一开始轻视了这个问题，在随后搭建集团架构的时候，海信选择了分权的子公司制，而非集权的事业部制。周厚健认为事业部制属于计划机制，集团当然也会给事业部全力的支持，但集团让事业部干什么，事业部就干什么；子公司制则是市场机制，直接受市场作用，所以尽管子公司制集团的权力会被削弱，但海信还是毅然采用了子公司制，而子公司的财务依然被集团控制着，方法是子公司财务人员都由集团派出，直接对集团负责，其工作优劣由集团考核。

1998 年，海信年销售收入达到 82.5 亿元，利税 4.01 亿元，排中国电子百强第七位。同年周厚健成立海信软件股份公司（海信网络科技股份公司的前身），推行了多家社会股东投资、经营管理者以及技术人才入股的产权主体多元化的现代公司组建形式。

2000 年成立的的海信数码科技公司，技术人员则普遍成为公司的"老板"，个人持股比例多达26%，技术股最多的达到6%。

2000 年周厚健做出了海信以电子、通讯和信息等 3C 产业为发展主导的战略构想。同年，投资的商业、地产、广告公司、元器件和包装材料等非主导产业进入稳定回报期，且经济效益不错。这年，43 岁的周厚健在执掌海信帅印 8 年之后，希望逐渐淡出经营管理第一线，改任集团董事长，将经营权交给了比自己大 6 岁的于淑珉。于淑珉被称为贯彻周厚健意图比周厚健自己还要得力的人，周厚健将他与于淑珉的分工比喻成"救火"与"引渠"，他说："企业'失火'了，大家一下子就忙活了起来，但企业的方向错了，并不是所有的人都能看得出，战略决策就是'引渠'，'渠'的方向对了，水自然会向正确的方向流。"

企业的最高领导者,如人之心腹,心腹痛则四肢不举。所谓企业的心腹之患,在于战略和管理,故周厚健将执行权下放,以便腾出更多精力用于战略方面,并同时考虑他再造海信的计划,这主要包括产业资源的重整和产业架构、管理架构的再造。

2001 年,海信的年销售收入上升到 161 亿,净资产达 26 亿,在家电、通讯、信息、商业、房地产等领域拥有 20 多个子公司,生产电视、空调、计算机、移动电话、冰箱、计算机软件、网络设备等众多产品。周厚健之所以把产品线拉得如此之长,他认为海信没有垄断技术,只能靠多做来降低风险,共享各种资源和共担各种成本。他还认为海信像这样组合下去,经过一段时间会出现比较好的基础,今后,或许海信会向单一化调整,但眼前不会,海信的产品线可能还要长,但不会偏离电子信息产业。周厚健拉长产品线和拼命做大的出发点,是认为中国企业还有上升的空间,时不我待。

2002 年 8 月 15 日,青岛市江西路 11 号,投资近 3 亿元建成的海信技术孵化园内,周厚健笑对前来祝贺海信"三园一厦"全面落成的各界朋友频频举杯。这两年,海信一直在做大调整,周厚健很少出现在公众场合。是夜,无法入眠的周厚健网上冲浪,无意间看到了 2002 年的高考试题,他再一次兴奋起来,下意识地开始做题。1978 年高考之后,周厚健每年都继续做高考题,一直做到工作之后的 1987 年,为的是检验一下自己的能力退化了没有,并提醒自己要不断地努力学习。

2003 年,海信产值达到了 221 亿元,周厚健将其归功于企业执行力的提升。他说:"海信的成功更重要的应该是强有力的执行力,在现代的企业管理中,通过很强的执行力,把战略和愿景变为现实,成为企业发展之初和整个过程中最重要的一环。战略规划直接关系到企业发展的方向,而企业执行力则是企业团队的整个战略的执行能力。有了长远的战略定位,没有执行力,等于画饼充饥;如果有较强的执行力,而没有良好的战略规划,那就是南辕北辙。"

2003 年海信开始在平板电视领域发力,以期在难得的机遇中以依靠先发优势在平板电视上领跑两、三年时间,并且期望经过几年的领跑之后实力大增,完成从行业第二梯队向第一梯队的跃迁。周厚健在一次国际会议上说:"根据著名的斯坦福资源公司的统计调查,显像管电视在 2003 年全球呈明显下降趋势,估计未来其增长率亦不会超过2%，2007年后将逐步萎缩。与此相反，平板电视的年复合增长率将超过70%，预计到2004年全球平板电视的销量将达到900万台，2007年将超过2700万台。中国平板电视的发展从2002年才真正起步，平板电视频繁更新升级而成本快速下降，由此可以断言，在世界范围内平板电视必将成为主流，平板电视的年复合增长率将超过70%，在未来十年中国数字电视产业蕴藏着数千亿元的巨大商机，加上国际市场，中国彩电企业面临着一个巨大的难以吞咽的市场机遇，中国彩电企业唯有使自身具备技术创新并依靠其带动产业升级的能力，才能在'摩尔时代'不失机遇，在竞争中取胜。"

在剥离非主导产业上，周厚健采用改制的形式，让这些非主导产业的经营者持大股，骨干员工参股，海信集团一次或3年内收回所投入的资金，但在具体企业上还是根据实际情况区别对待。

海信退出非主导产业，既有集中资源发展3C产业的打算，也有放活一些已经做强的产业（如地产和商业）的考虑。

产业资源整合完成之后，周厚健又操刀整合海信销售资源。周厚健说："2003年的海信电视规模已做得很大，空调也超过百万台规模，冰箱40万台。过去每个产品都是一个独立的'产业链'，从采购、生产到分销、物流。当它们规模小的时候，需要独立促进其发展，但大了之后就有规模效益的问题，就有集约化的问题。特别是分别销售，近8000人的销售队伍十分庞大，占集团人员的1/2，分别配送的物流成本高，分别促销的销售费用大，而且经常去商家争取各自的资源。"长期以来，海信彩电、空调和冰箱国内外的销售分别由海信电器、海信空调和海信北京负责，销售费用在改革前后有1%~2%的改进空间，对集团的赢利影响巨大，其增长速度甚至和海信收入的增长速度差不多，销售成本成为最大的开支，这使周厚健忍无可忍，必须通过流程调整把销售费用降下来，这是整合的初衷。更严重的是，由于三大类产品的生产厂各自直接指挥自己的销售公司，不能实现以销定产。

在一年半的时间内，周厚健先后完成海信产业架构和管理架构的再造，重组到位之后，周厚健提拔了3个年轻的副总裁，形成了制造、销售和服务3条相对独立的线，而且生产、销售和服务都独立成有社会竞争力的法人，成为海信的利润中心和在各自的领域内参与国内外竞争的单元，并成立了中国第一家专业品牌服务商赛维家电服务产业有限公司,海信电器股份有限公司、海信空调有限公司和海信(北京)电器有限公司则实行产销分离,整合3公司的销售渠道,成立青岛海信营销有限公司;将以往产品公司所承担的海外市场拓展业务统合到海信进出口公司旗下,完成了国际业务的整合。

2004年刚到,海信集团大本营便弥漫着紧张的气氛,周厚健对海信集团动起了有史以来最大的"手术",海信集团总部的管理人员最终缩减到不足70人。周厚健的集团管理总部重组计划方案,只保留5个管理部门以及4个以服务为职能的中心,其它部门全部裁撤。周厚健这样规划海信再造的远景:"它可能是一个销售收入数百亿的大企业,但它照样没有大企业病。"

"海信集团的规模不够大",这是周厚健在2004年12月海信集团35周年纪念大会上道出的他对海信的第一大遗憾,其次的两个遗憾分别为:海信的资本运作不够好、海信的海外市场拓展力度不够。

从2004年起,海信就在华南市场寻找"合作伙伴"。2005年初,海信先后把南京伯乐冰箱、浙江先科空调收并。从2005年5月起,科龙的走向引起了周厚健的密切关注,此时,科龙已被证监会立案调查,这个事情能够演变到什么程度,谁也不可能预料,但他已隐隐感觉到科龙的命运,似能与海信下五年的战略联系到一起。科龙旗下的科龙、容声是知名品牌,公司还拥有A股、H股两个融资平台,如果兼并科龙,海信将一跃成为冰箱老大和进入空调第一集团;另外,科龙打开了的海外市场,这些对有意弥补"三大遗憾"的周厚健都构成了相当的诱惑。

2005年7月4日,北京贵宾楼饭店,周厚健与顾雏军首度会面。顾开口要15亿元,并希望海信能把格林柯尔在科龙之外的股权、资产都考虑进去。但周厚健明确表示,他感兴趣的只有科龙,不想牵涉其他任何方面的投资与资产。两天后,顾雏军飞往青岛与海信再度接触,与周厚健等人从晚上一直长谈到凌晨三四点。

是时,欲并购科龙的中外企业有数家之多,不过顾雏军很快丧失了选择,7月29日,顾雏军被公安机关羁押,失去人身自由。就在顾被拘的同一天,海信集团于淑珉、汤业国等公司高管组成的谈判小组已经准备进入科龙公司进行资产和经营状况调查。

顾雏军被羁押后,他希望立即委托全国工商联对其公司进行重组,8月初,工商联组织有关方面就科龙重组事宜开会,讨论的结果是,根据收购价格、企业资质及顾雏军本人意愿多方面因素考虑,在众多的争购者中,海信是收购、重组科龙较理想的对象。从8月10日到8月底,海信与顾雏军的价格谈判有了进一步突破,其时海信已派财务小组进入科龙进行摸底调查,以此估价,最终,周厚健与顾雏军把股权转让协议定在5~9亿元之间。

此时,其他竞购者或潜在的买家出于不同的考虑,已纷纷表示无意竞逐科龙,仅东菱凯琴提交的收购价格据说只有3亿元左右,这甚至低于海信开出的最低价格,自然绝非顾雏军所能接受,至此,天平没有悬念地倒向了海信。

格林柯尔及海信空调最终在9月9日签署了转让协议,双方同意,以科龙电器2005年半年报为基本依据,以每股3.432元的价格出售26.43%的科龙股份,拟定标的股份的转让价格为9亿元。双方在协议中规定,格林柯尔将与海信空调共同聘请会计师,对所转让股份的价值进行全面审计,最后,将根据审计确认的科龙电器净资产与审计基准日(2005年8月31日)的账面净资产差额,调整股权转让价格。若审计后净资产总额在18亿元以上,海信集团将支付9亿元溢价收购科龙电器26.43%的股权;若净资产在18亿元以下,将以评估值为基数按26.43%的股权比例支付对应收购款,收购款最多为4.77亿元。

海信托管科龙赢得了广东当地政府的好感和信任,其核心内容是海信与科龙之间的销售代理协议。周厚健说,该方案的思想框架在7月底他和顾雏军会谈期间便已由海信提出、经双方认可,在顾雏军被拘之后,海信加紧商讨,形成了文字方案。在6、7、8三个月内,银行、供应商、经销商等方面对科龙形成了越来越大的压强,纷纷起诉、停止供货或者销售,资金情况可谓朝不保夕,除了部分海外OEM业务,科龙生产几乎全面陷入停顿。但是在股权转让并未正式完成的情况下,谁肯冒风险把资金无名无份地注入科龙,而科龙没有资金注入、一待时日拖延就有可能陷入彻底破产境地,被收购的价值又还会剩多少? 周厚健分析,这时科龙最虚弱也是最关键的是三个环节:银行、采购、市场,只有稳住这三方局势,科龙才能做到恢复生产、持续运转。为此,海信必须首先切入科龙最核心的产品销售环节,这样既可以掌控科龙的现金流,又能恢复外部各利益相关者对科龙的信心,继续向科龙供货、供资金。

销售代理协议设计为：海信集团旗下的海信营销公司将先付给科龙电器累计不超过6亿元的启动资金，这笔启动资金作为预付款购买科龙产品，同时海信营销公司将获得科龙电器内销产品的销售代理权，海信营销公司负责向商家提供商品和货款回笼，并按科龙产品销售额收取1%的代理费，在保全科龙原有销售体系的同时，协助科龙全面推广科龙产品。科龙产品所发生的营销费用（包括海信营销派驻人员的工资等费用）全部由科龙支付。9月16日，该协议签署，约定协议有效期为6个月，即从2005年9月16日至2006年3月31日。而在半个月以前的9月2日，30名来自海信的管理人员已进驻科龙。在销售代理协议签署后，海信进入科龙的高管随即得到了科龙的招聘与任命。海信集团副总裁、海信空调总裁汤业国被正式聘任为科龙总裁，海信冰箱总经理苏玉涛、海信集团肖建林、海信营销公司副总经理石永昌分别被聘任为科龙副总裁。

代销协议实施一个月后，科龙经营恶化的局面基本上得到了控制。海信向外界展示了他们"接管"科龙的百日成绩单：2005年第四季度，科龙冰箱内销的销量、回款分别比2004年同期增长41.21%和19.11%，比处于惯常销售旺季的第三季度分别增长80%和119%，产量增长117%；空调的销量、回款分别比2004年同期增长5.31%和29.73%，比第三季度分别增长198%和80%，产量增长330%……

海信团队到了科龙以后的两个月，几乎没有在夜里两点前睡过觉。周厚健由衷评价道："员工投入的精神是成就今天收购的很重要的原因。"周厚健还坦承："一开始广东省不了解海信，有人讲海信收购科龙是'蛇吞象'。正因为海信进入了以后，海信的工作状态和效果使得广东省看到了海信是一心一意、有能力做好这件事儿，这个时候才真正取得广东省的大力支持。"

2005CCTV中国经济年度人物评选颁奖典礼12月28日在北京饭店举行，周厚健第二次被选为CCTV中国经济年度人物，本届评选标准为"创新、责任、影响力和推动力"。周厚健在致词时说："谢谢给我这个机会，我手上拿的芯片，是海信一帮年轻人用了将近5年的时间和心血做出来的中国第一块高清电视数字晶片，这是中国第一个拥有自主知识产权，并且已经产业化了的高清视频处理器。中国每年有700多万台彩电，但是芯片都不是国内的，是海信这帮年轻人终止了中国这段历史。中国是一个家电大国，世界上60%的家电原产地是中国,中国的企业要把市场做好,必须做好创新,这也是中国现在正在走新兴工业化道路的最终出路。我想,这是我们企业的责任,也是我们每个人的责任。"

视频处理芯片被称作彩电的"心脏",是决定彩电功能、性能的核心技术部件,且设计复杂到要在饮料瓶盖大小的面积上,集成近200多万个逻辑门、700多万个晶体管,芯片设计最难的地方在于,成千上万个模块要搭建完成通过实验后,才能知道结果。而海信的11名平均年龄只有28岁的研发团队经近5年攻关,在2005年7月2日,我国音视频领域第一款具有自主知识产权并产业化的芯片投产一次成功,这款芯片融合了运动自适应去隔行等多项专利技术,解决了传统电视存在大面积闪烁、画面清晰度不够等技术难题,可广泛适用于液晶、等离子等各类平板电视,为中国彩电技术的提高打造了核心竞争力。

2006年3月22日,海信在科龙的团队接到了周厚健从青岛发来的指示:"准备撤出。"海信员工对周厚健讲,决定要撤的时候,他们都非常难过。让周厚健心生退意的根本原因是,时间向代销协议到期的3月31日逼近,但海信和顾雏军之间的价格底线相差仍太远,几无重合可能。2月底,周厚健亲自赴佛山看守所与顾雏军作了一次长达近5个小时的面谈。事后周厚健说:"我认为为了价格底线去和他谈其实是达不成共识的,我去是把双方支持各自底线的依据交流一下,这是有意义的。"周厚健对顾雏军说:"进入科龙这么长时间,可能我对科龙情况的了解比顾先生了解得更多。"

周厚健不讳言此后他与顾雏军的谈判价格区间从5亿元~9亿元进一步缩小在6亿元~8亿元之间。但是,双方喊价相距太远,周厚健"撤"的想法日复一日地强烈起来。周厚健说:"临界点就是3月底。这时还达不成就撤,这绝不是烟雾弹。外界把海信的智力想得太高了,海信是比较实在的。科龙对海信来说是一顿饭,不是一条命。海信一开始就有成或不成的想法,我们一直在创造进入的条件,但不成的话也不出乎我们的意料。因为我们两家的底线还没有合到一起去,而我们代理时间到了,为什么不撤?!"

3月份,科龙本来已趋于缓和、正常的供应商、经销商、银行关系再度变得紧张起来,就在周厚健与顾雏军在价格问题上相持不下、针尖对麦芒的关键时刻,地方政府、工商联等有关部门作为中间方、润滑剂的作用显现出来。在海信驻科龙团队已打点好行囊准备飞回青岛之时,代理销售协议最终期限的前两天,于淑珉接到顾雏军代理律师的消息,愿意以6.8亿元价格成交。于立即向周厚健汇报,两人通了很长时间电话,周对她说:"这件事终于做完了。"

这起收购的始作俑者和导演周厚健,只愿以两个字来表露他此时的心情:"满意"。在面对媒体采访时,周厚健说:"做企业这么多年,没有让我太悲观的事,也没有让我太兴奋的事。一年前的初夏,海信刚刚介入科龙收购案时的彼情彼景还是记忆深刻,只是后来谈判一波三折、错综复杂、久战不决把初期的兴奋感消磨得所剩无几,以至于当价格最后敲定时,对收购终将成为现实的结果已感到麻木,不过是觉得经过这么长时间的努力,终于完成了一件大事,仅此而已。"有人则称:"这是海信历史上最好的年代。"

2007年岁首,周厚健在与新闻界的叙旧聊新的沟通会上说:"过去的一年,我本人几乎婉言谢绝了各种媒体的采访,一方面是由于海信内部有很多工作要做,但更重要的是,由于科龙迟迟不能过户,从法律上不属于海信,我们就必须保持缄默,尤其这是个上市公司;但海信已将经营团队派了进去,很了解科龙,我又应当回答大家的提问。权衡下来我采取了逃避的态度。"周厚健还说:"2006年是海信韬光养晦准备'考大学'的一年,这一年我们努力发现问题、夯实基础、潜心求学。感到些许欣慰的是海信赢得了'中国大企业集团首届竞争力500强排名第一'的荣誉,感到安慰的是经历了长达17个月的艰苦磨砺之后,终于在年底完成了国内家电业迄今为止'并购资产规模最大、收购价格最高、购并重组难度最大'的科龙收购案。今天是1月6日,根据集团财务统计快报,海信集团2006年实现销售收入435亿元,同比增长30%;实现利税为21亿元,同比增长46%。从1994年海信开始购并至今,已是12年的时间,这12年,我们的经营规模增长很大。今后,我们将在现有产业的基础上大幅度提升技术能力、制造能力、营销能力,追求研发深度,创造成本优势,全力打造整个集团的核心竞争力,坚持'国内做大,海外做强;家电做大,通信、IT做强;产销规模做大,技术、质量做强;资本市场做大,上市资产做强'的思路,以年轻人的激情,去实现理性的目标。"

（撰稿人　雷　建）

周厚健简历

1957 年 8 月出生，山东牟平人，九届、十届、十一届全国人大代表，荣获全国"五一"劳动奖章、全国劳动模范，荣获第二届（2006）"袁宝华企业管理金奖"。

1982 年 7 月 毕业于山东大学电子系；

1986 年 6 月～ 1990 年 4 月 任青岛电视机厂厂长助理、厂办主任；

1990 年 4 月～1992 年 1 月 任青岛电视机厂副厂长；

1992 年 1 月～1994 年 8 月 任青岛电视机厂厂长、党委副书记；

1994 年 8 月～1995 年 3 月 任青岛海信电器公司总经理、党委书记；

1995 年 3 月～1998 年 10 月 任青岛市电子仪表工业总公司董事长、党委书记、总经理，青岛市电子行业管理办公室主任、海信总经理、党委书记；

1998 年 10 月～2001 年 3 月 任海信集团公司总裁、党委书记；

2001 年 3 月～ 2001 年 7 月 任海信集团有限公司董事长、总裁、党委委员；

2001 年 7 月至今 任海信集团有限公司董事长、党委委员。

先后荣获青岛市、山东省专业技术拔尖人才、山东省优秀企业家、全国优秀青年企业家、电子工业部优秀企业家和 2000、2005 年度 CCTV 中国经济年度人物等称号。

周厚健语论

1

世界制造工厂和世界加工厂是完全不同的两个概念,如果中国成为世界制造工厂,就必须有很强的对产品、对技术的创新能力。

2

中国的彩电产量很大,但是没有自己独立开发的芯片,没有自己的芯片就意味着决定不了功能、性能、电路程式,就等于你没有决定产品的权,只能模仿别人的。中国这么大的制造能力,是绝对的彩电生产第一大国,但没有芯片开发能力就决定不了未来彩电的发展趋势,正是出于这种考虑,我们决定自己开发芯片。

3

我们最大的危机在技术上,我们与国外同行的技术差距越来越大,大到已不是时间上的概念,而是空间上的。中国企业技术上的差距让人心痛,当然,这种差距不是海信一家的问题,是中国消费电子产业整体的软肋。

4

在会计学里有"会计假设",其中4个假设里面有个假设叫"持续经营假设",我认为在企业经营的各个方面都应该有"持续经营假设"。我们说"百年海信",实际上这是个长期持续经营的假设,因此很多决策思路就跟没有这种假设的完全不一样,比如对人才的培养、对品牌的培育、对技术的研发,如果没有这种假设,我认为在做法上可能是迥异的。

5

如果想攻克难度大的技术课题,就必须允许失败。这种"允许失败"会有两个方面的损失:一是企业投入的损失,失败即意味着投入的无效;再一个是对技术人员的损失,他们工作了很长时间,如果失败,最直接的看是浪费他们的生命。但如果没有技术开发允许失败这种机制,企业的研发人员谁都不敢触及难的技术课题,不敢触及难的技术课题,企业的技术水平就永远不能提高。所以说,这种"失败"虽然代价比较大,但对企业追求高难技术来说,是非常有意义的机制。有才华、有思想的技术人员,他不愿意去作简单的、重复的、风险小的课题,他更愿意承担有挑战性的任务,如果能够认可承担难的课题出现失败是正常的,那么一旦成功,对这些人员的技术追求和成长来说就非常重要。

6

你不在企业,就可能不了解企业适应市场的紧迫感。你开发一个眼前的产品,马上到市场上卖,整个环节包括生产、销售都有活干了。但是,开发这种未来的产品,对眼前的事情似乎完全无助。我认为,为了企业的持续经营和发展,技术研发不应该只去做今天投入、明天产出的项目。

7

我在很多场合把日本人评价中国企业的说法讲给大家听,希望大家有所触动。东芝公司一个人讲,中国的企业就是一帮水果贩子,市场上需要什么水果,他们就包装什么水果,他不是种水果的,更不是种优质品种水果的人,而是水果贩子。实实在在地讲,中国人在核心技术上拥有自己自主知识产权的产品实在太少了!

8

为什么有些人搞芯片失败而海信成功了,除了我们有人才的积累、技术的积累和文化的积累等,还有很重要的一点,我认为可以推广的经验,就是搞芯片的人一定要和下面需求芯片的人有很密切的关系,它可以成为对这个芯片应用的一个保证。

9

对公司来讲,不是因为拥有技术就可以组建公司,公司是一个经营实体,它除了拥有技术,还需要其他很多的条件,如经营、管理、市场、客户等,所以,如果简单的把搞研发的技术人员仓促组成公司,最后会本末倒置。

10

我很同意没有市场机制不能促进产业发展,但是有一点我们必须看到,企业的平均寿命只有 2 年,当然也有企业活 10 年、20 年甚至 100 年的,但怎么平均寿命只有 2 年呢?是因为虽然这些企业也成立了公司,也有了市场机制,但还是有许多条件不够,所以必须看准具备什么条件再成立公司。

11

吸引风险投资一定要让他们看到市场前景才能进来,企业是为盈利成立的,不是为开发技术而成立的,你的盈利模式都没有建立起来,谁愿意进来。所以,换句话讲,有了技术,还要有解决方案的方式、运营模式的搭建及市场推广的方式,这才具备了盈利模式,有了盈利模式,风险投资才愿意进来。

12

在企业里面,几乎每一个项目都是系统工程,都不是孤立完成的,系统工程就要求配合。随着时代的发展,如果一个人没有合作精神、没有沟通能力,他有再聪明的脑袋都难以成事。

13

海外投资要量力而行,不要尽力而为;购并应该是水到渠成,而不应该强求。资本的投入受很多问题影响,所以它的风险也会更大一些。作为企业应该坚持这样的过程:一是商品输出伴随着适量的技术输出;第二是技术输出伴随着适量的资本输出;第三才是以资本输出为主。你可以看到,日本、韩国的企业经历了这个过程之后,才开始在中国进行普遍的、大规模的资本投入。

14

海信经营者团队的敬人意识及责任心、广大员工的敬业精神及持续奉献精神没有变;海信的技术创新韧性和技术为先的理念没有变;海信的稳健经营、稳健财务的风格没有变。从很大意义上说,这"三个未变"是海信最有价值的竞争力,正是这三点,为海信实现世界名牌的梦想创造了最重要的条件。

15

我们不仅有行业内的技术顶尖人物,有一支平均业务水平高、敬业精神强的业务团队,更有一个健全的创新体系和一个扎实地对加大科技投入高度认同的企业文化。只要我们以一贯之的坚持,我们的产品在国内外市场上与日本产品平起平坐的局面指日可待。

16

企业发展的关键是把诸多管理要素统筹起来,协调的贯穿于企业长期的发展历程中,以实现平衡。回顾这些年的历史,海信一直在平衡中发展,一直在尽力驾驭一个虚拟的天平。在诸多平衡中,关键是激情与理性的平衡。

17

做企业没有激情不行,但有激情还要保持清醒的头脑,那就是做强比做大更重要,做实比做名更重要。

18

与太多的中国企业一样,我们最大的考验仍是如何靠理性的经营把风险、利润和规模平衡好;把长期发展和近期利益平衡好;把国内市场和国外市场平衡好。

19

做企业不是只争朝夕,重要的是今天给明天留下发展空间、创造发展空间。

20

海信遵循平衡法则,在平衡中发展,在稳健中提升,这些法则也是海信今后矢志不渝坚持的发展理念。面对未来,道路仍然艰辛,做企业没有谁笑到最后的时候,因为企业是永无终点的竞争。海信一直在累积可持续发展的竞争力,以成就百年的梦想,并寻求在转折点上有所突破。

宗 庆 后

宗庆后创办的娃哈哈集团是中国的饮料大王,2005 年销售额 140 余亿元,娃哈哈系列饮料的市场占有率为15%,是中国唯一能与跨国饮料企业展开竞争的民族品牌。宗庆后还是中国经受得住 20 年市场风雨冲刷而不败的极少数企业家之一,他始终处在同业激烈竞争的风口浪尖而屹立不倒,且大器晚成,年过六十依然游刃有余地独自掌控着中国最大饮料企业的航向。

杭州娃哈哈集团有限公司董事长兼总经理宗庆后

宗庆后 1945 年 10 月生于杭州,成名后虽一向不喜欢谈私事,但对一千年前抗金名将先祖宗泽却仰慕颇深,闻宗泽墓年久失修,特派弟弟宗宇后前往镇江探寻。他的祖父曾为张作霖理财,当过河南省代省长;其父曾在国民政府任职,解放后失业,全家兄妹 5 个仅赖在小学执教母亲的微薄收入维生,艰苦的生活锤练了少年宗庆后的意志力和勤俭的习惯,他至今没有奢侈的爱好,唯一的要求就是茶叶和烟,仅此而已。一位他身边多年的人透露,这位超级亿万富翁多年来一直乘坐经济舱,吃的是很普通的豆腐、青菜,平常穿的是几十元一件的衣服。

迫于生计,初中毕业,身为长子的宗庆后就开始打杂工,为了减轻家庭负担,他 16 岁走入社会,到浙江舟山马目农场,填海、种棉,1964 年,又辗转到了绍兴茶场、种茶、割稻,在这段人生最美好的青春岁月里虽身处逆境,宗庆后还是幻想着有朝一日能出人头地,干出点什么事情。

在农村 15 年艰辛而单调的日子中,宗庆后四处找些书来看,至今,他仍保持喜欢读书的习惯,尤其是那个时代必读的毛泽东的书,对他影响很大,甚至达到了心灵沟通的地步。

1979年,在小学当教师的母亲退休,宗庆后可顶职回故乡杭州,因学历低当不了教师,就被安排在一所小学里当校工。

宗庆后日后回忆在农村的这段时光时说:"应该说这15年是我人生中最年轻、最有成长希望的大好时光,看起来好像在农村没有什么作为,但我感到这15年对我整个人生道路确实是有很大帮助的,至少这15年艰苦生活磨炼了我的斗志,同时也使我能吃得起苦,练就了比较好的身体,慢慢培养出来了坚韧不拔、遇到困难不会被吓倒的个性,为我42岁开始重新创业打下了比较雄厚的基础。"

宗庆后回到杭州后,辗转于几家校办企业,先是在杭州工农校办纸箱厂做业务员,后转入杭州光明电器仪表厂、胜利电器仪表厂和工农校办厂做生产销售管理员、业务员,像宗庆后这样的能吃苦跑销售的人,并不为校领导青睐,领导知道他能干,但也知道这样的人不那么听话,所以不予重用,宗庆后虽郁郁不得志,但却积累了做一线销售的丰富经验。1986年,杭州市上城区教育局决定把"杭州市上城区校办企业经销部"承包出去,标的2万元,42岁的宗庆后以10万元中标,依靠14万元借款和两名即将退休的老教师开始创业,主营业务是代销汽水、棒冰及文具纸张,于是他蹬着三轮车,开始了在杭州街头巷尾叫卖棒冰和给学校送笔记本等文具的生涯。

1982年前后,保健品产业开始兴起后,宗庆后开始设厂为别人加工口服液。不久,他决意自己独自开发新的营养液产品,实现多年来干一番事业的梦想和抱负,他曾对劝其谨慎从事的朋友说:"你能理解一位42岁的中年人面对他一生中最后一次机遇的心情吗?"宗庆后知道机遇、年龄都决定了此举只能成功,不能失败,所以必须谋定而后动。对于保健品市场形势,他分析后认为大多数产品趋同,都属于老少皆宜的全能型产品,与其跟风,不如去生产一种专用的营养液。他将目标锁定儿童,儿童市场有3亿个消费者,1/10就是3000万,儿童营养液这个市场尚属空白,从这里突破胜算较大,于是宗庆后做出了自己创业开始后的第一个战略决策。

对"儿童营养液"的研究始于1987年,当年宗庆后的校办工厂,只有3个人和 50 平方米的经营场地,但生产一种解决儿童普遍厌食、偏食营养液的灵感也在这样恶劣的条件中产生,诚如全世界最伟大的发明都是在最艰苦的环境中产生一样。宗庆后专门聘请了浙江医科大学营养系主任研究"儿童营养液"。娃哈哈营养液推出后,马上受到市场的欢迎,而"喝了娃哈哈吃饭就是香"的广告歌更是家喻户晓,当时宗庆后在杭州街头巡视时,发现孩子们对这句话能唱、能背,甚至改编成顺口溜。这说明宗庆后的品牌和广告方案都是非常成功的。

儿童营养液的热销为宗庆后掘来了第一桶金。

宗庆后这位商界奇才得以脱颖而出,不能不感谢一张小小的委任状,这个委任状,陡然改变了宗庆后的命运,现在不仅放在娃哈哈的陈列馆里,而且放在一个非常显眼的位置上,这个委任状应该是宗庆后人生的一个转折点。他说,是杭州市上城区教育局给了我机会,任命我为上城区校办企业经销部的经理;给了我一个平台,让我能够施展自己的才能。

到 1991 年,已有 140 名员工的宗庆后,企业账面上的资金达 6000 万元,在杭州市政府的主持下,他以 8000 万元的代价有偿兼并了 2200 多人的杭州罐头厂,这是宗庆后的第一次扩张。杭州罐头厂当时负债高达 4000 多万元,是个国营老厂,有几万平米厂房,对于处在产销高速发展中的娃哈哈来说,这些条件是必须的,仅仅在兼并 3 个月之后,杭州罐头厂便扭亏为盈,娃哈哈亦迅速壮大了自己的队伍,并成立杭州娃哈哈集团公司,从此步入规模经营之路。

一个小小的只有四年历史的校办企业,成为一个老牌大食品企业的新主人,印证了宗庆后的巨大成功,也折射出市场竞争的残酷无情。

在市场经济高度发展的时候,一个商业计划的成功,产品所占的比重最多为30%,因为你能生产,别人照样可以很快生产出同样的东西,所以起决定性作用的是销售,销售占70%的比重,谁有本事把产品卖出去谁赢。宗庆后亲自做过业务员,这方面的实战经验很丰富,所以,在他创业开始后,营销方面做得格外出色,基本没走弯路。他把传统的推销术称为"渗透流",那是平衡使力,一点一点地渗透市场;而他则采用毛泽东"集中优势兵力打歼灭战"的方法,集中资金,全力投放一个市场,力争在最短的时间内以最大量的资金和人力投入一个点，继而辐射全局。每每开发一个市场，宗庆后便亲自坐阵、布点，展开宣传，往往不到一个月，娃哈哈的销售量便直线上升。

1992年，宗庆后开始推出第一个饮料产品——娃哈哈果奶。这一含乳饮料产品后来不断更新换代，由单一口味变为六种口味，又变成添加了维生素A、维生素D和钙质的"AD钙奶"。1993年，娃哈哈在杭州各大报纸刊登广告：将报纸上的娃哈哈标志剪下来，即可领取一盒娃哈哈果奶。当天报纸发行100万份，各大商场果奶很快告罄，娃哈哈的美誉度得到了进一步提高。

宗庆后说："企业生死存亡，关键在于市场，在于产品能否为市场所接受，当然，还在于将产品卖到消费者手中后能否将货款回收。"在20世纪80年代末、90年代初，宗庆后还能选择国营糖烟酒、副食品、医药三大国有商业主渠道内一批大型批发企业为他经销。国有商业企业从解放后开始，几十年建成了从批发到零售的庞大完整的网络，这个商业系统促成了娃哈哈早期的成长。之后，随着市场经济体制的逐步发育形成，各种集贸市场、专业批发市场逐步兴起，一些个体、集体企业因体制灵活愈来愈表现出竞争优势，宗庆后也不失时机地与这些新兴企业建立了相互信任、利益共享的合作伙伴关系。此后，国有批发零售业的支离破碎和新生批发零售业的混乱，导致商家拖欠厂家货款问题愈来愈严重，许多饮料企业因此倒闭，这也是宗庆后在扩张阶段面临的一个事关生死存亡的最大难题。宗庆后对于现金流异常重视，深知现金是企业的血液，一旦出问题，即是死路一条。他经冥思苦想之后，推出了自己的办法，1994年，娃哈哈提出一个让全体经销商瞠目结舌的保证金制度方案：经销商拿货必须提前押款，娃哈哈先付利息，销售结束后娃哈哈返还抵押款，并给经销商提取返利。这在全国没有先例，其实施的艰巨性也可想而知，但宗庆后硬是坚持完成了保证金制度的落实。

有人说宗庆后这套办法是适应于中国国情的最科学、最成功的销售模式，其实，是在中国商业信用没有建立起来时的变通之举和高明之举。对于销售模式的设计，宗庆后分析：关键是合理分配了厂商之间的利益关系，首先你的产品能够赚钱，而且卖你的产品比人家的产品更赚钱，他就会希望卖你的产品，这是第一；第二要讲诚信，不能让经销商吃亏、冒风险，卖给他产品，我们负责，他卖不掉要退给我们，不要因为拿了我们的货，卖不掉给他造成损失;第三从工厂生产产品到产品卖到消费者手中,不可能所有环节都自己去完成,要长期依赖建立销售网络,所以绝对不会出现你帮我把市场打开,我把你推开的问题,这就是娃哈哈的信誉。

在中国市场占主导地位的饮料企业主要有以下三种营销模式:一是可口可乐、百事可乐的直营,主要做终端;二是批发市场模式;三是娃哈哈的联销体模式。娃哈哈的"联销体"模式,"以利为基础,以义为纽带",义利结合,建立了有共同利益基础的厂商关系。这种共同利益基础是以价差系统来均衡厂商利益关系,严格控制价差,形成了厂商利益的均衡,保证分销商跟着娃哈哈能赚钱。

娃哈哈的分销体系的特点是不直接掌控终端,使整个销售队伍锐减,"联销体"模式减少了自建分销体系、掌控终端所带来的管理成本,同时,经销商为娃哈哈提供了市场覆盖、信息、物流、资金、增值服务,为娃哈哈分担了经营风险,娃哈哈每月可以收到10亿元保证金,这确保了娃哈哈资金无忧,不必靠银行贷款。这如金矿般的营销渠道网络,由公司总部、分公司、一级批发商以及下面几级批发商组成。宗庆后建成了这像毛细血管一样的密布分销渠道,因此被称为"编织大师"。这种经销模式让宗庆后的利润率比竞争对手更高,当然,卖他产品的人也发了大财。

娃哈哈保护区域经销商的利益,原则是要让渠道中每一个参与者既有风险,也有足够的受益,利益均衡,实现多赢,这是其渠道稳定且能不断扩张的动力源。

娃哈哈的销售人员,秉承宗庆后一切从实际出发,不讲形式的风格,敬业精神、实战能力都是超人的。在营销思想和方法方面的培训和沟通,主要通过宗庆后亲自起草的销售通报,平均二三天一份,包括销售政策、营销理论、批评、表扬、方法传授等,宗庆后运用自己特有的方式,或称之为简化的市场督导机制,替代了程序复杂、机构庞大的组织功能。

1994年,由于资金比较充裕,亦为支援三峡库区,宗庆后开始了第二次扩张,与涪陵地方政府共同出资成立娃哈哈涪陵公司,由娃哈哈采用移民经费与移民任务总承包的方式,对三峡库区淹没线以下的涪陵糖果厂、涪陵罐头食品厂等3家特困国有企业,进行迁建改造和开发性移民。娃哈哈承诺,在四年中使对口支援企业资产增值7600万元。在合作期间,娃哈哈利用涪陵当地的资源,实现了边生产、边建设、滚动发展,即利用库区淹没的时间差,利用原有厂房,调整产品结构迅速投入生产。1995年,娃哈哈涪陵分厂投产,第一年就创产值5678万元。宗庆后以实际行动支援三峡建设影响巨大。

1996年,娃哈哈的产品已经从单一的儿童营养液扩展到了包括含乳饮料、瓶装水在内的三大系列,当时的娃哈哈效益很好,但宗庆后仍感觉已经出现了潜在的危机,他感到企业最薄弱处是规模太小,除了营养液是主打产品之外,果奶、纯净水都遇到了实力强大的竞争对手。宗庆后为此制订了一个投资几亿元的长远规划,如此巨额的投资,通过银行贷款很困难,民间融资更不可能,最后,他想到了国际资本。当时很多世界的大公司,包括一些投资公司,都来找他联系,但最终他选择了法国达能。达能是法国食品饮料企业,1919年诞生于西班牙巴塞罗那,现为全球500强企业之一,年销售130亿欧元,其三大类产品鲜奶、饮料和饼干中,鲜奶和瓶装水销量居世界第一,饼干类产品销量居世界第二。在谈判中,宗庆后坚持两个"必须"即必须打我们的品牌,必须由我们全权管理。与法国达能合作后,达能首期投资4500万美元,宗庆后一直仍做他的娃哈哈品牌,达能也没有一人进管理层,当然,宗庆后必须给予达能优良的利润回报。

一般而言,国际战略投资者购买的都是市场,宗庆后能吸引国际投资的本钱是他开辟的市场,是他的营销网络,是企业的创利能力,当然,还有他本人。娃哈哈以部分企业跟达能合资,宗庆后的集团公司并未和达能合资,当然也谈不上控股。

1997年以来,在西进涪陵的成功基础上,娃哈哈再接再厉,在三峡坝区湖北宜昌、国家级贫困区湖北红安、四川广元、吉林靖宇及沈阳、长沙、天津、河北高碑店、安徽巢湖等27省市建立了80余家控股子公司,均取得了较好的经济效益,外地分公司的产值占整个集团公司的近一半,不仅带动了当地经济发展,同时也使娃哈哈实现了地产地销。娃哈哈的对口支援、扶贫工作受到党中央、国务院的肯定和赞赏,中央领导同志先后莅临视察指导。

1998年,宗庆后经过十多年的历炼,自感羽翼已丰,具备了与世界大品牌进行竞争的条件,于是做了一个大胆的决定,上马非常可乐。宗庆后早就有这个想法，以前没有能力，现在有能力了，机会也来了，他决意一博。娃哈哈上非常可乐项目，一开始达能不支持，董事会其他成员也不支持，但宗庆后要做的事，没人挡得住。在之后的七八个月里，宗庆后开始亲自实施，从配方、设计到广告宣传都一一参与，为了推出非常可乐，宗庆后参加的会议不计其数。宗庆后把非常可乐的包装和颜色都设计得同可口可乐相近，每瓶非常可乐比可口可乐、百事可乐便宜5毛钱，较可口可乐、百事可乐更浓，这是专门为中国农村市场设计的，这种对中国农村消费者的理解，是国外竞争者不曾想到或者去做的。

宗庆后将非常可乐的目标市场锁定在农村和小城镇市场，这个策略与毛泽东农村包围城市的策略如出一辙。他对市场的分析是，一级城市是可口可乐与百事可乐的天下，如与它们正面交锋肯定会失败，所以非常可乐避开风头，转而抢占二三级市场。1998年之后3年多的时间内，在一片争议之中，非常可乐一路狂飙，到2001年，非常系列以产销62万吨挤入三甲（可口可乐130万吨、百事可乐90万吨），形成碳酸饮料三分天下的局面。宗庆后说："最开心是非常可乐成功了，而且能够在跟世界'两乐'的竞争当中，在中国站住脚了，听说在世界上，很少国家的企业能够在这方面站住脚，所以感觉很伟大。"吴仪副总理视察娃哈哈时问宗庆后："你们的非常可乐打到美国去了吗？"宗庆后回答："是的。非常可乐成功以后得到了全世界的关注，许多国家的媒体都来采访我们，因此非常可乐是一个对我们的国际形象很有利的产品。"吴仪副总理说："那我就给非常可乐做个广告。"说着，她随手拿起一瓶非常可乐，拧开盖子，喝了一口，引来一片热烈的掌声。

宗庆后在非常可乐推出后，又一次引用了毛泽东的话，他说："在国际化竞争中，国外企业可能是狼，也可能是纸老虎，关键是看本土企业能不能扬长避短，在非常可乐推出之时，娃哈哈打出了'中国人自己的可乐'的口号。现在，我们已经用事实赢得了竞争对手的尊重。未来，

宗庆后接受媒体采访

娃哈哈还要代表中国民族企业证明不逊于跨国巨头。"

2002年5月20日,娃哈哈童装公司在北京举办娃哈哈童装展示发布会,宗庆后的多元化就此迈开了一小步。寻找新的增长点,看来虽是摆在宗庆后面前的一个大课题,他也做了一些小的尝试,但不敢步子迈得太大,生怕失手。同时,小的项目他又觉得不值得做。宗庆后对多元化声称,看准了,我的动作是很快的,只是在做判断这一步,会很小心。宗庆后还说:"我要把鸡蛋放在自己最熟悉的篮子里。"所以他一直围绕自己熟悉的饮品为主导行业,从娃哈哈营养液到果奶、八宝粥、纯净水、非常可乐等,除果茶之外,几乎市场占有率都曾经是或一直是全国市场第一位。

2002年12月30日,北京饭店西楼宴会厅里,中国经济风云人物齐聚一堂,宗庆后走过红地毯铺就的"星光大道",站在台前,从上届经济年度人物卫留成的手中接过了"经济年度人物奖"的奖杯,他当选为"2002CCTV中国经济年度十大人物"之一。

对于获取的殊荣,宗庆后颇为感慨地说:"现在全国到处可以看到娃哈哈的样子,听到娃哈哈的声音。我希望有一天,在全世界都可以看到娃哈哈的样子,听到娃哈哈的声音!"

纯水生产线

对于19年的创业历程,宗庆后总结其成功源于三个方面:①创大众的品牌,诚信经营,在消费者中取得信誉;②不断的创新,不断创造消费者更喜欢、对消费者更有好处的产品;③坚持小步快跑,不做自己能力做不了的事情,所以没有出现大的失误,企业一直比较健康稳定发展。

宗庆后认为，成功的企业家要具备诗人般的想象力，科学家的敏锐眼光，哲学家的头脑，更需要战略家的本领。他还说，商场就是战场，企业家应确立"战略三角形"的概念，这个"战略三角形"是以本企业、顾客、竞争对手各为一方构成的。充分发挥自身实力，比竞争对手更好地为顾客服务，要正视环境变化，敢于实践和发挥创造力，找到使自己获得成功的经营之道，才能使企业永远立于不败之地。对于如何创业并且做大，宗庆后认为：一是必须勤奋，二是确实要有机会，三是坚韧不拔的勇气。另外心态也要比较稳，必须脚踏实地，一步一步来，不能想一步登天，如果一步登天可能到时候就会出毛病。

中国食品工业协会首任会长杜子端一次同笔者交谈时说，国外培养一个合格的总经理要 20 年时间，即要做一线销售，管理营销，在生产车间工作，在实验室工作，管财务，这些过程都经历了，大约要 20 年，才可做总经理，而且，要培养两个总经理，以防万一。所以，像宗庆后这样的全才，非常少有，这样的人才，有了十几万和一个小小的平台，就能干出惊天之举。

2003 年 11 月，在接受杭州市政府的 300 万元奖励时，已成为亿万富豪的宗庆后最后还是没能忍住眼泪。他说："得到了社会的肯定和赞扬，这对我来说，才是最大的荣誉。"

2004 年 5 月份，宗庆后提出了"第三次创业"，并旗帜鲜明地将 2004 年定义为娃哈哈的"修整年"，修整目标是宗庆后提出的三大危机：即"销售危机、精神危机、大企业病"。这年 10 月，宗庆后满 60 岁，但感觉精力比年轻人还旺盛。

宗庆后指的精神危机，表现为一些员工较创业初期缺乏战斗激情，不再能迅速反应，不再能完全做到令行禁止；宗庆后指的大企业病，是任何大企业多少都会有的毛病，即职能部门之间互相扯皮，导致执行力弱化和效率下降。

现在，娃哈哈已是有近两万人的大企业，手中能调动的资金有几十亿，宗庆后的心态也有了很大变化，因为任何人在向高峰攀登的过程中，终会到达无能级，他不停歇地攀爬，抵达到了中国行业的最高峰，也应该歇歇脚，略微修整一下，更重要的是选择下一个更高的高峰去攀登。

2004 年可口可乐中国策略重心转至娃哈哈的腹地——农村市场。作为这个老牌企业在中国最强大的竞争对手，宗庆后对此不以为然，"这远不像它想象得那么简单。"

到2004年底,娃哈哈销售额突破120亿,主业优势既定,宗庆后决定利用这个可以喘息一下的空挡,频频出国寻找其他新的增长点。

2005年底,娃哈哈集团以销售收入140.65亿元,净利润21.65亿元的业绩稳坐在了中国饮料业头把交椅上。在世界饮料企业排行中,娃哈哈产量位居第五。在强手如林的饮料市场,宗庆后已经打拼出一片天地,成为国内外食品业巨头之一。

从不屑高谈战略的宗庆后,在60岁这一年十分清晰地将娃哈哈的目标明确为"未来5年至10年达到1000亿销售额"。宗不讳言支撑1000亿的就是未来娃哈哈的"多元化"。宗庆后事业成功,可幸的是他的身心却没有疲惫,而且让这个充满商业智慧的头脑现在休息,无疑是国家和社会最大的浪费。他自己的计划,应该最少干到70岁,70岁时要再上一个台阶。对于一个经营多年又没有遭受重大失败的企业家而言,60岁正是盛年。宗庆后对传统产业的兴趣明显减弱,在这个领域里他基本驾轻就熟,稳操胜券,但已没有太大的蛋糕能吸引他进入,而对资源性产业则表现出了浓厚的兴趣,他知道,要进入世界顶级富豪如洛克菲勒、哈默、塞缪尔等的行列,只有涉足资源产业,而资源产业是特殊产业,如能寻求到突破口,就有可能达成其千亿目标。

"2005胡润百富榜"中,宗庆后以65亿元的财富位居第8名,而在2004年,他还是仅以19亿元的财富位列第48名。而胡润"2005中国内地慈善家排行榜",宗庆后的捐赠金额是4340万元,主要捐赠领域是健康、教育、文化事业等。近些年来,娃哈哈仅在社会公益事业上的投入就超过2亿元。

创业这么多年来,宗庆后最大的一次失误是用了浙江省某厅的一个前处长,给了500万元的资本金,让他自由发挥,这位经理自己以"娃哈哈进出口公司"名义贷款炒期货,最后炒来了3000万元的债务。宗庆后说:"我们卖水的,不知道要装多少汽车、多少火车皮才能抵这债!"宗庆后吃了"空降兵"的大亏后,认为还是自己培养起来的人比较好一点,同时坚持大权独揽,他认为现在能成功的大企业,都有一个强势的领导者,都是大权独揽的,而且专制的,当然专制还要开明。宗庆后说:"没强势领导不成事,企业高度集权的管理架构,在一个不确定的市场环境中可保证快速反应、及时决策和强力执行。"

宗庆后大权独揽,事必躬亲的管理方式,外界颇多争议,他始终觉得失去控制力不行,控制不了漏洞大。宗庆后直接管的下属有部长、总经理、各个省的销售分公司的总经理,一百来个人。管理学的标准答案是一个人的直接下属不应超过十个,而宗庆后能管这么多人,他认为是一个个局部带起来的,都很熟悉,还是比较好管理的。虽然宗庆后的扁平化管理一直受到外界的非议,但是娃哈哈的持续发展却是不争的事实,同时,企业没有发生大的危机。

在这个由 82 个分厂及几十家销售分公司组成的庞大企业里,至今都没有一个分厂或者销售分公司具备独立法人资格,即既无经营权,亦无资金控制权,分厂相当于生产车间,原材料调配,生产什么、数量多少都全部由总公司安排。营销方面同样如此,宗庆后亲自抓销售,是至今没有改变的习惯。

宗庆后的这套方法,避免了下属企业如成为独立法人后为各自利益争夺市场自毁长城的弊端,同时,使企业的管理比较简单。

在企业界,宗庆后的勤奋无人能及,在一年 365 天里,他至少有 200 多天泡在市场的第一线。2002 年 8 月,为新建分厂考察选址,宗庆后创下了 12 天跑遍大半个中国的纪录。娃哈哈在全国 21 个省都设有工厂,各销售区域都有分公司,宗庆后在每个省平均逗留 10 天,一年下来也需要 210 天,为此,他每天的睡眠时间不到 6 小时,然而,长时间在市场一线考察,他对从生产、销售到消费人群,每一个环节都了如指掌。

宗庆后从 14 万元起家到年销售近 150 亿,不能说与他的经常性深入一线无关,为什么他要付出很大辛苦到处奔波,应该说是对企业、职工和自己声誉的高度责任感使然,应该说是他深知作为决策者必须主客观一致,必须将主观想象拿到一线去体验和找到感觉。与此相比明显的例子是,在三株垮台前,笔者曾邀请其分公司经理座谈为什么一个年销售 80 亿的企业突然就垮掉的原因,其中某分公司经理谈的一件事我至今难忘,即到三株从鼎盛迅速下滑时,市场发生崩溃的迹象老板竟几乎全然不知,下边的反映报告,要一个月才能上达,更甭说面陈;而创业初期,老板是亲自与员工一起装车,一起跑市场。

宗庆后下面的话与之形成鲜明对照:

一句俗话说树大难免有枯枝,不可能每个下属都向我反映真实的情况,每个省份、每个区域都在操作过程中隐藏了不少问题。而这些问题我没有在文件中看到，但又在巡视的过程中察觉出来，如同一区域的经销商互相压价、异地经销商互相窜货等，都是我在市场第一线观察中发现的。每次当我跑遍全国的营销网络后，都会召集有关专家商讨"修网的对策"。娃哈哈几乎每年都在做"撒网——修网——固网"的系统工程，使营销网在修中变大，大而持久。

2006年，第二届"袁宝华企业管理金奖"授予了宗庆后。由中国企业管理科学基金会设立的"袁宝华企业管理金奖"每年颁发一次，以表彰和奖励在中国企业管理领域做出杰出贡献的企业家。在此之前，由全国人大法律委员会副主任、中国企业联合会执行副会长蒋黔贵带领专家组到杭州娃哈哈集团进行了调研考察，参观了企业形象展示厅、科研中心、精机公司和百立公司，和公司管理、财务、研发等部门领导进行了座谈交流，对娃哈哈的各项工作给予了高度评价。专家们还对娃哈哈实行的"非常管理"给予了充分肯定，指出宗庆后的管理思想具有非常浓郁的中国式管理特色且卓有成效。

2006年3月7日上午，温家宝总理在人民大会堂浙江厅听取浙江代表团的意见，宗庆后的发言得到了温家宝的赞扬。其中，针对宗庆后关于"十一五"规划的意见，温家宝当即要求国家发改委主任马凯到浙江团进一步听取意见。

在所有的企业家中，宗庆后最推崇李嘉诚，他的人生目标就是要成为"杭州的李嘉诚"。对此，他信心十足地说："李嘉诚前20年的成绩，还没有我宗庆后15年做的大。"

回首近20年的创业历程，宗庆后曾经在北大的EMBA班课堂上做过一番经验总结，其中的第一条便是：不为名，要为利。他说："我这个人是不要名，有利就行，实际上就是要能赚钱，因为你是在搞企业，如果企业不赚钱，就不可能承担社会责任，不能纳税，不能安排就业，不能创新，不能推动社会进步，所以，我觉得企业的责任就是赚钱。"

（撰稿人　雷　建）

宗庆后简历

　　1945 年 10 月出生于杭州；1963～1964 年，在浙江舟山马目农场支农；1964～1978 年，任浙江绍兴茶厂生产技术调度；1978～1979 年，任杭州工农校办纸箱厂业务员；1979～1980 年，任杭州光明电器仪表厂生产销售管理员；1981～1982 年，任杭州胜利电器仪表厂生产销售管理员；1982～1986 年，任杭州工农校办厂业务员；1986～1987 年，任杭州上城区校办企业经销部经理；1987～1991 年，任杭州娃哈哈营养食品厂厂长；1991 年至今，任杭州娃哈哈集团有限公司董事长兼总经理。1987 年组织开发出儿童营养液，并创建了杭州娃哈哈营养食品厂。1991 年兼并国有亏损企业——杭州罐头食品厂，组建了娃哈哈集团。1994 年以来，先后在涪陵、宜昌、广元、红安、靖宇等地投资建厂，促进了当地经济发展。1998 年，推出了娃哈哈非常可乐系列碳酸饮料。经过 20 年的努力，宗庆后把一个校办工厂发展成为在全国建有数十家全资和控股子公司的最大饮料企业，产品有含乳酸饮料、饮用水、碳酸饮料、茶饮料、罐头食品、医药保健品等几十个品种。他将现代企业管理模式融汇于娃哈哈的具体实践之中，实施具有娃哈哈特色的科学、严格、高效、集权的管理，在公司内部自上而下形成一条不脱节的目标责任锁链与管理权限阶梯。

　　宗庆后为十届、十一届全国人大代表、浙江大学 MBA 特聘导师、美国 IFT 会员，先后荣获全国优秀教育工作者、"双对口"优秀个人、"五一"劳动奖章、全国劳动模范、首届中国创业企业家和第二届（2006）"袁宝华企业管理金奖"等荣誉称号。

宗庆后语论

1

做生意是要有风险的,如果你不愿意承担风险,我感觉你绝对做不了什么大事。

2

对于管理者而言,要有很强的执行力,让员工怕而不恨。

3

节俭是一种美德,节俭是一种创造财富的手段,节俭是穷人成为富翁的武器。节俭不仅能积累财富,还能培养人的艰苦创业的精神、奋发向上的品质。很难想象,一个挥金如土、贪图享受的少爷、小姐会成为艰苦创业之栋梁。

4

要拉动内需,就必须扩大分配,提高人民收入,国家应适当降低企业的税负,使企业有利润空间给工人加工资;同时国家应该不断提高最低工资标准,实现工人工资的增长。

5

我感觉核心竞争力有很多方面,一方面是人才,一方面是大家对企业忠诚,另外一点是不断的创新,不断地挖掘消费者的潜在需求,我们的理念就是要生产具有真正使用价值的产品,也是创造物美价廉的大众化名牌。

6

农村的销售能力确实没有大城市强,但是人口比例比大城市多得多,现在东部沿海地区的消费能力也不差,总的来讲消费人群要比城市人群大得多。

7

我们是小步快跑,不做自己能力做不到的事情,所以发展还是比较稳健的。我们不是赚投机利润,也不是赚关系利润,我们的钱比较干净,是通过勤劳致富站起来,我们比较珍惜,我们的钱来的也不容易,去的也不太容易。

8

我认为企业家首先要为社会创造财富，有了财富自己也吃不了多少，用不了多少，到最后实际上是人生价值的体现，是一个数字，所以还是要拿去再投资，再创造就业机会，为国家为社会创造财富，我很赞同吴敬琏教授的那句话，你要努力争取创造社会利润以外的超额利润，你通过技术改造，通过先进的改革把成本降下来，你能创造比人家更多的利润，这就是超额利润，这些既能推动社会进步，又能为社会创造财富，我想成功的民营企业家主要是看这一点。

9

我说世界上所有的市场营销、企业管理的经验都是对的，但关键是在什么时间、什么地点、什么情况用这种理论和经验是很重要的。我感觉到市场在不断的变化，时代在不断的进步，这个东西并不是搬去用就能成功。我不怕人家抄袭，给年轻的创业人提供一点过去做的经验，也对社会有利的。我认为公平、合理的竞争是推进社会进步的比较好的形势，如果没有竞争就没有动力，没有动力社会就不会进步了。

10

品牌价值我们没有进行过评估，我感觉这种评估确实没有什么意思，对他们的说法我们也是持怀疑态度，他说可口可乐的品牌价值几百亿美金，我感觉说的太悬乎一点，谁会买这个几百亿美金的牌子，我花不了几百亿美金也会把品牌打起来。

11

品牌确实是有价值，老百姓相信这个品牌，那价值就有了，娃哈哈这个品牌在老百姓心目当中是信得过的品牌，但是一味的炒作也是没有太大的意思。

12

我认为一个企业没有一个权威、没有一个能最后决策拍板的人，这个企业可能是一盘散沙，这可能是和中国传统文化有关系，我认为要充分发挥员工的积极性，充分发挥他们的聪明才智。自己毕竟各方面的能力都有限，所以怎么用好他们的聪明才智，让他们更好地为企业服务，这样才好；把他们都看作是傻瓜，那自己是最大的傻瓜。

13

企业技术和管理创新是企业核心竞争力的主要组成部分,也应该说是企业能够得到长期、健康发展很关键一个因素。技术和管理的创新最主要的问题是注意人家做不到的你能做,人家做的好的你比人家更先进,这样企业就有竞争意识。企业技术与管理创新当中,一个是根据自己企业的实力与需求,根据当前社会发展的阶段,你不能滞后也不能超前,滞后就是你落后于人家,如果你慢人家一步就处处受限制。

14

"中国可乐"都逃不过外国的"两乐"夹击,纷纷退出了碳酸饮料的舞台。在中国饮料行业"水淹七军"的悲观氛围里,连我的部下都失去了信心,三番五次地打报告恳请我谨慎行事,在被反对声包围中的我,想出了一个例子说服自己,在 PC 这个并非中国人发明的产品上,我们都能产生"联想"这样敢于和跨国公司叫板、能够和跨国公司共舞前行的本土企业,为什么在传统的食品饮料行业中就不能呢? 没有太高技术门槛的传统制造业,中国本土企业的竞争优势应该更加明显。

15

我 16 岁的时候,便在农田里拉车,与农民谈天说地,我了解他们的辛劳,他们热爱土地、热爱民族的深切情感,他们会对中国人制造的可乐一如既往地支持。

16

中国的保健品行业还是一个朝阳行业,在将来一段时间里还存在强劲的生命力,但保健品行业的明天面临着三个问题。其中之一是保健品企业应改变思路,从以往只顾宣传和营销中"跳出来",更多地关注新产品的开发。其实,中国有很多民间的祖传秘方可以研制成保健品,企业若能使这些秘方通过权威的科学论证,便会大大地节省新产品的开发时间,以速度占领市场。

17

我主要以三个标准来衡量企业的多元化经营,一是根据企业的实际情况,看有没有需要搞;二是考虑自己的资金实力,可不可能搞;三是充分判断自身的综合实力,是否存在把项目持续搞下去的可能。

18

当今世界,科技进步日新月异,企业间的竞争日趋激烈。今后,我们的事业能不能巩固和发展下去,能不能在激烈的国际竞争中保持强盛不衰,关键是看我们能不能不断培养和造就一大批高素质的人才队伍。

19

经营上能成功的人是比较善于捕捉商机的人。

20

你要能够成功的话,确实要以我为主,但也不能排斥外来的东西,什么对你有利,什么对你可以借鉴,都要学、都要去用。

21

我想要成功首先就是要勤奋,第二我认为要有一个目标,没有目标的话不会去努力,要成功肯定是需要努力的。

22

我看西方发达国家花了一二百年的功夫,我们至少也要几十年才能进入品牌时代。现阶段,我们的企业肯定是在价格和信誉上下功夫,你的产品让消费者买着放心,这是第一位的。

23

我们一直在坚持小步快跑,没有把握的事情不干,比较有把握的事情才干。但是我们一旦看准,机会来了,我们肯定是大干快上。

24

我一年有一半时间在外面跑市场,我相信我的个人市场感觉,这种感觉就是娃哈哈市场发展的核心竞争力。

25

我觉得财富向少数人集中没有太大问题。我想首先我们的国家是人民当家作主,财富是属于人民的,整体概念是国家所有的钱都属于人民,只是这部分钱交给先富起来的人去管理而已,交给有社会责任感的个人去管理,跟交给大家管理我认为是一样的,只要不流失国外,我觉得这个财富还是没有流失的。

26

　　我的钱是一分一厘挣的。现在有钱了,我这个花甲老头一个人根本花不完。但我还在挣钱,为什么?我就是想体现自己的人生价值。不少人对富人的生活比较感兴趣,其实,能成为富人的人,大多整天都在忙个不停。金钱,一个富人自己用得了多少,所以我将其中的一部分回报给社会。

常 德 传

常德传,1945 年 6 月出生在山东省青岛市一个工人家庭里。勤劳朴实的父母给了他坚韧纯朴的性格。他在青岛长大,大海伴随着他人生道路的每一个脚步。高中毕业时报考大连海运学院,考取了这所当时唯一设有海港专业的高等院

青岛港(集团)有限公司董事局主席、总裁常德传

校。1968 年 12 月常德传大学毕业被分配到码头上最艰苦的装卸工作行列中。

常德传崇拜《钢铁是怎样炼成的》中的主人公保尔·柯察金。保尔的那句名言在中学时代就是他的座右铭:"人最宝贵的是生命,生命属于人只有一次,人的一生应该这样度过,当你回首往事的时候,不因虚度年华而悔恨,也不因碌碌无为而羞愧……"。他带着《钢铁是怎样炼成的》,兴高采烈地来到码头挥铁锹、扛大包,从此为实现远大理想开始奋斗!

由于他工作勤奋,努力,从一名装卸工一步步成长为机电科技术员、副科长、科长,作业区党委副书记、区主任。1981 年 12 月,36 岁的常德传担任了青岛港务局副局长,成为全国沿海港口中最年轻的局级领导。1984 年他担任青岛港党委书记,1988 年 8 月 13 日青岛港实行局长负责制,常德传被任命为局长。自此,他全面主持青岛港的工作,在他的领导下青岛港进入崭新的时代。

青岛港始建于 1892 年,是大型国有企业,常德传上任局长时,已历经百年沧桑,泊位多为万吨级左右,有的已停用十五六年。码头年久失修,机械设备

217

老旧落后,工人劳动强度大,仓库低矮、透风漏雨、货场紧缺、航道窄浅。港口年吞吐能力仅2000多万吨,职工总数多达16000人;企业资金短缺,年收入仅为2亿多元。

80年代时期的青岛港,计划经济思想色彩正浓。干部和职工都习惯于当"港老大",坐等客户上门送货,吃"大锅饭",向国家要钱。

常德传由1984年时的局党委书记至1988年改任局长时虽然只有43岁,但他已有7年之久的港务局领导经验,对港口情况了如指掌。当时他敏锐认识到青岛港要生存、要发展,必须改革,必须从上到下转变观念。不改革、不转变观念青岛港就没有出路,所以他一上任就提出:要以务实、创新、高效的工作作风推动青岛港改革开放的进程。

1988年9月9日在常德传的领导下,青岛港成立了体制改革领导小组,出台了《关于当前改革工作的安排意见》。9月27日又出台了《推广厂长(经理)负责制工作实施方案》、《厂长(经理)任期目标责任制实施办法》、《承包经营责任制实施办法》、《实行优化劳动组合的实施办法》、《关于对局属单位下放权力的试行办法》。

改革前,青岛港内部实行的是计划经济体制的垂直式管理,从港口日常生产经营、班组建设,到发展战略、港口建设都由集团公司统一负责,这种体制效率低、反应慢、责任不清、失误多。

改革方案出台后,1988年9月25日,常德传对青岛港的管理体系进行了大刀阔斧的改革,将第一、二、三、四作业区的名称改为北港公司、大港公司、中港公司和油港公司,变成公司后扩大它们的经营自主权,使它们成为相对独立的经济实体;年底又在局属13个生产单位开始实行厂长(经理)负责制,常德传同他们签订了为期3年的经营承包合同。这件事引起整个港口震动,大家看到港务局真的要变了。

1989年5月26日,历时4个月青岛港局机关改革工作告一段落,改革后局机关由原来30个部室减少为27个,机关干部由614人减少为393人。以后又经过几次大幅度精简,现在仅为7部1室98人。

1989年5月30日,常德传通过局长办公室会议决定,将局机关干部定期参加劳动作为一项制度长期坚持下去。自此青岛港开始了十几年如一日的

"冬练三九"、"夏练三伏",局机关干部与一线职工同吃同住同劳动,倾听职工呼声,为一线职工排忧解难。这项制度使干群、党群关系贴得更紧了,把企业的根牢牢扎在职工中。

1988年11月,常德传在优化劳动组合工作全面推开后,又组织成立了劳动、人事、工资制度综合改革办公室,开始进行三项制度改革。首先在干部使用上,引进干部管理竞争机制,破除"铁交椅"的传统观念和制度,实行公开招聘。1989年6月29日常德传给新聘任的90名高级专业技术和行政领导干部颁发了聘任证书。

从1991年起,青岛港实行了"向装卸一线、向科技人员倾斜"的分配制度。常德传的目的是"创建以贡献为主兼顾公平的分配制度"。在常德传领导下,青岛港在保证对国家贡献越来越大、港口发展后劲越来越强的前提下,在港口生产大上、效益大增的基础上,年年为员工提高工资,并同步改革完善分配制度。

随着港口由劳动密集型向技术密集型的转变,他又提出了"向装卸一线倾斜,向关键岗位、重点岗位倾斜"的分配政策。每次改革、增资都充分发扬民主,几上几下,给谁增、增多少都由员工说了算,使增资增出了干劲、增出了正气、增出了效益、增出了亲情。经过多年改革,青岛港已打破学历、职称限制,将学历、职称存放在档案里,按每人创造的价值、贡献的大小进行分配,实现了由八级工资制到岗位技能工资制,到现在的岗位工资制、计件工资制、项目承包工资制、含量包干工资制等多种分配形式,以岗定薪,岗变薪变。

他还坚持让离退休老同志、农民工共享改革发展成果。这样,不仅极大地调动了广大员工的积极性,而且使全体员工,包括离退休员工、农民工都成为改革发展的最大受益者。

1990年常德传在理顺内部管理体系和机制的同时,提出并组织制定了青岛港跨跃式发展的"四步走战略",即:

夯实战略,创建名牌港口(1990年至1995年)。具体实施方案是:标本兼治、苦练内功、深化改革,强化现场标准化管理,加强基础工作、基层工作、基本功训练;改造老港,建设新港;强化合同管理,打好安全质量、装卸生产、资金管理"三大硬仗"。在这五年内,青岛港二次获得全国质量管理奖,在全国沿海港口中率先通过了安全、质量、环境三大管理体系认证。1995 年,交通部、山东省政府联合在青岛港召开了现场会,把青岛港树为"苦练内功的典型"、全国港口行业唯一示范"窗口"。

超前战略,建设亿吨大港(1996 年至 2000 年),具体实施方案是:适应国际航运市场变化,在全国港口中率先建成一批大型化、深水化、专业化、信息化的大码头,大规模调整生产布局,改变港口生产结构,不断提升青岛港的服务质量和技术等级,提升港口的能力,打造核心竞争力,使青岛港成为实力雄厚、功能完善、用户满意的现代化国际亿吨大港。

中心战略,建设国际航运中心(2001 年至 2005 年),具体方案是:实施"一大转移",发展"三大中心",建设"八大工程",带动"十大关联产业",即实施集装箱由老港区向新港区的战略性大转移;培育航运信息中心、现代物流中心、融资中心;建设前港三期、四期等以大型集装箱码头为主的八大工程;带动港口机械制造、港口建设,船舶后勤供应,船舶货物代理等十大关联产业,把青岛港发展成为区域国际航运中心,实现港口全面协调可持续发展。

创新战略,建设创新型港口(2006 年至 2010 年),具体方案是:坚持"自主、创新、发展",全面推进思想、战略、目标、市场、人才、科技、管理、企业文化、职工生活九大创新,打造平安福港、效率快港、实力强港,实现青岛港长盛不衰,基业长青。

常德传是个老"港口",对港口工作有深刻的体会和丰富的经验,他深知,决策正确赢得全局,决策失误全盘皆输。特别是码头建设,投资巨大,动辄上亿,一旦失误,后果不堪设想。所以他和班子成员一起制定了决策原则和决策程序。

决策原则是:

第一、要符合"四条原则",即一要有利于提高港口的安全质量和经营绩效,二要有利于增强港口的发展后劲和竞争力,三要有利于提高职工的生活质量,四要有利于搞好港口的精神文明建设。只要有利于这四条,就可以大胆地干,大胆地闯,不符合这四条就坚决不做;并相应制定了实施细则。

第二,港口建设项目主要围绕港口核心业务开展,即加快发展集装箱、煤炭、原油、铁矿石、粮食五大核心业务。

第三,要做到"八个坚持",即"坚持瞄准世界先进的航运市场,坚持瞄准世界先进的科技水平,坚持一切以客户为中心的服务理念,坚持推进改革、开放、管理,坚持一心为民、造福职工,坚持以人为本、苦练内功,坚持主业兴百业旺,坚持两个文明一起抓"。

决策程序是:

第一,搞好市场分析,将准确把握经济发展和国内外航运市场发展趋势,作为港口建设、重大技术改造和投资立项的依据,确保重大投资不失误。

第二,科学编制港口总体布局规划和中长期发展规划,经专家论证,集团职代会审议通过后,确定为指导港口发展的纲领性文件。

第三,强化投资项目论证,提高论证科学性。论证主体既包括集团内部决策层和港内专家,也包括邀请港口权威部门和专家;既研究项目投资的可行性,又重视其不可行性,实行反复论证。

第四,认真执行基本建设和重大技术改造程序。严格按照预可行性研究、可行性研究、初步设计和施工图等阶段要求规范进行,最后报有关部门审核批准。

第五,充分发扬民主,对港口的重大事项,要广泛听取职工意见建议,要把职工意见建议当第一信号、第一工作来落实。2004年职代会后,仅根据职工代表建议而决策的港口发展项目投资达1.2亿元。2005年在"管理挖潜年"活动中,根据基层和职工意见而决策的港口发展项目达3.46亿元,可为港口增加能力2600多万吨。

从1988年以来,青岛港按照"四步走战略"的规划,通过科学决策、科学投资,成功改造了一个老港,救活了一个油港,建设了一个新港,没有一项投资失误,实现了战略重心西移,初步建成了数字化港口,正在向世界强港迈进。

1988年,常德传领导青岛港首先对老港区进行了大规模的技术改造,对功能残缺不全,设施陈旧落后,停泊、堆存能力严重不足的老港区,重新规划布局,修复改造码头,扩大堆场面积,改造疏港道路,并多方筹资购置先进设备,提高港口装卸能力。经过10余年改造、挖潜,形成了4000万吨年吞吐能力,并完成了港口基础设施向深水化、专业化、大型化、现代化和港口环境花园化的转变,适应了国内外航运业船舶大型化、运输集装箱化的发展趋势。

黄岛二期油码头是用于原油出口的国家"七五"重点建设项目,工程在1988年基本建成,总投资2.8亿元,泊位20万吨级,新增装船能力1700万吨。但工程建成后,因无油出口,即处于闲置状态。常德传一直在盘算如何把它利用起来,他与班子成员一起研究分析我国原油形势,认为我国进口原油是必然的趋势,经反复论证后,大胆决策,将二期油码头改建为进出口码头,集中转、储运于一身。1993年~2001年筹资16.4亿元,分五期建成32座计180立方米现代化油罐群,成为全国最大的进口原油中转基地。自1995年5月14日正式接卸进口原油以来,至2004年11月21日已接卸进口原油1亿吨,创收24.6亿元。现在黄岛已成为首批国家批准的四大战略石油储备基地之一。由于有了港口,青岛市1000万吨炼油项目也正式通过国家批准。

集装箱运输是当代世界航运业发展的潮流,常德传早就认准了这个方向。1991年开始,他带领青岛港采用短平快的方法,先将老港区5个深水泊位改造成能够靠泊、装卸第三、四代集装箱的专用泊位,使青岛港跻身于国际航运干线运输港口行列。1995年1月,日本神户大地震造成神户港瘫痪。常德传看准机遇,迅速到北京与中远集团建立合作关系,将中远的集装箱中转由神户挪到青岛。1995年2月2日子夜,青岛迎来了第一艘国际集装箱中转船,青岛港成为我国第一个国际集装箱中转港。接着又在新港区二期工程建设了当时国内最大的集装箱码头,可以靠泊载箱5250箱的集装箱船。在新港区三期工程中,又建设了世界最大的集装箱码头,可以靠泊12000~15000箱的集装箱船,并在此码头上创造了世界最高的集装箱装卸效率——"振超效率"。

20世纪90年代,随着我国经济的迅猛发展,铁矿石作为钢铁工业的主要原料进口势头与日俱增,运输矿石船舶向大型化发展。当时我国北方没有一座20万吨级矿石专用码头,谁率先建成这个级别的码头,谁就争得到巨大的货源。建一座这样的码头一直是常德传的梦想。

1993年一次接待南非ISCOR公司人员的偶然机会,常德传得知他们正在亚洲寻找矿石中转基地,便立即派人主动联络。1993年9月22日,常德传与南非ISCOR公司总经理约翰·迪特勒夫斯签署了协议,由该公司提供1000万美元,加上青岛港自有资金,把一个多功能码头改造成10万吨级的矿石码头。码头在 1994 年 4 月建成投产,从此青岛港一举成为中国北方最大矿石中转港。1998 年青岛港又建成了装卸 20 万吨级兼顾 30 万吨级矿石码头,并在此码头上创造了世界铁矿石卸船最高效率——"孙波效率"。2005 年完成铁矿石吞吐量 6317 万吨,其中进口铁矿石 4772 万吨,占全国铁矿石进口量的 1/4 还要多,居世界港口第一位。常德传的又一梦想成了现实。

青岛港老港已有 100 多年历史,吞吐能力只有 2000 多万吨,且地处市中心,已没有发展空间。对此,常德传做了多年的调查考证,他和他的同事们果断提出将青岛港的发展中心由胶州湾东海岸的青岛老港区,向西海岸的前湾港区战略大转移的构想。经过整整 15 年,这一构想变成了现实。

30 万吨级矿石船靠泊青岛港矿石专用码头

1987 年 10 月,前湾新港区破土动工。随着前湾一期、二期、20 万吨级矿石码头、前湾三期的相继建成投产,常德传又进行了各大货种生产力布局调整。1998 年将煤炭全部转移到新港区作业,1999 年将矿石转移到新港区作业,2002 年又成功完成了最为关键的集装箱生产重心大转移。

与煤炭、矿石货种比较,集装箱的转移更复杂,涉及到船东、代理、海关、商检、边防及各口岸部门等方方面面,是一个复杂的系统工程。世界上因为没有处理好新老港区集装箱发展关系导致港口发展萎缩的例子很多,国内也有类似的深刻教训。常德传对此非常重视,亲自抓这项工作。他认真吸取其它港口的经验教训,走访船公司,请它们协助和支持,并安排好每个细节,做好周密计划,最后仅用不到 9 个月的时间,就成功地将老港区拥有的 50 多条国际航线,每月 310 个航班、40 余家船东、10 余家场站、数以千计的代理和货主构建的航运网络,全部转移到了新港区。不仅做到了一个船东未少,一条航线未撤,一个箱子未丢,而且 2002 年当年就新增航线 18 条,实现了青岛港线的"全球通",完成了青岛港集装箱发展的历史性转折,还吸引了世界著名船公司的加盟发展。2004 年集装箱吞吐量突破 500 万标准箱,跻身区域性国际航运中心之列。

集装箱巨轮靠泊青岛港世界级集装箱码头

港口重心战略大转移，不仅使青岛港形成了专业化管理、集约化经营、规模化生产的大格局，使青岛港驶入了发展的快车道，而且为青岛市在胶州湾西海岸构建新的城市经济重心创造了良好的前提条件。现在海尔、海信等许多知名企业，都将生产重心向胶州湾西海岸转移，新港所在地周边的区、市正在按宏伟的发展蓝图建设中。

当2002年青岛港重心成功向西部转移后，常德传立即开始思考新港区的发展战略。

2003年1月青岛港改制成立集团有限公司，常德传改任集团董事局主席、总裁。他与中远集团及丹麦马士基集团、英国铁行集团等中外著名航运公司合作，共同出资8.87亿美元，将青岛港打造成世界级集装箱码头公司。签字仪式在人民大会堂举行，国务院总理温家宝、英国首相布莱尔参加了签字仪式。

在对外合作中，常德传始终坚持"以我为主，博采众长，融合提炼，自成一家"的方针，积极学习引进国外的先进技术、先进管理，但决不照搬照抄。他将国外的先进技术、先进管理与青岛港的经验结合在一起，形成一种既保持国际先进性、又符合青岛港实际的全新管理模式。在与世界第一大航运公司丹麦马士基集团、世界第二大航运公司英国铁行集团、中国最大航运公司中远集团,三国四方合资成立的世界级集装箱码头公司中,青岛港将自己行之有效的管理思想和方法融入到合资企业里,如班组建设、班组管理,基层的思想政治工作和企业的价值观等等。用常德传的话讲就是,学了人家的,丢了自己的,$1-1=0$,也就办不好中国大地上的青岛港的事情了;只有发挥出国外企业的管理优势和我国国有企业的自身优势,实现本土化与国际化的最佳融合,才能做到$1+1>2$。

常德传具有"共产党人之德,驾驭市场经济之才",这是人大常委会副委员长盛华仁2000年在青岛港调研后对他的评价。

港口是运输服务业,常德传时刻关注宏观经济发展趋势、市场供求变化和世界航业的最新发展动态,适时调整企业服务和发展战略。

他刚上任局长时,青岛港的市场主要是山东省及周边省的一部分,狭小的市场极大地制约了青岛港的发展。随着我国经济体制由计划经济向市场经济转变,他确立了"眼睛向外,面向社会的市场观念";确立了"敢为人先,争创一流的名牌观念";制定了"以服务全国、联通世界为目标,海向、陆向双向扩张的市场开拓战略"。还打破传统经济腹地观念的束缚,树立"青岛港是全国的港口、世界的港口,青岛港要为全国、全世界服务","港口生产的主战场在港外"的思想。按照他的战略,青岛港实现了生产经营重点从港内到港外,从现场到市场的战略转移。变等货上门为上门揽货、找米下锅,北上南下,国内国外召开货主用户座谈会、港口推介会,广揽货源。陆向上,在全国主要城市建立了服务终端,为货主提供一条龙服务;海向上与130多个国家和地区的450多个港口开通了航线,实现了全球通,构筑起辐射全国、联通世界各地、适应港口大发展的广阔市场。

过去青岛港没有自己的核心业务。20世纪80年代末,常德传组织有关人员对所经营的近百个货种逐一进行市场预测,选准市场定位,确定集装箱、煤炭、原油、矿石、粮食为青岛港的五大核心业务,集中全集团的力量优先发展。现在青岛港的进口铁矿石吞吐量居世界港口第一位,进口原油居全国港口第一位,集装箱吞吐量居全国第三位,煤炭是全国五大重点下水港口之一,粮食是沿黄河流域最大的进出口基地。

在计划经济时期港口是货主惹不起的"港老大"。随着计划经济向市场经济转变,面临严峻的市场竞争,还那样继续下去,青岛港就会在竞争中被淘汰。1994年5月常德传总结过去的经验,提出了为客户服务的"三项原则",即"没有货主,没有用户,青岛港就没有饭吃;货主、用户满意就是质量工作的标准;手续便捷优惠,24小时服务"。他还提出让所有的职工都知道,他们的工资是客户发的,没有客户就没有饭吃;让所有的职工都知道质量工作的标准就是客户满意不满意,客户不满意,即使优于国家标准也是不合格的;让所有的职工从各个方面做到让客户满意;要不分份内份外,只要货主、用户需要,就努力做到,宁肯自己千难万难,也不能让货主、船方丝毫犯难。

为了计量准确,青岛港投资400万元购买了国际先进水平的雷达液位计量装置。按货主要求对煤炭、矿石单堆单放。对外理公司承诺不吸船方一支烟、不喝船方一杯水、不买船方一件物品。内地货物进出口有困难,他让青岛港联合铁路、海关、船公司,在全国率先开通了青岛港内地主要城市的集装箱"五定"班列和海关直通式运输,货主在当地就可以办完所有的进出口手续,把青岛港"搬"到了内地,架起了当地通往国际市场的桥梁。

2000年7月初,澳大利亚哈默斯利公司的一纸急函送到青岛港公司,由于该公司设备故障,在出口我国的13万吨矿粉中混入了矿石块,它们请前港公司在卸船时帮助拣出,以避免损失。前港公司的职工昼夜盯住现场,将221块矿石全部拣出。哈默斯利公司专程派人到前港公司,对前港公司的超值服务表示感谢。

青岛港还积极开展服务质量创名牌活动,集装箱核心班轮保班,原油、煤炭集装等8项服务被评为全国用户满意服务。如今,北起内蒙古,南至重庆、成都,西至乌鲁木齐,都有青岛港的货主和用户。

在常德传的领导下,经过十几年的奋斗,青岛港一举发展成为世界闻名的现代化国际亿吨大港。港口吞吐量由2000多万吨增至2005年的1.87亿吨,翻了三番还多,成为世界级大港。集装箱由2万多标准箱一路攀升,超过日本所有港口,2005年达到630万标准箱,在世界居第13位,成为上海以北东北亚第二大枢纽港、区域性国际航运中心,是仅次于上海港的中国第二大外贸口岸。港口生产经营绩效连年快速增长,港口收入由1988年的2.2亿元增长到2005年的57亿元。15年来港口总资产由不足5亿元增值到156亿元,上缴税费上百亿元,仅"十五"期间,进出青岛港的外贸货物就为国家创造海关关税税源832.52亿元。青岛港成为质量效益型先进企业,国家环境友好型企业,被交通部确定为全国交通系统"三学一创"的典型,全国港口行业唯一的示范"窗口",还获得了全国优秀企业、"五一"劳动奖状、全国质量管理奖、全国十大国家质量管理卓越企业等一系列国家级大奖。

在多年不懈探索和实践的基础上,常德传采用现代化管理技术,建立扁平化管理机构,使管理机构和人员大量精简。

他创造了"管理重心下移,队为核心"的全新管理思想,并创建了"集团为决策层、公司为经营层、基层队为管理层、班组为操作层"的四级管理格局,它们的职能是:

决策层集中精力抓港口建设发展的宏观决策和过程控制,将财富变资源,成为集团决策、监控和融资中心。

经营层集中精力抓市场、抓经营,将资源变财富,成为集团的利润中心。

管理层集中精力管好人、干好活,成为集团基础管理的核心,实现收入和成本控制的中心。

操作层重点抓好各项任务的实施。原先由决策层、经营层负责的大量管理职责全部下放到队。港口的安全质量管理、各项生产任务完成、增收节支、设施设备管理、职工业务技术培训、思想政治教育、退休及离岗退养职工管理、班组建设、民主管理、队领导班子建设等10项职责,全部由基层队承担起来,使港口基础管理更加稳固,进一步适应港口"体制转轨"和"增长转型"的新企业管理体制和经营机制。

从20世纪80年代起,国有企业改革与发展已成为大家共同关注的课题。常德传通过分析国内外企业发展的情况和总结自己的经验,深感国有企业要搞好,首先必须把人心凝聚起来,在职工队伍中形成统一的价值观。

常德传以"对上负责,让党放心;对下负责,让职工满意;对己负责,终生无悔"为准则严格要求自己。他认为,青岛港是国有企业,所以青岛港应当"精忠报国";青岛港是服务企业,所以应当"服务社会";职工是企业的主人,所以应当"造福职工"。他把"精忠报国,服务社会,造福职工"作为青岛港、更作为自己的"三大使命",不懈地为之奋斗。

常德传认为搞好国有企业光靠正确的决策是不够的,还必须弘扬正气,没有好的风气,再好的决策也是空中楼阁,不能变成现实。

青岛港抓企业风气,首先是局领导班子要洁身自好、潜移默化地引导职工群众树立正确的人生观、价值观。身教胜于言教,在常德传的带领下,每个领导班子成员都能做到光明磊落、率先垂范、严于律己,在关键时刻能将个人的安危置之度外。在局领导班子的带动下,青岛港的干部形成了"坚定信念、敢讲真话,一心为民、造福职工,真抓实干、艰苦奋斗,说到做到、'三老四严',廉洁勤政、谦虚谨慎,勤奋学习、锐意进取"的六种风气。青岛港的职工队伍形成了"说主人话、尽主人责"的良好风气,形成了"纪律严明,作风过硬;岗位奉献,建功立业;文明工作,礼貌待人;敢打硬仗,善打硬仗;善于学习,提高本领"的工作作风。

常德传非常重视企业文化建设,他说:"企业文化是企业的灵魂,是企业的立身之本,职工的精神支柱"。青岛港企业文化的特点,首先是永不停止的创新。多次到青岛港的人总会感到青岛港变化太快,可以说月月变、天天变、时时都在变,这些变化正是青岛港时时刻刻在创新的表现。

常德传将创新与继承并举,在继承的基础上创新,通过创新使企业产生活力与和谐。他再三强调青岛港的发展要充分发挥国有企业的优势,把创新和继承结合起来。在深化企业改革过程中,他领导青岛港继承了我党战争年代与人民群众生死与共、血肉相连的光荣革命传统;继承了我党全心全意依靠工人阶级,全心全意为人民服务,从群众中来到群众中去的光荣革命传统;继承了大庆"三老四严"、"四个一样"、勤俭建国、艰苦奋斗的光荣革命传统;继承并发扬了我们党的领导干部吃苦在前、享受在后的光荣革命传统。而且他们的继承是积极的、创造性的继承,通过继承吸取了我们党革命和经济建设的宝贵经验,通过创新使这些经验适应新环境、新情况,取得新的成功。

培育良好的企业精神是青岛港企业文化建设的又一特点。常德传说:"一个企业没有一种精神,这个企业就缺乏活力和合力,就会被市场竞争所淘汰,我们抓以人为本的主题思想教育,就是要使万名职工在学习中融为一体,建立共同的精神支柱,就是在外部环境、地理位置并不很有利的形势下,充分发挥青岛港最为宝贵的人力资源,通过抓好以人为本教育,激发人的最大潜力,为港口发展提供强大的精神动力、智力支持和思想保证。"

青岛港的企业精神概括起来有六条:"自强不息,厚德载物,廉洁奉公,团结一致,实干兴港,以诚待人",即"海港六精神"。这六条企业精神是青岛港全体员工在长期生产经营活动中形成和培育的群体意识,它使青岛港人努力向"一代人要有一代人的作为,一代人要有一代人的贡献,一代人要有一代人的牺牲"的崇高境界奋斗。这六条企业精神既包含了浓厚的中华民族传统文化特色,又包含强烈的现代文明色彩,是中国传统文化、理念,科学社会主义精神和西方现代企业文化相互融合的产物,是青岛港生产经营宗旨、价值观和管理信条的集中表现,它最大限度地挖掘了青岛港人的智慧和创造力,为港口的发展提供了不竭的动力。

走进青岛港现代化的20万吨级矿石码头,在壮观的码头巨型桥吊上,你会看到巨大的横幅标语:"工人伟大,劳动光荣"。这八个字是这里码头工人创造了矿石卸船世界纪录时,常德传连夜带领局领导班子送来的贺词。这八个字在别的企业已很难见到,但常德传特别珍爱这八个字,在他的心中,这是他的信念,工人是国有企业的主人,工人阶级最伟大,他是工人的儿子,搞好国有企业必须依靠工人。

常德传说:"我历来主张队伍不是教训出来的,不是靠各种手段管出来的,队伍是靠带出来的。共产党和国民党区别在哪里? 国民党打仗时当官的都在后头,共产党为什么打胜仗? 当官的向来冲在前头,一呼百应。在战争年代是这样,在和平建设时期也是这样。"他对工作几十年如一日,每天早来晚走,没有休息过一个完整的周末,天天工作12小时以上。为了争货源、抢战机,他经常带病甚至有时打着点滴还亲自拜访客户。他从不出入酒吧、夜总会,出国考察除了必要应酬外,多数是汽水、面包穷凑合。他给自己立下规矩"港务局职工住房没有全面解决,我就不参与分房"。在他的表率作用下,青岛港从没有发生领导干部不间断住新房、住好房、多住房现象。青岛港住房分配原则是先一线,后二线,再机关;先职工,后一般干部,再领导干部。领导干部"顶天立地",即住最高层和最底层,好楼层让给职工。职工大会决议给他分新房,自发捐款25万元给他发奖金都被他婉言谢绝。市里奖励给他小别墅,也被他送给青岛港代管的老红军。他在生死考验面前,临危不惧,舍生忘死。1989 年以来他先后成功指挥了十几次埠外轮船和外单位的油库灭火抢险。每次他都是亲临第一线,表现出共产党人为了保护国家和人民的生命财产不怕牺牲的崇高品德。

常德传是具有民主作风的当家人,凡遇到大事需要决策,他总是先与局党委一班人交换意见,召开座谈会听取职工代表意见,最后由局党、政、工领导联席会议决定。他亲自主持制定了定期召开职代会、民主评议领导干部、四级民主管理、聘任职工代表为廉政行风监督员等多项民主管理制度,使青岛港的民主管理实现了规范化、科学化、制度化。

常德传尊重职工,关心职工生活,充分调动职工的积极性和创造性。在青岛岗建立了"一年召开两次职工代表大会,两级一把手星期六、星期天职工接待日,职工代表每年评议领导,领导与基层建立联系点,职工代表与领导民主对话"等 20 条民主管理渠道。

1996 年 10 月 5 日,在第一个局长接待日,常德传接待了这样一位职工,他说:"我们职工不怕累、不怕苦,就怕没活干,有活干才有饭吃,但我们总感到活不够干的,希望局里能够多给我们活干。"在接待日中,职工开始反映的是个人工作、生活上的问题,而后来反映更多的是港口生产经营的建议。

由于职工有困难、有意见随时可以向相关部门反映,青岛港上下充满和谐,2001 年被评为全国信访工作优秀单位。

自 1988 年常德传担任局长以来,青岛港做出的每个重大决策,特别是与广大职工切身利益相关的政策都必须经过职工充分讨论酝酿。1991 年相继出台的工资收入向装卸一线倾斜、向科技人员倾斜的"21 条"和"83 条",1994 年 7 月出台的"34 条"都是经过职代会多次讨论,多次征求职工群众意见,民主决策的结果。广大职工的参与,使青岛港制定出的各种"游戏规则"都具有公平、合理的特征。

在青岛港发展过程中,常德传深深体会到,造福员工与企业发展应相辅相成。在市场经济条件下,任何企业不发展都难以生存,没有企业的发展,给员工谋福利就会变成一句空话,就会成为无源之水。不重视职工的福利待遇,不关心职工的切身利益,就会伤害职工的积极性,使职工的动力和潜能不能发挥出来。青岛港通过不断寻找新的经济增长点,在不断发展生产的前提下,不断为职工谋福利,使职工对企业更加热爱,更加关心,使企业的发展更快、更持久。他把"让职工成为改革开放发展的受益者"纳入青岛港深化改革的纲领文件中,将为职工谋福利的具体实事用局发文件下发,作为指令性计划要求完成。他将"职工的事再小也是大事,再难也要办好"作为决策者和中层干部的办事原则,大到职工的政治地位和待遇、经济收入、住房等,小到职工的就医、乘车、就餐、就浴、取暖、防暑、子女入托等困难,事无巨细,都以"让职工满意"为标准,着力为职工创造良好的生产、生活环境。他的实践证明,合理地提高职工的福利水平,关心职工切身利益,能够充分调动他们的生产积极性和创造性,促使他们迅速提高工作技能和素质,达到降低成本、提高劳动生产率的目的。

常德传始终不忘:我是工人的儿子。他经常说:"青岛港是个大家庭,我是这个大家庭的长子,离退休老同志就是我们的老人,广大干部职工就是我们的兄弟姊妹,幼儿园的孩子就是港口的后代,孝敬老人,照顾好兄弟姐妹,培养好孩子是我们的责任。"在他的领导下,十几年来青岛港以建成充满亲情、人气旺盛的大家庭为目标,坚持做决策、办事情都要以"职工拥护不拥护、赞成不赞成、高兴不高兴、答应不答应"为出发点和归宿。

青岛港有16000名职工,针对职工最盼望工作稳定,最怕下岗、失业,青岛港规定"只要愿意干、好好干、尽职尽责地干,就决不撒手不管,不推向社会"。在大批国有企业职工下岗、就业困难的情况下,青岛港十几年来没有把一名职工推向社会,而是通过自身发展使富余下来的近万名职工都得到稳定的工作岗位。

常德传有一个朴素的想法:"我是工人家庭的孩子,当过装卸工人,是计划经济下长大的,受过穷、吃过苦、受过累,知道吃苦受累的滋味,所以不能再让我们的职工吃苦,不能再让他们受穷。"在这种思想指导下,青岛港员工收入年年增长。

现在青岛港港区空气清新、环境优美、碧海蓝天、绿树成荫、鲜花似锦,让人身处其间,心旷神怡,精神振奋。许多外国船东说:这里的环境丝毫不亚于西方发达国家的港口。青岛港的职工安居乐业,职工年年检查身体,装卸一线工人的工资相当于副处级领导,平均每名职工每年从港口获益6.2万元以上,人均住房面积由 4 平方米扩大到 28 平方米,特别是装卸工人的收入是 10 年前的 16 倍。

在常德传领导下,青岛港党政一班人,带领 16000 多名员工,充分发挥国有企业的传统优势,积极学习和借鉴先进的现代管理理念和经验,博采古今中外管理之长,将政治力、文化力、经济力有机结合,凝结成具有青岛港特色的管理思想和管理实践。经过十多年的卧薪尝胆,艰苦奋斗,自我加压,不懈探索,不仅将一个古老落后的青岛港打造成为现代化的国际大港,世界港口中的"21 世纪希望之港",创出了一条振兴国有企业的成功之路,而且将青岛港打造成为一个育人成才的大熔炉、大学校,培养造就了新时期产业工人的杰出代表——许振超这一全国学习的典型。

党和国家领导人多次到港口视察,多次对青岛港的经验报告做出重要批示,对港口工作给予高度评价。1997 到 1998 年,唯有青岛港连续三期参加中央组织的"振兴国有企业报告团",在全国介绍经验。1999 年、2004 年、2006 年青岛港三次被国家树为国有企业的重大典型,并获全国文明单位、全国学习型组织标兵单位、全国思想政治工作先进单位、中国企业文化建设先进单位、全国创建文明行业先进单位等上百项国家、省、市、部级金奖。

2005 年,常德传荣获首届中国企业管理最高奖——"袁宝华企业管理金奖",是全国三个获奖人之一。

青岛港被誉为国有企业的"常青树"、"不老松";常德传被誉为"常胜将军"。

(撰稿人　曹明新)

常德传简历

　　常德传,青岛港集团董事局主席、总裁。中国首批国际高级职业经理人、中国首批高级职业经理,享受国务院特殊津贴专家,十届、十一届全国人大代表,中国企业联合会、中国企业家协会副会长,中国交通企业管理协会副会长,山东省企业联合会、企业家协会副会长,青岛市企业家促进会会长,上海海事大学、大连海事大学客座教授。

　　1968年,常德传从大连海运学院毕业来到青岛港,从一名码头工人干起,36岁成为当时沿海港口最年轻的副局长,39岁担任港务局党委书记。1988年青岛港实行局长负责制时改任局长。2003年1月,青岛港务局改制为青岛港集团,改任董事局主席、总裁。

　　常德传以其卓越的经营管理业绩,先后获得全国优秀企业家金球奖、中国首届创业企业家、全国劳动模范、新世纪中国改革十大新闻人物、全国质量管理突出贡献者、中国杰出企业管理人才、中国物流十大风云人物、中国企业十大新闻人物、最受关注企业家、中国企业文化建设二十年个人贡献奖、中国企业改革创新十大杰出企业家、中国企业文化品牌建设十佳个人、中国品牌建设十大杰出企业家、中华十大管理英才、2004年世界工程大会"中国企业技术进步与创新杰出贡献奖"、中华十大财智人物特别奖、中国企业管理科学领域最高奖首届(2005)"袁宝华企业管理金奖"(全国三名获奖者之一)、中国最具敬业力职业经理人、中国百名行业风云人物、"中华英杰"中国经理人文化典范人物、首届十佳"中国杰出质量人"、中国诚信企业家、中国诚信企业家十大新闻人物、全面建设小康社会十大榜样人物、首届中国人力资源管理大奖十佳人物、十大中国杰出质量人、共和国小康建设功勋人物、中国企业创新十大杰出人物、中国品牌建设十大功勋人物、中华十大诚信英才、十大中华经济英才、中国最具影响力的财富人物、2006亚太最具创造力之华商领袖等荣誉称号。

常德传语论

1

一代人要有一代人的作为，一代人要有一代人的贡献，一代人要有一代人的牺牲。

2

决策失误，全盘皆输；风气不正，一事无成。

3

精忠报国、服务社会、造福职工。

4

以真理的力量启迪人心，以情感的力量温暖人心，以人格的力量激励人心，以榜样的力量震撼人心，以民主的力量凝聚人心。

5

人人都成人才、人人都出点子、人人都有绝活、人人都做贡献。

6

领导是仆人，职工是主人，办好企业归根结底要靠主人；领导的事再大也是小事，再急也要后靠；职工的事再小也是大事，再难也要办好。

7

坚持党的基本路线，坚持"三个代表"重要思想，坚持科学发展观，坚持一切从实际出发，把青岛港自己的事情办得更好。

8

在市场经济条件下，国有企业能不断搞好，能够充分发挥主体作用，而且还能够获得越来越强的活力。

9

在大体相同的外部环境下，国有企业成败的决定因素在于企业内部。企业必须通过不断改革和进行组织、管理和技术创新，把自己的事情办好，才有可能在市场竞争中立足，任何外部环境的改善都不能取代企业本身的工作。

10

以"一点不能差,差一点也不行"的精神,认真抓好文明装卸、文明生产、文明服务、文明施工、文明环境管理。

11

对上负责,让党放心;对下负责,让职工满意;对己负责,终生无悔。

12

我们的工作是给自己干的,不是给别人看的。

13

艰苦奋斗,用自己的心血和汗水、智慧和力量书写下青岛港历史上辉煌灿烂的篇章。

14

发展创造一切。我们过去靠发展创造了今天的辉煌,我们要拥有灿烂的明天,更需要去发展,发展是惟一的出路,加快发展是我们大家的共同心愿。

15

青岛港是个大家庭,我是这个大家庭的长子,离退休老同志就是我的老人,广大干部职工就是我的兄弟姊妹,幼儿园的孩子就是港口的后代,孝敬老人、照顾好兄弟姊妹、培养好孩子是我的责任。

16

青岛港,中华民族的"国家队",加快港口发展,我们责无旁贷;青岛港是国家特大型港口,所以对国家的贡献要一年比一年大。

17

改革是解放和发展生产力,思想政治工作也是解放和发展生产力,精神文明建设出生产力。

18

职工的事再小也是大事,再难也要办好。要一心为民,造职工。

19

客户是上帝,职工也是上帝。

20

以人为本,人才强港。

21

质量兴港,科技兴港,实干兴港。

22

安全质量工作是领导干部第一位的责任,企业第一位的工作,检验各项工作成效的第一位的标准。

23

质量、服务、信誉是青岛港的生命线。

24

历史从来不加注解,发展创造一切。有条件要上,没有条件创造条件也要上。

25

青岛港的"常规"就是"超常规"。

26

领导干部要具有一心为民的志向,一身正气的胸怀,无私无畏的胆识,无怨无悔的心态,真抓实干的精神。

27

青岛港是国企,就要精忠报国,当好共和国的长子,祖国母亲的孝子。

28

没有货主、没有用户,青岛港就没有饭吃;货主、船东、用户的满意就是质量工作的标准;要手续便捷,价格优惠,24 小时服务。

29

宁肯自己千难万难,也不能让货主、船方、用户一时犯难。

30

人人都可以成才,发展造就人才,岗位检验人才。

31

如果职工是一块矿石,青岛港就要成为一座大熔炉,就要把他百炼成钢、百炼成金。

32

人活着就是为了干活。

谢 企 华

谢企华

谢企华因领导中国最大的钢铁企业——宝钢而备受瞩目，她参加了宝钢的创建工作，并因能力出众而从一个普通技术人员被不断提升，最终脱颖而出成为宝钢集团公司董事长、总经理和宝钢股份董事长，被誉为钢铁业界的标志性人物和驾驭中国钢铁航母之人。

钢铁工业是国家工业化的基础，但多年来中国钢铁工业的技术、装备、管理水平却始终落后于西方发达国家。"文革"结束后，我国长期受到压抑的生产力得到了解放，整个国民经济要求加快发展，但钢铁工业的落后，成为制约我国国民经济发展的薄弱环节。为推动国民经济的发展，加速发展我国的钢铁工业，弥补我国钢铁产品在品种、质量上的差距和不足，党中央、国务院做出了一个英明的决定：在东海之滨建设一座现代化的大型钢铁联合企业——宝钢。宝钢建设的意义不仅是解决上海长期缺铁问题和满足对优质钢材的需求，更重要的是促进中国钢铁工业技术、管理水平的提升，缩短与发达国家20年的差距，圆全中国人的强国之梦。当年，为了宝钢的建设，从全国各大钢厂抽调了大批骨干力量，谢企华即为其中之一。

　　谢企华祖籍浙江鄞县,1943 年 6 月出生于上海,1968 年毕业于清华大学土木建筑系,毕业后分配到陕西钢厂,1978 年 10 月调入筹建中的宝钢。谢企华调入宝钢后即崭露头角,最初负责市政生活设施建设的规划和施工协调管理,在她的积极努力下,迅速使从各地调入宝钢的生产技术骨干有房可居。1984 年谢企华调任计划处处长后,将投入产出的效益概念和百元产值工资含量包干运用到工程建设中,抢回了延误的工期,并节省一期工程投资 2 亿余元,树国家大型基础工业投资管理之典范。

　　宝钢一期工程投产后,谢企华任指挥助理,协助副总指挥胡志鸿编制宝钢二期工程计划,协调解决了施工、银行贷款等方面的大量实际问题。

　　1990 年,谢企华已成为宝钢举足轻重人物,升任宝钢工程指挥部副指挥,分管计划、财务与经营管理工作。

　　1991 年 6 月,宝钢二期工程按期投产,通过二期工程,宝钢形成了年产 650 万吨铁、671 万吨钢、400 万吨热轧卷、201 万吨冷轧板卷、50 万吨无缝钢管和 260 万吨商品钢坯的生产能力。

　　1994 年谢企华成为宝钢集团公司副董事长、总经理。

　　为何选择谢企华做接班人?记者特于 2006 年 7 月 26 日在上海采访了原冶金部副部长、原宝钢董事长黎明。

　　黎明虽年过七旬,然精神矍铄,反应敏捷,他说:"在计划经济时期,企业相当于国家的一个车间,厂长经理只须把生产搞好、队伍带好就可以了,但市场经济就大不一样了。在宝钢的一次会上,我讲到,包括本人,我们大都是钢铁企业工程师出身,到宝钢后,总是想参予生产,但又要控制自己不要参予生产。以后企业的主要任务不是生产,而是市场和经营。从这样一个出发点,我推荐了谢企华接班。我刚接触谢企华时,她是基建处的副科长,思路清楚,记忆力非常好,给我留下很深的印象。刚到宝钢时,我在工地转了一两个月,当时都说提前一年投产,但我看来看去总觉得不大可能,问有关的人,也说不清楚,于是让小谢用一个多月时间将实际情况都弄清楚了,发现不是提前一年,而是延误一年多。最后经过努力,终于按照国家批准的总进度完成了工程建设。后来谢企华调到计划处当处长,做得也很好。我认为谢企华头脑清楚,管理好宝钢肯定没问题。"

在谢企华执掌宝钢的 10 多年间,宝钢发生了翻天覆地的变化,成为世界500 强里进步最快的中国企业,证明了黎明独具慧眼和知人善任。

谢企华有一旦认准前进方向,则义无反顾走下去的性格。她认为高起点的宝钢的发展方向始终应该是做高做强,同时,要遵循规律,把握机遇,严格苛求,打造精品,采取进取型战略,以此形成宝钢的核心竞争力。她对自己上任后承担的历史责任和目标是这样认识的:"当国家以前所未有的 300 亿元巨额投资建起宝钢之时,宝钢的历史使命和战略定位就已确立:中国需要有一批世界级企业迎战业已展开的国际竞争;宝钢成败的关键在于:能不能把300 亿元先进装备转化成技术、质量、成本的综合竞争优势。"

谢企华接棒后,以 1580 热轧项目打桩为标志的宝钢三期工程刚刚拉开建设帷幕,三期工程如完成,中国第一个以生产高附加值钢铁精品为主的千万吨级钢铁航母将挺进国际竞争的大海,同时,三期工程也是一个千钧重担,因投资额仅次于三峡工程,当时冶金系统甚至宝钢内部反对呼声甚高,但宝钢决策层认为势在必行,下定决心自筹资金也要建设三期工程。三期工程投资概算 620 余亿元,超过一、二期投资总合,计划 7 年完成,这意味着谢企华每年要筹措七、八十亿巨资投入,经营方面的压力、困难和艰巨性是显而易见的。

1994 年,中国的经济体制正在发生深刻的变化,由计划经济向社会主义市场经济转变,而很多企业却还停留在以生产为中心的阶段,不关注现金流,不关注回款,也不管市场卖得掉卖不掉,甚至连为谁生产的都不知道就盲目生产。此时的谢企华敏锐地感觉到宝钢必须从追求产值、产量迅速转变为追求企业价值最大化,为此她提出了"企业管理以财务管理为中心、财务管理以现金流量为中心"的理念,将追求企业价值最大化作为经营目标,注重提高产品质量和产品品种开发管理,并推行以全面预算管理为基本方法、标准成本管理为基础、现金流量控制为核心的财务管理体系。

针对当时钢材市场疲软和普遍存在的"三角债"问题,她坚持两条基本原则:一是以市场需求和经济效益为中心,没有需求、没有效益的不生产,按效益排序,尾部的限产或停产;二是以现金流量为核心建立了资金集中管理制度。一方面宝钢规定采购半个月付款,即宝钢绝不拖延付别人的款,但销售也要求客户全额预付货款或定金,以保证宝钢的货款资金安全,夯实了公司效益的"质量"。另一方面,宝钢通过融资权、调度权、运作权的高度集中,保证资金运用的集约高效。通过对现金流向的监控,使各项业务活动的发生符合公司经营目标的要求;通过对现金流速的监控,促使各项活动按计划节点进行;通过对现金流量的监控,保证业务发生量的合理性。

为确保经营活动的有序性,宝钢在中国钢铁企业中率先建立了贯穿于企业生产经营全过程的全面预算制度,创造性地实行了月度执行预算,实现了战略、规划、预算三者之间的有机统一,实现了柔性控制与刚性控制的结合以及预算与标准的结合。谢企华在宝钢推行的全面预算管理,是全员参与、全面覆盖和全过程控制的全面预算管理,公司的每一位员工都是预算的执行者;公司所有涉及现金和财务的活动都纳入了预算管理;公司从投资、采购、生产到销售等每一环节都处于预算控制之中。

在激烈的市场竞争中,市场决定了产品的价格,产品成本的高低也就决定了企业效益的高低,改善成本管理成为提高企业竞争力的内在要求和现实选择。1997 在钢铁产品价格下跌和国外钢铁产品因东南亚金融危机大量涌入中国市场情况下,全国钢铁企业都在学邯钢降低成本。而宝钢则推行了比邯钢更上一个层次的标准成本制。实施对成本事前、事中和事后的全过程控制,并运用成本标准服务于经营决策的成本管理体系。标准成本制度的建立,促进了宝钢系统、全局、全员的成本控制,实现了成本的持续改良和全过程控制,提升了产品的成本竞争力。

应该说,宝钢以财务管理为中心的一系列举措具有自己的特色,是谢企华基于企业内外部环境变化提出来的动态管理方法。以财务为中心的管理反映出谢企华对企业基础管理的重视,实现了最大限度减少不确定和不完善因素,没有这个基础,应该说就没有日后宝钢的平稳飞速发展。

当时宝钢在经营上的另一大举措则是系统推行以用户为中心的营销理念,坚持"三个就是":用户的标准(质量和技术)就是宝钢的标准,用户的计划(供货和物流)就是宝钢的计划,用户的利益(经济和效益)就是宝钢的利益。宝钢实行按用途(标准 + α,即国际产品标准 + 用户的特殊要求)组织生产,抓住质量、交货期、服务三大环节,视合同为法律,要求100% 完成合同。在上述营销理念的指导下,宝钢建立和发展了适应市场竞争的营销体系。首先,宝钢对产品销售实行直供为主的方式,把目标积聚在有发展潜力的下游行业和行业中的重点客户,将其确立为长期直供用户,无论市场如何波动,确保对它们的稳定供货,提供最好的服务,与用户成为命运共同体。其次,宝钢建立了覆盖国内外的营销体系,并致力于在用户所在地区建立钢材加工中心,以及远距离加工配送体制,实现对供应链全过程的控制。

到了1997年,宝钢的人均产钢已达到667吨,"双高"产品达60%以上。谢企华高超管理水平的体现是当年下半年美国标准普尔给宝钢的债信能力评为BBB+,这个评级比新日铁还高一级。谢企华对此高兴地表示:"优秀的债信级别是国际权威机构对宝钢管理、财务状况和发展前景的认可。说明我们的企业已经当之无愧地跻身于世界最优秀的企业之列。"标准普尔对宝钢的评级,是中国企业的一个里程碑,意义十分深远。从此向世界昭示,中国人不仅能够建设一个大型企业,也有能力管理好一个大型企业。

1998年11月,经国务院批准,宝钢联合重组上海冶金控股(集团)公司和上海梅山(集团)公司,成立了上海宝钢集团公司。但联合之初,上海冶金控股(集团)公司和上海梅山(集团)公司的企业普遍存在亏损严重、过度多元化、投资链过长、管理基础薄弱等问题,当时很多人对"联合有没有必要"、"老企业能不能扭亏脱困"、"钱从哪里来,人到哪里去"、"三年脱困目标能否实现"、"宝钢会不会被拖垮"这些问题心存忧虑。针对这种情况,谢企华果断决定采取控股公司的管理体制,集团公司不直接从事具体的生产经营活动,以资产经营和管理为重点,并从战略、装备、管理三方面着手进行联合重组后的整合。

战略方面,谢企华明确提出:宝钢要成为世界一流的跨国企业,必须实行"一业特强、适度相关多元化"的发展方针,充分发挥在钢铁主业上的竞争优势,围绕钢铁主业核心竞争力的提升适度发展相关产业,并实施钢铁精品战略、适度相关多元化战略、资本经营战略和国际化经营战略。1998年,正是多元化热门之时,但谢企华清醒地认识到,过度追求多元化无法真正发挥竞争优势,宝钢的人员、品牌、技能等诸方面的竞争优势主要集中于钢铁行业,宝钢只有把钢铁主业做大做强,才有生存的根本。在钢铁主业之外,宝钢通过建立系统的评估体系和对行业的深入调研、分析,在钢铁主业之外,宝钢明确了贸易服务业、煤化工业、信息业、综合利用业、工程技术业、钢材深加工业作为战略性相关产业,金融为相关支持产业,与此同时,宝钢还对下属836家子公司进行全面的清理整顿,对其中579家进行了关停并转,对不满足与钢铁主业相关性要求,没有发展前景的资产实行坚决退出。对予以保留的企业,依据战略规划实行专业化拆分、归并,组建了一批具有专业优势、规模优势的子公司。应该说,知取舍是谢企华对宝钢的巨大贡献。

技术装备方面,宝钢从长远利益出发,以用户需求为导向,坚持生产规模必须转化为市场规模的原则,编制了总体发展规划,并通过淘汰落后工艺装备、调整生产布局等措施,高起点改造和建设了一批专业化精品钢材生产线。

在管理方面,宝钢大力推行全面预算管理、标准＋α的按单生产等先进管理模式,对老企业的组织体制、业务流程、基层管理、信息化进行全面再造。同时还积极稳妥地推进主辅分离辅业改制和减员分流再就业工作,解决了老企业涉足行业过多、投资链条过长、冗员多、管理基础薄弱等问题,为钢铁主业的发展奠定了管理基础。

1999年,曾连续亏损5年的益昌薄板扭亏为盈,实现销售收入16.62亿元,实现利润1258.78万元,其他一些生产经营非常困难和严重亏损的老企业也不同程度地实现扭亏为盈。

2000年2月,宝山钢铁股份有限公司成立,11月发行人民币普通股18.77亿股,12月在上海证券交易所挂牌上市,成为当时中国证券市场上最大的一次募股,宝钢股份的上市,是宝钢运用资本经营战略促进钢铁主业发展的重要举措。

在谢企华的领导下,2000年12月20日,宝钢三期工程正式宣布建成投产,三期工程共采用新技术243项,其中属于世界领先水平的技术158项,可生产镀锡板、镀锌板和冷轧板、冷轧硅钢板等高技术含量、高附加值产品和各种"双高"冷轧产品,从而使宝钢产品的质量全面跨入世界一流行列。三期工程的建设使宝钢股份在单产的生产规模上位居世界第二,无论是劳动生产率、吨钢能耗,还是品种质量都具备了和国际强手竞争的实力。同时,宝钢实现了环保项目与生产项目同步设计、同步施工、同步建成。在宝钢的工程总投资中,环保投资占5.3%。三期工程建成后,厂区工业用水循环率达95.6%,

烟气排放大大优于国标规定,绿化率达42.65%,空气质量达到国家二级风景区标准。三期工程的胜利完成,使宝钢实现了从量到质的飞跃。谢企华打造世界级钢铁企业的目标又前进了一大步。

2001年,原上海冶金控股(集团)公司和上海梅山(集团)公司的下属企业全部实现扭亏为盈。

2002年,中国钢铁行业经历了一场前所未有的危机。在中国加入世贸组织后的第三个月,一场世界范围内的钢铁贸易战就把中国钢铁业卷入其中。当年,美国启动201特别保护条款来保护本国钢铁业。由于美国的贸易保护,国际钢铁产品纷纷涌向中国市场。在此关健时刻,谢企华带头联合鞍钢、武钢等国内钢铁企业,向政府递交了反倾销调查的申请并最终赢得胜利,维护了国内钢材市场的公平竞争秩序,也为国内企业正确利用国际规则,依法维护合法权益起到了示范作用。

同年,世界钢铁动态(WSD)对全球钢铁企业综合能力进行排序,宝钢股份位居第四,超过日本新日铁、美国US Steel钢铁公司和世界粗钢产量最大的阿塞罗等国际老牌钢铁企业,这是我国钢铁企业首次获此殊荣。谢企华宣布,上海宝钢集团公司要在2005年成为世界500强之一。她强调"成为"而不是"进入"500强,不只是从销售收入上看中500强的最低门槛,而是注重做强,拥有在世界同行中的发言权和与国际大公司竞争的实力。

2003年2月,谢企华担任宝钢集团公司董事长、总经理。

随着中国市场经济的发展和竞争的日趋激烈,企业的竞争模式开始发生转变,企业必须按照双赢的原则构建起完整、优化、具有竞争力的供应链系统,与客户、供应商等合作伙伴之间进行协同运作,从而实现优势互补,共同增强市场竞争力。为适应这种转变,谢企华提出了战略供应链的管理思想并领导宝钢推进实施了"打造最具竞争力的钢铁战略供应链"策略。

2003年,宝钢与三大汽车集团签订紧密的战略合作协议,抢在对手尤其是国外对手之前巩固稳定了供货关系;与国际钢铁巨头新日铁、阿赛洛合资组建了宝钢新日铁汽车板有限公司,与阿赛洛、上汽合资建设激光拼焊合资项目。同时,宝钢还按照投资资源、控制资源、经营资源的方针,在全球铁矿石、运输价格大幅度上涨之前果断与上游核心供应商建立了战略联盟。例如在铁矿石方面,宝钢与巴西 CVRD 合资组建宝华瑞矿山股份有限公司,年产 600 万吨铁矿石,与澳大利亚哈默斯利合资开矿,年产矿石 1000 万吨。同时还与上游供应商签订战略联盟意向书,在销售等方面进行合作。上述战略举措直接确保了资源的稳定供应。以往中国钢铁企业签订的长期购矿合同都是被动执行日本钢铁企业与海外矿石企业谈判后的亚太区公开价,正是由于宝钢在资源控制方面具有了优势,宝钢从 2004 年起获得了加入全球矿石价格谈判的话语权,并作为中国钢铁行业的代表进行年度价格谈判。

2003 年 6 月 12 日,在一钢、浦钢、五钢、梅山等老企业的技术装备、管理水平全面提升的基础上,谢企华果断摒弃了控股公司体制,大胆提出并实施"一体化"策略,她明确指出"宝钢必须成为一个一体化的市场竞争主体。最终要成为国际资本市场的公众化公司",并为此采取了一系列举措。体制方面,她以宝钢股份为平台,将钢铁生产体系、供应链体系以及相关产业的优质资产注入上市公司,发挥钢铁主业协同效应,提升核心竞争力;业务方面,她排除各种困难,在采购、营销、财务、信息化、企业文化建设等各个方面大力推进一体化运作,例如采购方面,对矿石、煤炭、废钢、生铁等大宗原燃材料实施了集中采购,通过锁定长期资源、统一优化物流等手段,保障了大宗原燃料的供应,并有效地控制采购风险、降低采购成本,发挥了集团经营资源的整体优势。"一体化"的提出被称为宝钢发展史的第二个里程碑。

2003 年 7 月 12 日,新出版的《财富》全球 500 强排名榜上,宝钢以上年实现收入 1024 亿元人民币(折合 145.48 亿美元)的成绩入围 500 强,位列第 372 位,成为中国制造业第一批进入全球 500 强的公司。专家评价这是中国从钢铁大国向钢铁强国迈进的一个里程碑。如愿以偿之后,没有庆功宴,更不见铺天盖地的广而告之,当记者们蜂拥而至时都被一一谢绝,谢企华表示,成为世界 500 强只是宝钢的一个阶段性目标,宝钢的最终目标是成为一流的跨国公司。她还强调:"宝钢进入世界 500 强不是只看重形式和规模,而是要在技术、管理、机制等方面向世界 500 强看齐,具体而言,就是以提高核心竞争力为基本目标,以观念转变带动机制创新,以技术创新提升产业结构,通过生产经营和资本运营相结合的方式,追求价值的最大化。宝钢未来的蓝图是,至 2010 年,拥有宝钢的重大专利技术和独创技术,带动中国钢铁工业水平的提高,成为世界最具竞争力的大型钢铁企业之一。"

宝钢生产现场

2004 年,宝钢股份增发收购了集团公司的钢铁生产体系、供应链体系以及相关产业的优质资产,这意味着宝钢"钢铁主业一体化"进程迈出了坚实的一步。随后,世界主流媒体《财富》、《福布斯》、《商业周刊》、《华尔街日报》纷纷把最具影响力的女企业家、世界最具影响力的女人和中国最具影响力企业领袖称号加在了她的身上。对此谢企华表示:"我觉得这不是对个人的认可,关键是对宝钢这个企业的认可,说明宝钢在国际上已经有自己的品牌。"

谢企华不是一个英雄般的企业家,一向低调,当然,她或许从来也没想到 2004 年自己会成为世界关注的焦点人物,但谢企华却成为了国际公认的世界级企业家。世界级企业家是能创建世界领先企业的企业家。独立思考、创新精神是世界级企业家的基本功。人格的独立性的管理是世界级企业的根基。

2005 年,谢企华荣获由中国企业管理科学基金会颁发的中国企业管理最高奖——首届"袁宝华企业管理金奖"。

随着一体化的实施,宝钢的发展又进入了一个新的阶段,在实现了宝钢几代人的追求和梦想——成为世界 500 强之后,谢企华提出要开始向成为一个"倍受社会尊重"的世界一流跨国公司的目标迈进。她表示"面对着世界经济、科技的大发展和国民经济持续稳定发展的历史机遇,面对

和谐宝钢——高炉与鹿

着前所未有的激烈的市场竞争,面对着从中央到广大投资者的充分信任和殷切期待,我们深感责任重大,任务艰巨。2006 年年初,胡锦涛总书记视察上海的时候,对宝钢的建设和发展又提出了更进一步的要求,要求宝钢不仅要牢牢巩固世界 500 强的地位,而且名次还要向前走。"

在 2006 年最新公布的美国《财富》杂志全球 500 强企业榜单中,宝钢以 215.14 亿美元的销售业绩位列第 296 位,比上一年度提升了 13 位,3 年内位次跃升了 76 位。这也是中国完全竞争性制造企业的最好名次。

没有世界级企业家便不可能产生世界级企业,一个管理者的能力来源于其个性、文化背景、世界观和阅历经验。谢企华的工作作风是谨言慎行,集思广益。宝钢与谢企华长期共事的一位部门负责人向记者介绍,在开会的时候,她很少第一个发言,总是让大家充分发表意见后,再最后综合,对下属尊重是她的特点。没有人见过谢企华对下属发脾气、拍桌子和直接的批评,她表达不满的方式是不断问问题,让对方自己意识到有问题了,承认错了,她才满意地笑了。同下属谈话时多花一点时间,对自尊心所起的作用是不言而喻的。有一个日本的高级管理者去拜访禅宗法师,法师献茶,当茶杯斟满了,法师还继续斟下去,那位高级管理者很吃惊,法师说,像这个杯子一样,你充满了自己的思想,若不将杯子倒空,我怎么能告诉你禅宗的道理呢?谢企华就是这样一位时时将杯子倒空能充分吸纳别人意见的智慧领导者。

宝钢集团财务部周部长告诉记者:"谢总的性格是谨慎和讨厌复杂、花哨的东西,对工作非常细致、认真,有时厚厚一本财务报告,她会一字一句看,而且对数字的记忆力超强。"谢企华曾表示,宝钢积累了发展、改革的丰富经验,贯穿其中的精髓是严格苛求的精神、学习创新的道路和争创一流的目标,在"严格苛求"方面,谢企华的确做到了以身作则。专心、负责、果断、实际、自律是谢企华的基本工作作风。

2006 年 2 月 18 日下午,人民大会堂一楼大厅,"2005 年中国十大经济女性年度人物"颁奖典礼开始前,女企业家们被安排在一起,等待合影。一家媒体如是描述那一刻的场景:"如果问在场的任何一个人获中国'十大经济女性'2005 年度人物大奖的是谁? 人们会异口同声地说:是宝钢的谢企华! 然而,人们并没有注意到她何时来到现场,她就在那里站着,微笑着,看着眼前发生的一切,这就是宝钢集团的掌舵人,素有'中国钢铁界铁娘子'之称的谢企华。"

（撰稿人　雷　建）

谢企华简历

浙江鄞县人,1943 年生,中国共产党第十五届、第十六届中央委员会候补委员,十一届全国政协委员;

1961 年至 1968 年 就读于清华大学;

1968 年 7 月~1978 年 10 月 陕西钢厂工程设计组 副组长 ;

1978 年 10 月~1984 年 10 月 宝钢工程指挥部 副处长、处长 ;

1984 年 10 月~1990 年 7 月 宝钢工程指挥部 指挥助理 ;

1990 年 7 月~1994 年 7 月 宝钢工程指挥部 副指挥;

1994 年 7 月~1998 年 11 月 宝钢集团 副董事长;

1994 年 7 月~1998 年 11 月 宝山钢铁(集团)公司 总经理;

1998 年 11 月~2003 年 2 月 上海宝钢集团公司 副董事长、总经理 ;

2000 年 2 月 宝山钢铁股份有限公司 董事长;

2003 年 上海宝钢集团公司 董事长、总经理 ;

2005 年 辞去上海宝钢集团公司 总经理;

2005 年 1 月 29 日,在中国钢铁工业协会举行的 2005 年理事(扩大)会议上,被选举为中国钢铁工业协会的新一任会长;

2006 年 5 月,辞去宝山钢铁股份有限公司董事长职务,继续担任上海宝钢集团有限公司董事长;

2007 年 1 月,辞去上海宝钢集团有限公司董事长职务。

2002 年,荣获首届中国创业企业家称号,并受到表彰;2005 年,荣获首届"袁宝华企业管理金奖"。

谢企华语论

1

现在宝钢跟世界的钢铁顶尖企业还有差距,这个差距就要靠我们拥有比他们更快的发展速度才能赶上,如果我们的速度跟他们一样,那这个差距会继续保持。这种发展速度来自创新,包括在技术上、装备上,更是在掌握这些技术装备的人才的素质上。

2

与其让国外企业来收购,不如我们自己先把提高集中度的工作做好。因此,宝钢在新制定的"十一五"规划中有了"干 3000 万吨,看 4000 万吨,想 5000 万吨"的战略思路。

3

保护只是一种临时的措施,我们应该抓紧这个时间,加快调整步伐,以便于将来真正可以跟发达国家钢铁企业去一决雌雄。只学会利用世贸规则是远远不够的,应该把更多的精力用在主动的技术创新上。

4

与高层管理人士进行沟通是非常重要的,要使他们知道公司的发展战略,并使他们追求公司的价值目标——即用我们独特的企业文化实施现代管理。宝钢和我本人也高度重视优秀人才的培养。

5

目前中国企业在国际合作上总体上处于低级层面,随着中国企业发展战略的转型,低层次的合作方式不适应发展现实,必须实施更加深入的国际合作,寻求新的合作方式和路径。中国企业发展战略的创新和转型主要体现在从粗放增长向可持续发展的转型,这是发展中国家甚至世界经济面临的共同问题。作为国家的发展战略,逐步提高到追求社会和经济全面发展,更合理的经济结构,更有效的资源配置、更有效率的资本运作和管理,这必然促使中国企业加快转向走可持续发展的道路。

6

我们在高端技术以及产品方面对外国的依赖不利于产业结构的调整、升级和技术创新。为了在更广泛的空间、更好地更全面地利用外部资源，改变我们被动创业的局面，有效提升中国技术产业结构，中国企业必须实施引进来、走出去相结合，这才是完整的国际化。

7

宝钢是中国改革开放的产物，在全球范围优化产品、技术、人才市场等关键要素的配置，逐步从产品贸易的合作发展到技术贸易合作，从一般贸易投资发展到海外事业的投资，从统一合作发展到上升为工业链，走出一条全方位多层次的合作发展之路。宝钢的战略决策将以高起点和创新作为基础，以塑造和培养规模竞争优势作为战略合作的重点，以平等互信作为战略合作的基本理念。宝钢将和国际跨国公司一起面向未来，并且采取水平分割的模式，只有通过深化合作才能营造良好的技术、人才、投资环境，做大做强高端技术及产品市场，为国际合作注入更大的生机和活力。

8

合作就是力量，既是成长的力量也是发展的力量，宝钢愿同世界上所有优秀企业优势互补、深化合作，携手共同创造更加美好的未来。

9

我国已成为全球增长最快的钢铁市场，世界知名钢铁跨国公司纷纷进入中国寻找合作伙伴，而国内钢铁企业之间的对话合作、兼并重组也如火如荼，同时我国钢铁企业正面临产业结构升级和区域布局调整的历史重任。这要求中国钢铁工业协会充分发挥自身的影响力和凝聚力，强化沟通、协调和信息服务功能，协助企业把握发展方向，推进中国钢铁工业健康、平稳发展，提升中国钢铁工业的国际竞争力。

10

宝钢未来的蓝图是：争取在 3 至 5 年时间内，通过技术创新，拥有一批世界一流的技术,至2010年,在世界钢铁业界拥有宝钢的重大专利技术和独创技术,带动中国钢铁工业水平的提高,成为世界最具竞争力的大型钢铁企业之一。

谭 旭 光

潍柴动力股份有限公司董事长兼首席执行官谭旭光

谭旭光是中国企业家群英中冒出的一匹黑马,中国柴油机行业巨子。2004年11月11日,时任山东省委书记的张高丽率各地市100多位领导再次来到潍柴动力股份有限公司时,指着谭旭光说:"他是一个很有本事的人,是一个很有魄力、不可多得的企业家。处于相同的条件下,潍柴为什么能发展好?这里面思路、点子、办法、措施缺一不可,没有一个有雄韬大略的企业家是办不到的。潍柴人做出的成绩让我感动,令人振奋。潍柴有一个好带头人,所以能兴旺发达。"

谭旭光1961年出生,父母都是潍坊柴油机厂(简称潍柴)的职工。1977年他从潍坊二中高中毕业后也进入潍柴,被分配到研究所当工人,此段长达10年的经历,令他对柴油机产品有了完整系统的认识,亦培养了他前瞻、开阔的思维方法。

1987年潍柴组建外贸小组,调谭旭光当业务员。1989年他代表企业前往北京主管部门递交在广交会上参展的申请,居然从机械工业部争取到了允许在广交会上单独设立自己的展位,成为全行业第一个越过进出口公司可直接和外商做生意的企业。厂长大喜过望,对谭旭光的能力颇为赏识,不久派他常驻印尼,任首席商务代表。谭旭光在印尼这个千岛之国,踏遍了每一个岛屿,一年时间里潍柴发动机在印尼的销量增长了10几倍;由于业绩骄人,继而被提拔为厂外贸处处长、外贸公司总经理。从 1992 年到 1998 年，在他的带领下，潍柴的外贸出口从弱到强，硬是将出口总量从 30 万美元做到了 4000 万美元，占据了潍柴年度总销量的半壁江山。这几年谭旭光称是他人生中最重要的一段时间，乃至在国际市场上应该算是个人物了，柴油机行业都知道他，在 20 世纪 90 年代搞出口到 4000 万美元，而且是靠发动机一台一台卖出去获得的业绩，的确非常不容易。10 年的外贸生涯，使谭旭光对国际柴油机产品及市场有了深刻而全面的了解，为他日后的成功打下了坚实的基础。

1998 年初，拥有上万人、建厂 50 多年的潍坊柴油机厂已 6 个月发不出工资，由于欠息、欠税、欠费，厂里经常断水、断电、断原料，人心思散，濒临倒闭。到了 4 月，情况继续恶化，省、市政府的领导再也坐不住了，因为有 1 万多员工、数万家属的大企业若一旦倒闭，万一闹出乱子非同小可，于是紧急安排潍柴迅速换将。

时任潍坊柴油机厂副厂长兼进出口公司总经理的谭旭光被选中，受命于危难。上级领导向谭旭光表明这个意图后，干于斯、生活于斯的他的亲人们都深知当这个厂长要承担的重担岂止千钧，那是要为 1 万多人的饭碗寻找出路啊！一旦搞砸，全家人岂能再在潍柴立足。不过事态的紧急已容不得谭旭光及家人稍作犹豫，1998 年 6 月上级对谭旭光的任命书火速下达；他同时被告知，此时企业账面上的全部资金仅有 8 万元，内债外债高达 3 个亿，负债率达。谭旭光时年 37 岁，有人说恰因其有个性而被选中担纲，实际上这个企业不籍一个"鉴断之才、拨乱之主"的领头人进行大刀阔斧的改革，必拖死无疑。

谭旭光 6 月 19 日上任，他定于 6 月 27 日召开大会发表就职演说，然是日凌晨潍坊柴油机厂一条主要生产线 KW 铸造线被大火烧毁，这对谭旭光来说是雪上加霜。上午 10 时，他平静地走上讲台，面对上千名干部、职工代表公开承诺：15 天内补发两个月工资；从今天起工资一分不欠；1 年内企业扭亏为盈；同时约法三章：①坚持原则，敢抓敢管，不做老好人，不当太平官；②扑下身子，真抓实干，为企业干实事，为职工办好事；③以身作则，清正廉洁，要求职工做到的，我们首先做到，不允许职工做的，我们坚决不做。

谭旭光还说"只要我们信心不死，潍柴就不会出局！"大家拼命地鼓掌，有人数了数，他半小时的讲话掌声共有 12 次之多。谭旭光感到，在一个快要散架的企业里,人们对变革和绝处逢生的渴望竟然是如此强烈而真诚。

谭旭光对记者说:"上级决定让我接手这个企业时,干还是不干,当时还是有一些私心的,因为压力非常大,企业到了非常艰难的地步。最后,我还是觉得应该干,我的想法跟潍柴1万多名职工一样,大家对这个企业有很深的感情,都不希望这样一个有近60年历史的企业眼看着破产关门。"

1998年谭旭光刚上任走过了一段极其艰难的历程,他一般甚至不愿意再提及。那时潍柴吃不上饭的包括职工家属实际上是6万多人,都在一个大院里,而新任厂长给大家建立信心的首要一条,就是要兑现承诺补发部分工资;本来银行答应贷给谭旭光1千万元让大家先吃上饭,但细想这个企业再翻身的可能性有多大时犹豫了起来,谭旭光只好在7月9日那天在行长办公室门口死等,有人说他差点儿没给行长下跪,最终行长还是给了他贷款。第二天,谭旭光按时把钱发给了职工,但此次痛苦的经历,让他刻骨铭心。谭旭光说:"首先,我对全厂1万多名职工的第一个承诺如果做不到,那就是失信了;但是我也充分理解银行行长的苦衷,我认为是我的真诚最终打动了他,还是贷给了我们这一千万。"

对潍柴这个老国企长年积存的问题,谭旭光心知肚明,他说:"1996年之前的潍柴曾经辉煌过,那时生产的船用发动机和发电机组提前一个月预定往往还提不到货,但随着市场经济初潮带来的冲击,企业的日子举步维艰。当时全厂职工近1.4万人,但一线生产职工仅3000人;大大小小的管理辅助部门34个,仅科级以上干部就有750多名,管理重叠,人浮于事;53个直属单位,几乎都有自己的小车、直拨电话……企业崩溃在即。有4个方面的问题制约和阻碍潍柴发展:①思想保守,观念落后;②机制僵化,缺乏活力;③治厂不严,管理滑坡;④人浮于事,作风漂浮。国有企业改革如果不动真的,不来实的,很难步入市场经济轨道。"

谭旭光在1998年的职工代表大会上说:"不改革,潍柴只有死路一条!我等得起,全厂职工等不起。"1998年春,上级曾任命他任常务副厂长,谭旭光虽知潍柴改革的紧迫性,但未敢妄动,他说,上有一把手,下有利益团体,改革等于上坡推滚石,弄不好最后只能是白白浪费全体职工的激情。直到6月出任厂长,谭旭光才敢于一鼓作气推行他的改革计划。

谭旭光的改革是动大手术,是要将一个计划经济体制下的大企业再造成能适应市场经济的、有竞争力的全新企业。他改革企业机构和人事、用工、分配制度,建立能上能下、能进能出的干部管理机制;原来全厂34个管理部室被削掉了13个,349名科级以上干部被免职,400多名管理人员被分流,700多名管理干部减到只剩下200多名。在用人上不拘一格,建立双向选择、全员竞聘的用工机制,按照各单位生产、工作任务负荷大小和责任轻重程度,进行定编、定岗、定员,实行公开聘用;通过考核,对一些不适应岗位要求的,安排离岗培训或下岗,同时通过竞争,把管理、技术和辅助人员中素质较高的充实到一线;通过改革,3000多个岗位被取消或合并,1200余人进入了再就业中心;改革后,在岗职工由13600名压缩到8000人。

在分配制度改革方面,建立岗位工资、经费包干和绩效奖惩的待遇机制。过去不管干多干少、企业效益如何,工资照发,现在把企业效益与单位、职工的经营成果挂起钩来,按照个人贡献大小确定工资数额,按劳取酬。1998年和1999年,有的职工工资过千元,而有的只能拿保底工资320元,仅比下岗职工多拿70元。

改革前,管理人员和工程技术人员的职称评定,大多注重学历和工作年限,论资排辈;改革后,职称评定是按照谁出的成果转化为商品、转化为效益,谁就有被聘任资格,一年没有成果、没有业绩,该低聘的低聘,该解聘的解聘,高职可低聘,低职可高聘,一年一考核,一年一聘任。

谭旭光深知,企业的重中之重是营销,所以他上任后宣布厂长要亲自抓营销。他带着营销、生产、技术人员考察市场,拜访客户。一行人走到每一家客户那里,几乎听到的都是一片怨声,几个主要客户甚至宣布将弃用潍柴发动机。

回到潍柴,谭旭光提了三个口号:①衡量一切的标准是用户满意度;②营销是企业的第一线;③质量是企业的生命。这些话人人都懂,心悦诚服,但究竟怎么落实,大家又都很是惘然。

1998年9月,潍柴厂在废品库召开千人大会,谭旭光亲自带头,把300台发动机废次品毛坯当场砸毁。他说:"在这些由我们自己干出来的成堆的废品面前,我感到痛心、羞愧和耻辱,我们是在用自己的双手砸自己的饭碗……"

　　不久,针对厂内出现的几起质量事故,谭旭光宣布对直接责任人给予除名处分,所有厂级领导每人扣发一个月工资,包括他自己。此后,厂部发出文件,要求所有生产部门针对大小质量问题,必须一道工序一道工序地解决,一个环节一个环节地检验。不换观念就换人。在差不多1年左右的时间里,全厂共有上百人因质量问题下课或除名,也有数十人因提出改进质量的合理化建议受到嘉奖,质量观念开始深入人心,零缺陷成为潍柴人的常规用语。

　　谭旭光还提出抓潍柴发动机的本土适应性,即如何让本土用户离不开我们的发动机? 研发部门的人员对此一脸茫然,但一场一场的研讨会开下来,大家很快发现,这个提法很有现实的意义和广阔的联想空间。谭旭光还说:"中国是个大国,气候、交通、地形等环境复杂,消费者群体特殊,所以站在市场的角度,潍柴发动机能不能做到稳定性更好,功率储备更大,性价比更优? 另一方面,所有企业最有效的技术革新就是创造出能够激发潜在需求的产品。"

　　一个个体户使用了潍柴发动机,出现质量问题后,向潍柴服务部求援,但服务部和生产部门相互踢皮球,迟迟不予维修,这样的事情过去在潍柴司空见惯,谭旭光却借题发挥,下令严厉处罚所有相关责任人。他的理由简单而明了:"面对客户和企业信誉,每一个潍柴人都是责任人;当潍柴的双脚已经别无选择地进入市场大门,所有脑袋还停留在大门外的潍柴人都必须请他回家休息。"

　　谭旭光个性鲜明,性格耿直,遇属下该办好而没有办好的事情,因恨铁不成钢而时常拍案训人,而出现问题的责任他却常揽在自己身上。谭旭光说自己的这种性格别人很难接受,可是时间长了,磨合好了以后,大家会喜欢上他这种性格。在公司,谭旭光最反对搞"公司政治",他说:"要让下属清楚地知道我想什么,清楚自己应该做什么,不应该做什么,做什么就会被炒掉,我最怕的是团队不知道老板在想什么。"谭旭光上任的时候,每天连轴开会,有时候开到夜里11点多,这些干部刚刚回到家,可是又有事儿了,谭旭光一个电话就把这些干部又召集回厂继续开会。在谭旭光上任不久,他撞见一个厂长助理在会议室与副厂长发生不应有的争吵,他当场就把厂长助理解聘,从发生争执到免职下文件只用了半天时间。从此潍柴人开始对谭旭光心服口服。

谭旭光一方面大刀阔斧地进行内部改革,同时他也知道,企业的生存和发展最终是要靠两样东西,一是有竞争力的产品,二是市场,所以他1998年一上任即赴欧洲考察,他说:"我一定要造一个中国品牌的柴油机,投放到世界市场上。"从欧洲回来以后,谭旭光下决心要造一个潍柴自己的全新柴油机,由此便开始了长达5年的艰苦研发历程。

在市场开拓方面,因为谭旭光搞了十几年国际贸易,所以他已基本上形成了市场的理念,知道市场是企业发展的关键,在扭亏过程中必须首先抓市场,这对他的企业运作起到非常重要的作用。

1999年10月19日谭旭光从北京往工厂返,在德州出了车祸,断了4根肋骨。可在这之前,为了开拓市场,他已经跟几个工程机械主机厂的领导约好了,11月上旬要到这几个厂走访;但两周以后,他还不能动,要人扶着才能起来,但他仍坚持靠人扶着一个厂一个厂去跑,跑到的几个厂的领导跟他讲:"老谭,我们不要说配套不配套,你今天来到我们公司,我们就对潍柴非常有信心,你在断了4根肋骨的情况下还到我们这里来开拓市场,我们决定了,明年一定配你的发动机。"

改革后企业重现生机,2000年12月30日,谭旭光召开全厂有线电视会议,向全厂职工宣布:潍柴从今天起没有内外债了。从企业濒临倒闭到这样一个转危为安的历史性时刻,谭旭光用了两年半的时间,期间所下的功夫和注入的心血非同寻常,可想而知。

2001年,潍柴销售收入比历史最好水平提高了77%,企业由1998年上半年的亏损8768万元提高到盈利2000多万元,7项主要经济指标均实现了翻番。但谭旭光认为战略布局尚未完成,企业不能高枕无忧,他决定暂时工人不涨工资,干部不发奖金,把收益全部用于内部资产结构调整、新产品研发、新市场拓展、装备改良和营销体系建设。

谭旭光的成功,不仅表现在他取得的经营成果上,而更重要的是他的战略思想。他当时提出了一个战略定位,即不能只为单一的主机厂配套,要实施多元化的配套战略,他认为单独为一个汽车厂配套是无法养活高技术含量的发动机厂的。谭旭光将潍柴的定位从为一个主机厂配套,拓展到为整个需要发动机的产业配套,做到这一点,必须发挥其更专业、成本更低的优势,从这个战略思想出发,他采取了一系列行动。他的第一个战略转移突破口,选择了工程机械领域。

谭旭光加大研发投入,改革研发体制,重奖科技精英,让潍柴全力以赴投入到由重卡发动机转型到工程机械发动机的科研攻关中。谭旭光参加工作就在研究所,对研发工作自然了如指掌,人才、体制和投入三管齐下,效率极高,短短几个月时间,就解决了斯太尔发动机满足工程机械配套的几个关键技术问题——扭矩储备、负荷变化、气温变化、抗震性等,加上潍柴生产质量飙升,该工程机械发动机一推出就从整体性能上超越了市场上的同类产品。2000年7月,潍柴与原国家机械工业局成功策划了"全国现代动力与工程机械协调发展研讨会",潍柴发动机开始全面进入工程机械市场,当年一举占有了30%的市场份额,后来被中国的工程机械行业称作一次"动力提升的革命",更可谓是潍柴对中国机械工业发展史上的一次重要贡献。

2002年,谭旭光在经营形势稳定时,有条件腾出手来开始实施其整体战略构想的重要一步,即潍柴要成为业内有竞争力的发动机专业公司,从大格局和未来发展着想必须扔掉"包袱",突出主业。由于历史的原因,潍柴收容了许多小型机械厂,加上计划经济条件下企业办社会的固有模式,附属企业有10多家,托儿所、幼儿园、职工学校、职工医院等应有尽有。改革,虽然机构压缩了,人员精减了,用工分配合理了,但是,企业办社会的沉重负担在一定意义上还没有减轻,颇费精力。2002年底,谭旭光在潍柴开始推行全面的"三三制"改革,即将1/3的企业资产和职工随斯太尔主营业务剥离出来,成立潍柴动力股份有限公司,按照现代化的公司治理模式做大做强;1/3的原企业中速机业务和职工留在老潍柴,形成中速机生产基地;剩余的零部件厂和企业办社会职能,全部根据国家有关政策带资分流,实行民营化转制或移交社会。

2002年12月,潍柴动力股份有限公司(简称潍柴动力)成立。谭旭光利用潍柴大发展的时机,首先面对全球顶尖技术拥有者、潍柴超级客户和未来资本市场伙伴,分别引入策略股东,构建起各个战略平台的股权联盟关系。谭旭光还提出,潍柴要大踏步进入技术自主创新的新阶段,完成由"中国制造"向"中国创造"、"中国标准"的跃升,跻身世界动力强手之林。他的观点是:花1个亿买设备,不如花1个亿买人;花1个亿买人进来,不如花1个亿送人出去,把别人的东西系统学回来。于是,谭旭光开始更大幅度地加大研发投入,改革研发体制,为潍柴引进"外脑";同时在奥地利——世界三大柴油发动机技术高地之一建立了研发中心,跟踪世界内燃机最前沿技术,潍柴常年派出20余位工程师在此工作。

2004年3月,潍柴动力在香港上市,融资14亿人民币。2004年潍柴销售突破100亿元,潍柴动力在香港股市一路飙升,成为唯一的一只国企金股。潍柴动力上市后,谭旭光表示:"企业家要懂得约束和超越自己。潍柴改革以来共经历了3个阶段的文化,2001年前,叫强制灌输文化,是企业打造执行力的阶段;2001~2004年,叫规范文化,即对企业进行系统制度和结构整合的阶段;2004年以后,叫沟通文化。这就是一个企业不断超越自己的结果。这个结果在中国往往很难实现,因为中国很多企业家骨子里都有一种'帝王将相思想',人人都希望自己是企业里说一不二的皇帝,所以企业文化总是习惯性地停留在第一阶段。"

2005年,谭旭光在进一步完善股东会、董事会、监事会和经理层"三会一层"法人治理结构的基础上,又设立了战略委员会、薪酬委员会、审核委员会和提名委员会,谭旭光给自己头上新增了四道"紧箍咒"。他说:"这同样是一种格局。过去企业好比一头牛,一个人牵着牛鼻子就起来了;现在是一群牛,我们要发挥集体的智慧。所以需要专业人士参与决策,并听取多方意见。"

2005年3月,潍柴成功推出中国第一台拥有完全自主知识产权的大功率欧Ⅲ发动机——"蓝擎动力",成为和全球发动机水平完全接轨的"民族动力",可以说这是中国动力升级的一次革命。谭旭光说:"'蓝擎动力'是我们国家第一台完全自主创新的、拥有自己核心技术的大功率高速发动机,也是我们潍柴经过几代人的努力,在近几年形成的一个全新的自有技术动力产品,它是我们未来5~10年的饭碗。为了这个产品,我跑了几十趟欧洲,当时我就说,我们一定要造一个世界先进水平的发动机。每一次的技术提升和发展,都是新观念的撞击。在'蓝擎动力'发动机的研发过程中,我们走遍了全世界所有发动机公司,采取了各种办法,看了人家的东西,我们建造了一个潍柴动力新的生产基地,这个基地的水平完全可以和世界最先进的发动机制造技术相提并论,沃尔沃的总裁、卡特皮勒的总裁,到潍柴来看完以后,都说太厉害了,想不到中国也有这样的发动机公司。"

2006年10月,潍柴动力又推出了国内第一台具有自主知识产权的12升、功率达480马力的WD12发动机,这款发动机专为中国重型商用车量身打造,彻底改变了我国大排量高速发动机长期依赖进口的局面,使中国重型商用车从此拥有了"中国心"。潍柴的WD12型柴油发动机,功率范围覆盖了336马力到480马力,不仅刷新了国内重型柴油机的多项功能参数,而且具低油耗、大排量、低排放、大扭矩等性能优势。历时5年精心培育的这款发动机,经过反复的台架试验、整车道路试验和路面试验,全面通过高原、高温、寒区等极限测试,性能优越,是目前国内惟一成熟、批量投产的12升大排量发动机。

2005年4月8日,胡锦涛总书记视察了潍柴,他说,潍柴一定要在世界发动机行业占有一席之地,要成为中国的民族品牌。这句话反映了总书记对潍柴寄予的殷切期望。

德隆的崩盘,旗下湘火炬被推向市场寻找买家,汽车领域的资本大佬蜂拥而至。谭旭光认为收购湘火炬的战略价值是:①能够把潍柴发动机和湘火炬变速箱连接成真正的动力总成,为国内重型汽车、客车及工程机械等多领域提供"动力总成一揽子解决方案",成为全世界规模最大的动力总成生产基地;②能够发挥规模优势,提高议价能力,大幅降低采购和运营成本;③最大的战略目标就是建立"生产经营"和"资本运营"两个平台,整合形成中国最具竞争力的完整的汽车产业链条,打造全球一流汽车零部件集团。为此,谭旭光志在必得。在收购过程中,全国十几个企业都去争,争到最后,国外的一些大的基金公司也找到了谭旭光,他说不能让,这个企业只有我们中国人自己拿。最后在2005年8月8日,潍柴以10.2亿元的价格成功夺标,这也成为中国迄今为止最大的现金收购案例。并购完以后,11月8日顺利完成过户,谭旭光在并购庆功会上第一次掉了泪。

2005年11月,在"中国自主创新论坛"上,谭旭光作了《装备中国:光荣与梦想》的发言,他说:"装备制造业作为国民经济的'发动机',是国民经济最核心的基础性产业。纵观当今世界工业强国,无一不是装备制造业强国。中

谭旭光在2005 CCTV 中国经济年度人物颁奖典礼上

国装备制造业大而不强的根本原因，在于我们没有摆脱技术引进模仿的模式，中国企业一直在引进——落后——再引进——再落后的怪圈中徘徊。引进，永远引不来一流技术和前沿技术，也引不来一个国家的现代化，特别是像我们这样的世界大国。我非常欣赏奥运冠军邢慧娜，在激烈的万米长跑中，跟跑9500米，这是一种战术，是一个过程，积蓄力量、时机成熟一举完成超越，获得冠军。从她身上，我们可以悟出很多关于技术引进和自主开发的道理。"

2005年，潍柴动力被授予"中国名牌"称号；2006年，潍柴商标被评为"中国驰名商标"。"民族动力，国际潍柴"的品牌形象已经深入人心，通过引进、消化、吸收、创新，潍柴实现了从"中国制造"到"中国创造"的跨越。

2005年底谭旭光被评为2005CCTV中国经济年度人物，理由有两点：第一，成功并购湘火炬；第二，他是一个善于为国有资产做加法的人。谭旭光发表获奖感言时说："做企业要有激情，有了激情，没有干不成的事。"

谭旭光给潍柴动力设定的未来目标是成为一家通用发动机供应商，为重型汽车、豪华客车、工程机械、船用、发电等行业提供大功率动力配套，打破国外独立发动机厂商难以成大器的宿命。对于这个设想，他以"不到长城非好汉"的精神执著地追求着，而这一年在中国重型汽车15吨以上的领域里，他的发动机占有了80%的市场份额，在中国大型工程机械装载机领域的市场占有了76%的份额。

2006年1月13日,一年一届的"潍柴动力(2006年)商务大会采购分会"召开,来自国内外的近500名供应商代表参加。会议明确了潍柴欲与其供应商共同打造中国规模最大的内燃机制造基地,成为国内一流、世界知名的通用动力基地的中长期发展目标。

2006年2月16日,潍柴"VCHINA计划"启动,"VCHINA计划"是潍柴与战略合作伙伴的联合宣言,是各方联手打造中国动力最具竞争力产业链的一个共赢计划。4月28日,潍柴动力与北汽福田、德国博世、奥地利AVL结成三国四方的"国际化战略联盟",意在为中国汽车工业的自主创新开创一个全新的"链合创新"模式,全力打造全球知名品牌的商用车和发动机。

2006年6月12日,"潍柴动力产品研发共同体"发起成立,32家有实力的零部件供应商代表参加了会议。以潍柴动力为主体,采取强强联合、优势互补的方式,将有研发能力的零部件供应商暨优势企业联合起来,共同提升柴油机零部件产品的整体水平。

潍柴动力现代化加工生产线

2006年6月28日,潍柴动力与重庆红岩汽车公司就加强战略合作伙伴关系进行磋商,双方要做好文化融合,结合两个优势品牌价值,共同开拓市场。

2006年6月29日,潍柴动力与德国博世签订战略合作协议,共同进行相应的开发与匹配工作,欲占领欧Ⅲ乃至更高标准的发动机市场。

　　半年的时间里,潍柴与上下游、国内外的合作伙伴展开了一系列的行动。在分拆、整合产业链的过程中,谭旭光已显得游刃有余,他要依靠技术与供应的配合、资本的杠杆作用,在更大的范围内进行产业结构性的联盟构建,继续向着他的战略目标稳步推进。

　　从世界范围来看,只有康明斯等为数不多的专业发动机厂做出了成绩。康明斯中国公司的杨方认为,柴油发动机的技术路线基本上是透明的,谁要想在市场中更进一步,谁就要在精益制造和控制成本上狠下功夫。他表示,如果能沿着正确的方向发展,像潍柴这样的中国独立供应商的前途是不可估量的。

　　谭旭光喜雄鹰一击千里之志,在他的办公室,有一只威猛鹰的模型,传说鹰在成长过程中会一次次拔掉自己的羽毛,忍受疼痛、寒冷、饥饿甚至死亡的考验,等待长出全新的羽毛,以获得飞向更高空间的能力。谭旭光希望自己拥有这样的境界。他说:"我感觉我是一个非常有激情的人,干事情总是想干个第一。"

（撰稿人　雷　建）

谭旭光简历

1977 年 12 月至 1987 年 6 月 任潍柴设计科试验室设计员；

1987 年 6 月至 1990 年 12 月 任潍柴销售处销售员；

1990 年 12 月至 1992 年 12 月 任潍柴外贸处助理、副处长；

1992 年 12 月至 1997 年 3 月 任潍柴进出口公司总经理、党支部书记；

1997 年 3 月至 1997 年 5 月 任潍坊柴油机厂厂长助理；

1997 年 5 月至 1998 年 6 月 任潍坊柴油机厂副厂长；

1998 年 6 月至 1999 年 12 月 任潍坊柴油机厂厂长、党委副书记；

2002 年 12 月至 2005 年 12 月 任潍坊柴油机厂厂长、党委副书记，潍柴动力股份有限公司董事长兼首席执行官（CEO）；

2005 年 12 月起任潍坊柴油机厂厂长、党委副书记，潍柴动力股份有限公司董事长兼首席执行官（CEO）、湘火炬汽车集团股份有限公司董事长。

现任潍柴控股集团有限公司董事长、党委书记，潍柴动力股份有限公司董事长兼首席执行官、党委书记。

2005 年，荣获全国优秀创业企业家称号，并受到表彰；被评为 2005CCTV 中国经济年度人物。

谭旭光是十届、十一届全国人大代表，全国劳动模范，全国“五一”劳动奖章获得者；荣获第四届（2008）“袁宝华企业管理金奖”。

谭旭光语论

1

潍柴动力,我们这个"动力",和原来的发动机的概念的内涵是有差异的,一是柴油机行业就是动力产业的概念词;二是体现了我们企业要永远在这个行业中增强发展动力,而动力来自于创新;三是干什么事情都要有动力,要有激情,只有这样才能不断地达到自己追求的目标。

2

学习始终是我的一种追求、一种向往。

3

潍柴本部的职工有 10000 人,并购湘火炬以后,整个企业集团有近 3 万名职工,我作为一个领头人,重要的责任是要对这 3 万名职工负责,对这个企业负责,这是我在潍柴动力一直追求的目标。

4

一个企业没有自己的创新能力不行,现在大家都在讲民族品牌、核心技术,我对品牌的认识,我认为它是一个广义的内容。有人说 5 年成就一个品牌,那是不可能的。品牌有技术的积累,有企业文化的积累等等。但是现在,真正在发动机领域能够把握住自己的发展方向还需要做许多的工作。我们这样一个发动机企业,如果没有一个好的技术,没有自己的技术,不可能发展。

5

柴油机这个领域非常广阔,无论是商用车还是乘用车,在欧洲50% 新下线的乘用轿车都用柴油机了;国外的公司都看好了中国市场,我想,我们中国人有中国人的志气,在制造业这个行业里,我们的优势非常明显,我们的制造成本是国外同样一个发动机的50% ,有了这个优势,外国公司才移植到中国来。但是,我们要跟它共同发展,"与狼共舞"也好,共同发展也好,我们一定要把握住,我们要掌握自己的品牌和技术。

6

任何企业做事情,在发展中不失误或者少失误,重要的是保持头脑的清醒。

7

人都有一定的天性,工作中更会逐步形成和固化这个性格,但不管是什么性格,都有他的特点,不管什么性格都可以做成事情,重要的是执著和追求。

8

到2008年,全国商用车执行欧洲Ⅲ排放,2010年要达到欧洲Ⅳ,2012年要与国际市场接轨,这让我们跟国际上最先进的研发水平完全接轨的时间已经不多了。欧洲Ⅳ,目前国内还没有一家形成自主品牌,在2008年以前,我们的欧洲Ⅳ发动机一定会投放到社会去,我们有信心到2010年完全与世界发动机技术接轨。

9

自己的天下用自己的拳头来打。

10

中国机械装备制造业将经历三个发展时期:第一个是制造期,单纯以制造为主要工作内容;第二个是从制造到创造时期;第三个是中国企业制定通行标准时期,这是真正的制造业崛起与发展时期,也是中国民族工业发展的方向和目标。

11

潍柴动力始终以做强做大中国汽车零部件的民族品牌为己任。

12

我们的目标是要做世界上最大的通用发动机生产商,到2010年实现600亿元的销售收入。

13

我心目中没有难和不难的概念,只要善于沟通,想办法沟通,就没有解决不了的问题;而往往我们中国文化是不善于沟通,不想办法去沟通,都觉得自己很厉害,自己是老大,所以就往往出现了不可调和的矛盾。

14

所有事情都有难度,都有风险,搞成了就是有能力,搞不成就是没能力。

15

企业大了,不像一个小船随时可以调整,企业越大,在战略上越困难。一旦发生战略上错误的时候,调转方向是非常艰难的。我们通过治理结构实现自己战略决策的正确性,特别是上市以后规范运作,不能像过去当厂长,一句话就决策,现在要和董事会沟通,通过战略委员会决策。而处理和董事会的关系不难,首先应该是和公司大多数股东建立起一致性的目标;二是建立股东和管理层之间有效的沟通机制;三是在整个决策形成以后,建立起有效的执行文化。

16

我觉得大型国有企业核心的问题,就是如何认识市场,如何按照市场游戏规则做事的问题,这个是比较重要的。

17

我从来没有被别人主宰过。

18

你要允许自己的部下犯错误,而且犯了错误能够纠正,他才有进步的机会,这是一个非常重要的转换。相对而言,不犯错误的员工永远不会有进步。

19

我喜欢文化,喜欢办有文化的企业,我经常让自己和员工熏陶在企业文化的氛围中,在文化中感悟地思索,灵性地顿悟、修炼。

20

现阶段单一竞争已经落后了,联合竞争才是先进的。我们必须要抓住机遇,各个企业大家协同作战,实施"链合创新"。我们不跳独舞,我们要跳有声势的群舞。